Discriminación Diabólica

MAT PÉREZ

vs.

EL FBI

SAMUEL C. MARTÍNEZ

DISCRIMINACIÓN DIABÓLICA: MAT PÉREZ v. EL FBI

Samuel C. Martínez

Publicado por Samuel C. Martínez

Editado por Alfonso Yáñez

Diseño de la portada por Adriana Ávila

ISBN-13: 978-1981213825

ISBN-10: 1503052613

Library of Congress Control Number: 2014919795

CreateSpace Independent Publishing Platform

North Charleston, South Carolina

DISCRIMINACIÓN DIABÓLICA: MAT PÉREZ vs. EL FBI

DEDICADO A MIS PADRES

QUIENES ME DIERON UNA VIDA

CON RAÍCES

DE LA PENÍNSULA IBÉRICA Y NATIVAS AMERICANAS,

Y

Ruth J. Martinez

DISCRIMINACIÓN DIABÓLICA
PRESENTACIÓN
DR. JOSIAH HEYMAN
UNIVERSIDAD DE TEXAS EN EL PASO

Discriminación Diabólica relata una fascinante e importante historia acerca de una serie de problemas que se suscitaron dentro del FBI. Es de conocimiento común que el FBI es una institución de alta relevancia en la sociedad americana. Tiene un alto nivel de reconocimiento y prestigio, mantiene un poder considerable en la justicia penal y representa una oportunidad importante para la movilidad social individual. El término "techo de cristal" refiere a las barreras para el progreso profesional existentes dentro de organizaciones y corporaciones. El techo de cristal (una metáfora típicamente usada por mujeres) causó daños personales a los hispanos en el FBI, influyendo negativamente en las competencias que éstos podrían haber ofrecido a la seguridad pública. Esto ofende a nuestro sentido de la justicia. Afortunadamente, esta realidad pudo cambiar. No cambió porque la sociedad se despertó un día y decidió hacer las cosas de la manera correcta, cambió por una valiente demanda interpuesta por agentes hispanos, llevada a cabo a pesar del considerable riesgo que involucraba para ellos. A menudo, nos alejamos de los conflictos y de alterar el orden común, pero son esfuerzos y luchas como las que presenta esta obra las que dan lugar a una sociedad mejor a largo plazo. A pesar de todo esto, todavía sigue siendo necesario un mejoramiento en la condición de los hispanos en los Estados Unidos.

Para entender los temas en cuestión, y poner este libro en un contexto más amplio, es útil revisar brevemente la historia de los hispanos en los Estados Unidos. Por supuesto, muchos detalles serán omitidos para concentrarnos en los escenarios básicos. Los Estados Unidos se apoderaron de la mitad del territorio de México al final de una agresiva guerra en 1848, la cual fue seguida de una compra de territorio en 1853. Debemos recordar que gran parte de estas tierras eran la posesión independiente de los nativos americanos, pero lo que es importante para la historia presente es que este territorio albergaba a muchas colonias de ex ciudadanos mexicanos. A pesar de las estipulaciones en los tratados que garantizaban la ciudadanía estadounidense y derechos legales a dichas personas, se provocó una segunda especie de conquista y un extenso período de violencia, donde se emplearon artimañas legales diseñadas para despojar a los habitantes de origen mexicano de sus tierras, posesiones, recursos y poder político.

Asimismo, Puerto Rico fue esencialmente una conquista, una colonia de España tratando de ser independiente que se vio a sí misma como una colonia siendo transferida a la gobernación de los Estados Unidos después de la Guerra hispano-estadounidense (en 1952, Puerto Rico asumió una ambigua condición de "territorio autónomo" en los Estados Unidos). Cuba llegó a ser casi independiente después de la Guerra hispano-estadounidense, aunque los Estados Unidos retuvieron el poder de vetar las leyes cubanas e intervenir en la isla. En cada sitio, el sistema legal era una imposición extranjera, creado en oposición a la comunidad. en lugar de ser parte de ella. La evidente discriminación racial dividió a los euro-americanos, sus instituciones y los privilegios de los hispanos, aunque siempre hubo ambigüedad sobre la blancura de algunos que clamaban ser anglos.

Dejando Cuba a un lado, la cual era independiente, y tuvo una revolución en 1959 que eventualmente provocó su alienación de los Estados Unidos, las principales luchas políticas de los puertorriqueños y estadounidenses de origen mexicano (utilizando un término imperfecto, pero útil) se desplazaron gradualmente desde el exterior hacia el interior, donde los ciudadanos y residentes hispanos reclamaban derechos civiles y luchaban contra la discriminación. Anteriormente, las luchas por la justicia afectaban a personas a quienes los Estados Unidos les había sido impuesto, y cuya propiedad había sido robada bajo el pretexto de la ley. Pero, cada vez más, los hispanos llegaban como inmigrantes trabajadores, en el caso de los mexicanos (y luego centro y sudamericanos) a los Estados Unidos, y en el caso de los puertorriqueños, quienes ya eran ciudadanos estadounidenses, como migrantes al continente. Su lucha fue por un trato justo en la nueva sociedad: sin discriminación, con buenos salarios y condiciones de trabajo, derechos de vivienda y buenas escuelas, representación política, etc.

Lo que vino a continuación fue una inmensa y admirable profusión de luchas, lo que fue mejorando nuestra sociedad, aunque sin llegar a la perfección. Tres tipos de luchas se produjeron, todos ellas importantes.

Primero, siendo inicialmente relegados a trabajos más agotadores, los hispanos lucharon para entrar en puestos de cuello blanco, por ejemplo, como agentes del FBI. Una vez dentro de esas organizaciones, debieron seguir luchando para romper los techos de cristal. El hacerlo les traería movilidad personal, reconocimiento social y participación dentro de las sociedades más poderosas y prestigiosas. El entrar a estos roles nuevos en cualquier organización era una muestra de que los hispanos no sólo son "talladores de leña y extractores de agua". Tales pasos progresivos son resistidos, a causa de suposiciones arraigadas de jerarquía racial y fuertes redes de privilegios internos, las cuales relegan a los hispanos a zonas de menos poder y más explotación. Pero las luchas valientes pueden cambiar estos patrones. Esta es la historia que se cuenta en Discriminación Diabólica.

Segundo, desempeñándose en roles de trabajo físico, que después de todo son trabajos buenos y honorables, los hispanos y otros han luchado, y continúan luchando, por un salario justo, beneficios, condiciones seguras, avances laborales y, más ampliamente, por una buena calidad de vida para ellos, sus familias y niños. De hecho, esta próspera base para las familias trabajadoras a menudo precede avances a la creación de negocios y puestos de cuello blanco.

Tercero, las luchas de los hispanos no son sólo asuntos de quienes ya están dentro de los Estados Unidos y establecidos en los distintos niveles de su economía y sociedad. Debido a que la emigración procedente de América Latina y el Caribe renueva continuamente la población hispana en los Estados Unidos, las condiciones que la rodean y el cruce de fronteras merecen atención y una mejora de las oportunidades de vida en Puerto Rico, México, República Dominicana, Cuba y América Central, de modo que el emigrar no sea la única solución. En caso de que personas emigren, es mejor si se pueden mover legal y abiertamente, libres de los riesgos de las organizaciones criminales y morir en el desierto. La seguridad nacional también se beneficia de personas que se desplazan abiertamente de forma legal, y la aplicación de leyes y reglamentos debe respetar los derechos humanos y constitucionales. Además, todos los ciudadanos, ya sean no hispanos o hispanos, deben rendir cuentas ante la ley

A través de luchas como las relatadas en este libro, los hispanos están mejor representados (pero todavía inadecuadamente) en las instituciones dominantes de la sociedad. Por lo tanto, merece ser recordado que aún existen sutiles pero poderosos "sesgos estructurales". Por ejemplo, cuando algunos jóvenes — sean hispanos u otros — abandonan la escuela para ganar dinero en diversos empleos porque, digamos, su padre fue deportado a México, sienten la obligación moral de ser el sustento para su familia, pero nunca llegan al punto de poder escalar o "mejorar" en sus trabajos. Necesitamos resolver los sesgos y prejuicios en todas las etapas del curso de nuestras vidas; necesitamos a personas que puedan llegar al punto de, merecidamente, avanzar socialmente. Cuando el mal es sistémico, el cambio también debe serlo.

PREFACIO

Cuando trabajaba en la oficina del FBI en Denver, el Agente Especial Jim Horn dijo: «Solía pensar que los racistas no eran educados». Recordó a un agente amigo en la oficina y añadió: «Él es uno de los tipos más inteligentes y más educados que conozco. Este hombre destruyó mi teoría». Mi relación con este educado amigo incluía saludarnos de paso, pero nunca trabajamos ni socializamos. La mayoría de los agentes en Denver, una oficina de tamaño medio, se juntaban en círculos de amigos, entremezclándose con otros grupos de la oficina muchas veces. Sin embargo, él estaba ausente o se iba de su círculo cuando el mío se mezclaba con el de él. Esta coexistencia era aceptable para los dos. Si Jim nunca hubiese comentado sobre los sentimientos racistas de su amigo, yo habría estado totalmente inconsciente de ello.

Nadie vive sin discriminación, ya sea accidental o deliberada. La discriminación proviene de las decisiones intencionales o no intencionales que hacemos cada día, lo que hace que ésta sea parte de nosotros. Discriminar es hacer una distinción a favor o en contra de una persona, objeto o pensamiento. El desarrollo de los seres humanos para su supervivencia dependió de personas capacitadas que pudieron prejuzgar, distinguir entre amigo o enemigo, luchar o huir. En el siglo XXI, encontrar diferencias entre familias, escuelas, política, religión, economía social, ropa, arte, cultura y países es común, con o sin hostilidad. Puede buscar en Google los términos injusticia, prejuicios, racismo o discriminación y encontrará nuevos artículos cada día, junto con escritos que niegan que existe la discriminación. Por nuestra comodidad y seguridad, somos rápidos para elegir lo que conocemos en lugar de lo que desconocemos, lo cual evitamos cuestionar, investigar o explorar, ni siquiera por su mérito individual o distinción.

Bendecidos cada día con el poder de tomar decisiones, a veces cometemos errores inocentes y no reconocemos que nuestro discurso o acciones pueden afectar negativamente a otros. La discriminación se convierte en algo negativo cuando una persona o una organización no corrige algo dicho o una acción donde una persona se siente ofendida o considera injusta. Cuando una organización no actúa sobre acusaciones de discriminación, y se apoya en lo que percibe como sus intereses personales, necesidades o causas nobles, esto se convierte en discriminación sistémica. La negligencia intencional es diabólica.

Durante el juicio, con contadas excepciones, los gerentes del FBI reflejaron al típico mundo corporativo estadounidense. Como tal, el alto mando del FBI no entendía la discriminación y la ignoraron. La gerencia no era perfecta y cometió errores. Los demandantes en Pérez vs. FBI hicieron que su misión fuese lograr la igualdad de oportunidades para anglos y minorías. Cuando las minorías tengan las mismas oportunidades para desenvolverse al mismo nivel que los gerentes angloparlantes y reciban las mismas oportunidades de éxito, entonces comenzará la equidad en la fuerza laboral.

Me sentí obligado a publicar estos eventos de discriminación después de la muerte prematura por cáncer del abogado de los demandantes, Antonio V. Silva, el 15 de septiembre de 2009. La historia en Pérez vs. FBI relata las innumerables horas de entrevistas, miles de páginas de transcripciones y pruebas documentadas. También se incluyen entrevistas en persona por teléfono y correo electrónico con los testigos y agentes hispanos. He complementado y escrito mis vivencias personales de veintiséis años de servicio en el FBI en tercera persona. La Unidad de Prepublicación del FBI vetó los nombres y el contenido de este libro, y la Oficina de Asuntos Públicos negó mi solicitud para entrevistar a los agentes hispanos activos del FBI en puestos de supervisión o ejecutivos para tener testimonios sobre los avances positivos de los hispanos relacionados con su desarrollo profesional. Discriminación Diabólica es un homenaje a los agentes del FBI que prestaron su voz para corregir errores y mejorar a la Organización.

La iglesia de la portada del libro ilustra los valores incrustados que Mat Pérez aprendió en el seminario, los cuales resultaron vitales para soportar las acusaciones y el abuso de la administración del FBI. Por tradición de respeto durante procesiones fúnebres, los oficiales de la ley demuestran su luto por sus colegas caídos usando una banda negra sobre su insignia. La banda negra que rodea la placa del FBI habla por el autor y otros agentes de luto por las investigaciones inadecuadas en las que el fallo de un juez federal indicó que el programa de Igualdad de Oportunidades en el Empleo (EEO) del FBI estaba en bancarrota y era culpable de discriminación.

DESCARGO DE RESPONSABILIDADES

Discriminación Diabólica es el trabajo documentado de no ficción sobre la demanda colectiva de Pérez vs. FBI. Todo el material escrito en este libro es de exclusiva responsabilidad del autor. A excepción de la introducción y los dos últimos capítulos, las fuentes de información de este libro provienen de transcripciones de testimonios de la corte entre el 15 y el 25 de agosto de 1988, así como de entrevistas personales. El autor se esforzó para asegurarse de que la información proveniente de registros judiciales, documentos del FBI, eventos personales y recuerdos en este libro fuera correcta. Todas las demás fuentes de información o referencias aparecen en las obras citadas.

El material dentro este libro no representa los puntos de vista u opiniones ni del FBI ni de los demandantes. Los nombres propios de este trabajo pueden ser incorrectos, debido a que el relator obtuvo los nombres fonéticamente, sin la ortografía correcta de algunos durante el juicio. Mediante identificación e investigación fue posible corregir la mayoría de los nombres, pero en algunos casos esto no se pudo lograr. Pueden aparecer seudónimos por razones de privacidad. Ya que varios agentes del FBI tienen nombres similares, el autor los diferenció a través de sus tareas y registros en la Organización. Esta obra no tiene la intención de afectar a la intimidad de las personas no relacionadas con este caso que tengan nombres similares.

AGRADECIMIENTOS

Buenos y malos momentos configuran nuestro destino. Los recuerdos de muchas personas contribuyeron al contexto de este libro. Es imposible mencionar a todas las personas que con sus testimonios proporcionaron un gran aporte a esta obra. Las interacciones entre el bien y el mal me dieron la oportunidad de escribir los siguientes acontecimientos. Doy gracias por estas experiencias.

Por interés de amistades latinas que vieron el valor de este libro, la publicación de esta obra en español fue posible. La traducción fue trabajada por partes a cargo de Lorena McElwain, Ruth Martínez y el autor, de quienes encontrarán información al final del libro. También quiero mencionar a Graciela Hurtado Zamora de LaForest de Miami, Florida, Graciela Meza de Gómez de San Juan Del Rio, México, quienes me hicieron el favor de leer y revisar el libro como personas ajenas al FBI para una mayor comprensión. Vaya un agradecimiento a Alfonso Yáñez de Chile, traductor y editor freelance quien se encargó de la edición y revisión principal de esta obra. Su información de contacto aparece en la parte final de este libro.

El proyecto de esta obra, así como los acontecimientos e implicaciones de la demanda de Mat Pérez, procedió con el interés y apoyo de los profesores de la Universidad de Texas en El Paso (UTEP). Especialmente la presidenta, Dra. Diana Natalicio y el Dr. Dennis Bixler-Márquez quienes retransmitieron los acontecimientos al Dr. Howard Campbell, quien proporcionó la información al Dr. Josías Heyman y Richard Dugan. Sandy Alexander, Ruth Martínez y el Grupo Friday Night Writers (FNW) fueron de mucha ayuda en la revisión, edición y sugerencias de este libro. Tom Hilburger aportó documentos judiciales, al igual que las personas entrevistadas para este proyecto. Vaya un agradecimiento especial a mi amigo ya fallecido Eddie González, quien se desempeñó como Director del Servicio de Alguaciles de

Estados Unidos quien también proporcionó un gran apoyo a este proyecto. Muchas gracias.

DISCRIMINACIÓN DIABÓLICA: MAT PÉREZ vs. EL FBI

Tabla de Contenido

INTRODUCCIÓN

"Los humanos son la única especie que sigue
a líderes inestables".
– César Millán Favela

José Manuel Miguel Javier González, en unas pocas semanas será primavera. La nieve del invierno se irá, el hielo se desvanecerá y el aire se volverá templado y suave. En resumen, José Manuel Miguel Javier González, el milagro anual de cada año se despertará y ocurrirá, pero tú no estarás aquí.

El riachuelo seguirá su curso ronroneando hacia el mar, nacerán los tiernos brotes de las tímidas flores del desierto y los gloriosos valles de este dominio imperial florecerán como rosas, pero tú no estarás aquí para verlo.

Desde las copas de los árboles, las silvestres aves cantoras entonarán su canción de apareamiento, las mariposas lucirán bajo el sol, la trabajadora abeja zumbará feliz mientras continúa su acostumbrada vocación, la suave brisa jugará con las borlas de hierbas silvestres y toda la naturaleza, José Manuel Miguel Javier González, se alegrará, menos tú. Tú no estarás aquí para disfrutarlo, porque yo ordeno que el alguacil o algún otro funcionario del país te lleve a un lugar remoto, te cuelgue del cuello desde una rama inclinada en algún fuerte roble y te deje colgar hasta que mueras.

Y, además, José Manuel Miguel Javier Gonzáles, ordeno que entonces, tal funcionario, o funcionarios, se retiren rápidamente y dejen tu cadáver colgando para que los buitres puedan descender de los cielos sobre tu cuerpo sucio hasta que no quede nada más que los desnudos huesos blanqueados de un asesino hijo de puta, de sangre fría, piel cobriza, sediento de sangre, degollador, come-chiles y pastor de ovejas.

Las transcripciones de la corte de 1881 y los hechos más destacados de este juicio en Nuevo México no están disponibles, lo que hace difícil determinar si el acusado entendió los cargos contra él, si tuvo una representación adecuada o si merecía el veredicto de culpable; sin embargo, la sentencia no deja lugar a dudas sobre el resultado.

Ahora, imagine a este mexicano de color cobrizo —José— pastoreando ovejas en la tierra de sus bisabuelos y almorzando chile con carne en Nuevo México, mucho antes que este estado formara parte de la Unión en 1912. Un día, se acerca un hombre de la frontera declarando que el Agrimensor General de Nuevo México, quien anuló todo título de propiedad que estuviera escrito en español, le ha otorgado la posesión de la tierra de la familia de José y, amenazándolo con emplear la fuerza, le dice que se vaya. José, entendiendo poco inglés, se defiende y le corta la garganta al hombre. El tribunal acusa a José de asesinato. ¿Podemos asegurar que el juez pidió todos los hechos y dictó a José una decisión justa que no estuviese influenciada por su color de piel, origen nacional, cultura e idioma?

Los jueces, tanto de hoy como del pasado, a quienes hemos elegido para traer el equilibrio a nuestros tribunales, tienen a veces intereses personales e influencias que afectan sus decisiones e imparcialidad. Esto preocupó a Mat Pérez. Él necesitaba un juez racional que pudiera analizar las características evidentes de un tratamiento injusto y exhibir un carácter virtuoso para emitir un veredicto sobre discriminación contra una de las agencias legales de mayor reputación en el mundo. Mat compartió su historia con aproximadamente cuatrocientos potenciales participantes de su demanda colectiva y su abogado, José Silva. Trescientos diez agentes hispanos del FBI se unieron a la demanda colectiva acusando al FBI de discriminación laboral. Este gran número sorprendió a Mat y otros. Sin embargo, el FBI pareció no preocuparse.

Mat Pérez siguió a su corazón, sin pensar que eso lo llevaría a perder a la mujer que amaba. Su punto de referencia en cuanto a las obligaciones, dedicación y familia era su padre, quien trabajó diez, doce y dieciséis horas diarias, relegando su hogar a segundo plano. Mat no podía dejar de lado la responsabilidad, las investigaciones peligrosas, obtener resultados emocionantes, ni el gran volumen de trabajo que eventualmente ocasionaron su divorcio. Amaba su trabajo. El divorcio devastó al ex seminarista católico. Mientras que el tiempo disminuía la emoción del fracaso de su matrimonio, las responsabilidades laborales de Mat crecieron a tal punto que avanzó al puesto de Agente Especial Encargado (SAC) de la División de San Juan del FBI, lo que le infundió nueva vida.

En Puerto Rico, Mat conoció y se enamoró de la oficinista del FBI, Yvonne Shaffer, pero un obstáculo imprevisto vino desde la cima de la FBIHQ (La Sede del FBI). Llegaron órdenes de la oficina del director indicando que Mat debía mantenerse alejado de Yvonne, ya que el FBI sospechaba que estaba asociada al partido socialista. Él siguió la orden del director al pie de la letra y evitó a Yvonne. El eventual maltrato que Yvonne sufrió por parte del FBI y el hecho de que se levantaran acusaciones en su contra, hizo que Mat desobedeciera la orden del director y se casara con ella. Mat se convirtió en un blanco a seguir. El FBI degradó y trasladó a Mat a Los Ángeles en contra de la voluntad del SAC Richard T. Bretzing. El tratamiento dispar, religioso y étnico, así como el acoso que sufrió Mat estaban bien documentados, lo que le llevó a quejarse repetidamente en la Igualdad de Oportunidades en el Empleo (EEO)o que ocasionó represalias no sólo contra Mat, sino también contra los que apoyaron sus quejas, las cuales fueron ignoradas. Superado en número y sin la financiación necesaria, Mat sabía que el FBI lo sofocaría sin la ayuda de sus compañeros agentes y la orientación de abogados.

Hugo A. Rodríguez, un agente veterano del FBI que llevaba dieciocho años en Albuquerque, Nuevo México, obtuvo su título de abogado mientras era agente del FBI. Siendo cubano-americano e hispanoparlante, él conocía los problemas de discriminación deliberada e inconsciente que los agentes hispanos sufrían en el FBI. Sin embargo, también había racistas que atacaban la autoestima de los hispanos, gente de color y mujeres. Como el principal asesor legal, negociador de rehenes y reclutador en Albuquerque, él fue parte de la "Guardia de Palacio", un apodo que se daba a los que tenían acceso sin restricciones al SAC y al Agente Especial Encargado Adjunto (ASAC). Un día, escuchó al ASAC Rodney McHargue preguntar al SAC: «¿Ya supiste lo que el pendejo de Pérez está haciendo con los hispanos?». El ASAC también le dijo al SAC que la esposa de Mat era comunista. El SAC le quitó a Hugo el acceso a la "Guardia de Palacio" y redujo sus asignaciones después de recibir un amplio reconocimiento por parte de los medios debido a las actividades cívicas realizadas por él y por su esposa. El SAC le dijo: «No puedo controlar tu vida personal, pero sí puedo controlar tu vida profesional». Más tarde, abandonaría el FBI para unirse con José Silva y Tony Silva como abogados en la demanda colectiva. A pesar de contar con la ley de su lado, todavía necesitaban el apoyo de agentes hispanos.

Dos agentes del FBI, Jerry Dove y Ben Grogan, murieron en una balacera ocurrida el 11 de abril de 1986, en la que otros cinco agentes debieron luchar heridos. Se trató de un crimen perpetrado por dos asesinos armados y peligrosos, entrenados como Comandos del Ejército de EE.UU. Ante la potencia superior de los rifles de asalto, los agentes del FBI se mantuvieron unidos como un equipo con un propósito común y se defendieron unos a otros. Algunos agentes yacían muertos y otros heridos en el rápido intercambio en el que más de 130 balas crearon un sangriento caos. Cuando los dos ladrones de banco intentaron escapar en un automóvil robado perteneciente al FBI, el Agente Especial (SA) Edmundo Mireles, Jr., a pesar de estar aturdido por un balazo que rozó su cabeza y otro que dejó su brazo izquierdo paralizado, y estando aún bajo los disparos, se sentó y apoyó contra un automóvil cercano; entonces, apoyado por su cuerpo, sus rodillas y su mano derecha, cargó y disparó todas las balas de su escopeta hacia los sospechosos. Al enfrentarse a la muerte, el miedo se transformó en ira y determinación para detener a los dos asesinos. Ed dejó caer la escopeta vacía, sacó su revólver, se tambaleó hacia el coche robado, disparó y vació todas sus municiones, matando a los perpetradores. Ed sobrevivió y, como reconocimiento a sus acciones, el FBI le otorgó la primera Medalla de Valor en la historia de la Organización. Sin embargo, incluso antes de ese oscuro y trágico día, Ed ya había sobrevivido a otros ataques — los balazos de la discriminación —al sentir el rechazo dentro de su comunidad en el FBI. Ed testifico sobre la discriminación en la Organización, pero no como un participante de la demanda colectiva. A pesar de contar con la evidencia, la ley y el apoyo por parte de los agentes hispanos, había preocupación sobre si se podía llegar a una decisión judicial equitativa y un juez que emitiera un veredicto de culpabilidad contra el poderoso FBI.

El juez federal Lucius Desha Bunton III, un juez conservador, sería el encargado de certificar la demanda colectiva en un juicio de acusaciones en contra del FBI, una organización que tenía en alta estima, y después tendría la responsabilidad de emitir una decisión justa. Su amigo, William S. Sessions, un juez retirado de Texas, estaba ahora al frente del timón como Director del FBI, en reemplazo del Director Webster.

En la década de los 60, el FBI, bajo el liderazgo del Director J. Edgar Hoover, el hombre que se desempeñó como director por un periodo sin precedentes de cuarenta y ocho años (1924 a 1972), obtuvo resultados notables en la lucha contra los actos violentos de discriminación criminal generada por grupos propagadores del odio y separatistas raciales. El Director Hoover envió agentes a comunidades hostiles donde los políticos y funcionarios de la justicia protegían a los grupos propagadores del odio, actos violentos de disparidad, la quema de iglesias o cruces y la intimidación sistemática. La recompensa para los EE.UU. fue una reducción en el número de crímenes por odio que estaban dirigidos a víctimas de una raza, etnia o religión específica. Para muchos en el FBI y en todo el mundo, esas acciones ocurridas en el sur definieron el término "discriminación".

El FBI, encargado de investigar la discriminación y hacer cumplir las leyes federales, hizo su parte cuando el gobierno aprobó la política de Acción Afirmativa mediante el reclutamiento de personas de color, mujeres e hispanos a finales de la década de los 60 y principios de la década de los 70. Las investigaciones que requerían entrevistas en español se multiplicaron, en parte por casos desarrollados por agentes e informantes hispanoparlantes. La administración del FBI juró que se necesitaban agentes que hablaran español y que eran vitales para resolver los casos en curso. Para apoyar a los nuevos reclutas pertenecientes a las minorías, se creó la Comisión para la Igualdad de Oportunidades en el Empleo (EEOC) con la responsabilidad de supervisar toda práctica injusta.

Mat Pérez motivó a tres cuartas partes de los agentes hispanos para apoyar el juicio de Bernardo "Mat" M. Pérez, et al vs. el Director William H. Webster, el FBI y el Procurador General Dick Thornburgh, et al., conocido como Pérez vs. el FBI, declarando que la administración del FBI y la EEOC eran discriminatorios, tanto en la teoría como en la práctica, en base a lo que se percibía como una causa noble — las necesidades del FBI. El grupo hispano, compuesto por profesionales, ex oficiales militares, oficiales de la policía, detectives y gerentes de negocios corporativos, se reunió en un intento de reeducar al FBI, al Departamento de Justicia (DOJ) y la EEOC respecto a las bases de la discriminación laboral. Para lograr que el FBI y los tribunales entendieran la discriminación como algo más que un crimen por odio, los agentes hispanos necesitaban ampliar el término "discriminación", dando ejemplos sobre los grados de ésta, demostrando que la discriminación involucra favoritismo, parcialidad, políticas o asignaciones injustas, trato dispar a políticas, evaluaciones desiguales, falta de acción, represalias a quejas, intolerancia, así como la violación a las leyes. El juez Bunton y el tribunal contestarían preguntas sobre los temas de la demanda.

¿Puede ocurrir un veredicto de condena sin odio, o puede el tribunal declarar a una agencia culpable de discriminación cuando no hay malicia o intención injusta de trato desigual? ¿Consideraría el FBI los alegatos de discriminación, a pesar de que tres cuartas partes de los agentes hispanos certificaron la demanda colectiva, o tomarían represalias contra éstos? ¿Se volverían los agentes que se quejaron de las políticas de administración, en contra de los participantes hispanos de la demanda colectiva declarando un "Circuito Taco" de trato desigual por parte de la administración? (El Circuito Taco es un término describiendo el abuso de asignaciones temporales a los agentes hispanos por parte de gerentes del FBI).

¿Serían más convincentes los testimonios de un SAC, cuatro supervisores y treinta y siete agentes hispanos, que los testimonios de tres Directores Asistentes Ejecutivos del FBI, varios SAC, ASAC y supervisores? ¿Podrían resistir las escasas finanzas de los agentes hispanos y sus abogados los retrasos prolongados del proceso y hacer frente a los profundos bolsillos del gobierno? ¿Aceptarían los agentes hispanos o el FBI un veredicto desfavorable? ¿Haría el FBI los cambios necesarios ante una posible condena por discriminación, o se resistiría y tomaría represalias?

¿Podría el FBI proporcionar documentos confiables, o entregaría documentos con errores que contradijesen los testimonios en su contra? ¿Habría exposición a violaciones de la ley por parte del FBI además de la discriminación, como por ejemplo la creación de sub-expedientes sobre sus empleados o la emisión de citaciones al Gran Jurado por asuntos administrativos? ¿Habría pruebas de que el FBI hubiese tolerado que agentes especiales agraviaran a personas de color, mujeres e hispanos? ¿Estarían justificadas "las necesidades del FBI", y tendrían un fundamento suficiente en una causa noble como para justificar la violación de los derechos de los individuos? ¿Sería capaz el FBI de intervenir en la vida privada de sus empleados? ¿Le restringiría el FBI a un SAC los recursos, ayuda financiera, apoyo y agentes necesarios para hacer frente a cuatro casos importantes, un caso de corrupción dentro de la policía y otros tres casos en los que terroristas bombardearon propiedad militar de los Estados Unidos, y emboscaron y mataron a soldados de la Marina con ametralladoras?

¿Tomaría acciones correctivas la Comisión de Igualdad de Oportunidades Laborales (EEOC) sobre las denuncias contra el FBI, o desarrollaría un patrón sistémico para dar prioridad a las investigaciones de ésta? ¿Qué efecto positivo tendría la demanda presentada por los agentes hispanos en contra de las prácticas de administración de asignaciones y ascensos, para empleados blancos, de color, mujeres y personal de apoyo?

Nadie vive sin prejuicios o discriminación, ya sea incidental o deliberada. La historia de Pérez vs. el FBI muestra ejemplos donde la discriminación incidental se convirtió en algo negativo, primero por negligencia, posteriormente por represalia.

CAPÍTULO 1

POCO APOYO, MUCHO ACOSO

B ernardo Matías Pérez, conocido como Mat, es el mayor de los diez hijos de Ernestina Dornaletxe y Matías Pérez. Mat fue criado en un pequeño poblado californiano llamado Lone Pine, un pueblo mexicano alguna vez conocido como "El Pueblito de las Uvas". La familia de Ernestina inmigró a California desde Macaye, Labort, en los Pirineos Franceses, cerca de la frontera española. Exiliados durante la Revolución Francesa, la familia Dornaletxe recaló en California dedicándose a la agricultura y ganadería ovina, antes de trabajar en las minas de oro y plata durante la Fiebre del Oro. La familia de Matías huyó de la Revolución Mexicana desde Jalisco, México, y tras su llegada, trabajó en los ferrocarriles y viajó arduamente a través del oeste, finalmente estableciendo su residencia cerca de Lone Pine.

En lugar de ver televisión, Mat creció rezando rosarios diarios en la iglesia. Se desenvolvió en la fe y liturgia de la Iglesia Católica Romana, la cual dominaba su cultura familiar y la historia de Lone Pine. A los trece años, Mat dejó su hogar para atender un nuevo seminario, el Ryan Preparatory College, en Fresno, en preparación para convertirse en diocesano. Las inscripciones en Ryan eran bajas y las clases reducidas, con no más de cinco estudiantes por clase. Con la constante atención personal de sus instructores, Mat sobresalió y se convirtió en el primer estudiante en completar el intenso plan sexenal de estudios. Después de graduarse de Ryan, Mat viajó al sur hacia el seminario mayor de la Arquidiócesis de Los Ángeles, en Camarillo, California, San Juan Vianney, en donde inició sus estudios filosóficos. Sin embargo, cuando cumplió veinte, Mat se dio cuenta que, a pesar de que su fe seguía fuerte, el sacerdocio implicaba sacrificios y compromisos más allá de los que él estaba dispuesto a enfrentar.

Después de consultar con sus mentores, sus padres y su guía espiritual, Mat dejó San Juan Vianney en enero 1960, y por sugerencia de su tío Gilberto Domínguez, postuló al FBI y recibió un puesto como oficinista. Sus mentores del FBI en la División de Identificación lo convencieron que regresara a la universidad y obtuviera un título universitario de cuatro años. Mat renunció al FBI después de trabajar por un año y medio como mensajero personal del Director del FBI, J. Edgar Hoover, para obtener una licenciatura en artes en literatura hispana con una especialidad en lenguajes clásicos — latín y griego antiguo— en la Universidad de Georgetown.

En abril de 1963, un mes antes de su graduación, Mat se casó con Mary Margaret Bushwaller. Mary, hija de un diplomático americano, creció en Australia, Brasil y México. Después de que Mary Margaret, entonces estudiante en la Universidad de Georgetown, había salido con Mat por algún tiempo, decidió dejar los estudios y consiguió trabajo para que ambos pudieran casarse. Mat pasó el examen de servicios exteriores, pero el Departamento de Estado de EEUU se negó a ofrecerle un puesto. Mat regresó a trabajar para el FBI en capacidad de oficinista y conoció a Jim Miller, otro ex-seminarista, quien lo convenció para que postulara a ser agente del FBI. En 1963, los agentes del FBI novatos recibían un salario inicial de $7,690 dólares al año — un salario más alto que el que su padre obtuvo después de cuarenta años de trabajo. Con su historial educativo jesuita, y su título de Georgetown, Mat no tuvo problemas para pasar los exámenes de la Academia del FBI.

Los requerimientos físicos del FBI con Hoover no eran rigurosos. La FBIHQ conducía investigaciones de antecedentes proforma y a veces requería experiencia laboral específica junto con "antecedentes limpios", por ende, no se permitía tener deudas grandes, ser alcohólico u homosexual, estar divorciado o tener historial familiar de trastornos mentales. En ese entonces, Mat hizo hincapié en que no había agentes femeninas, menos de diez agentes de color (de los cuales la mayoría se desempeñaba como choferes personales del señor Hoover), menos de diez agentes hispanos y sólo unos cuantos agentes judíos.

El director gobernaba como el supremo soberano de esta organización anglosajona, a través de sus subordinados preseleccionados. Los errores eran inaceptables. Cuando el director ordenaba en inglés: «¡Fix responsibility!», quería decir que alguien era responsable de una falta, tendría que sufrir y podría esperar ser censurado, depuesto, transferido o despedido de inmediato. El FBI trabajaba como una máquina bien aceitada, y cuando el director presionaba un botón o hacía una llamada, una respuesta inmediata, nunca la equivocada, era la que recibía. Hoover dirigía cada caso nacional importante, y nadie—ni siquiera el presidente—le decía que no. Se retrataba como el "Mejor Americano". El FBI colocó su nombre entre la élite internacional. La FBIHQ incluso rechazó a un joven aspirante llamado Richard Nixon, aunque el director le otorgó una placa honoraria del FBI durante su primera visita oficial cuando fue recién electo presidente. Elvis Presley no corrió con la misma suerte: cuando solicitó una placa del FBI y rogó ser asignado a alguna misión, "su Excelencia" Hoover rehusó fríamente al "Rey del Rock 'n' Roll".

Todos pensaban que los agentes del FBI eran abogados o contadores. Cuando Mat entró como agente a la Organización, se sorprendió al encontrar pocos contadores y aun menos abogados; en su lugar, encontró ex maestros, ex militares y hasta tejanos ancianos que sólo contaban con diplomas de preparatoria a quienes el FBI había contratado durante la Segunda Guerra Mundial. La secretaria de Hoover, Helen Gandy, también tenía voz promoviendo a sus "Gandy Boys" (los Chicos de Gandy). Ellos eran sus preseleccionados "líderes naturales" a quienes cuidaba porque le gustaba su "cut of his jib", lo que refería a su apariencia personal y comportamiento. Algunos de estos "Gandy Boys" se habían graduado de una "fábrica de diplomas" de dos años y recibieron la oportunidad de ascender a posiciones altas, mientras que otros agentes requerían de un título universitario de cuatro años. Floyd I. Clarke, el agente que temporalmente sirvió como Director del FBI después de William S. Sessions, y quien entró al FBI después de Mat, no tenía un título universitario de cuatro años, pero sí era uno de los "Chicos de Gandy". Mat se convirtió en agente especial y sirvió en la División de Tampa y San Antonio, seguido por la Oficina Regional de Washington, Miami, la FBIHQ (la sede del FBI), Hermosillo, México, y de regreso a la sede, Los Ángeles, San Juan, de regreso a Los Ángeles y terminó en la ciudad de El Paso, Texas.

Mat quería avanzar en su profesión. Postuló a una posición de supervisor en Miami sólo para ser rechazado. Mat supuso que su carrera se estancaría si permanecía en el "Escuadrón Tamal", el apodo que recibía un grupo de contrainteligencia foránea de hispanoparlantes, cuyo supervisor se mantenía en su puesto sin haber sido ascendido en dieciocho años. Fue entonces que Mat pidió una transferencia de escuadrón para hacerse cargo de las vacantes de supervisión de otros escuadrones cuando estuvieran disponibles, pero el FBI negó sus peticiones. Mat no tenía a ningún "Rabino" ni tampoco pertenecía al "feudo" de alguien (el apodo que recibían los grupos privilegiados). Los términos "Rabino" o "Gancho" ("Rabbi" o "Hook") del FBI se referían a agentes de alto rango que auxiliaban a aspirantes para subir la "escalera corporativa". A través de su fe, Mat creía en las oportunidades. Tenía mentores en el FBI, hombres anglosajones que amaban su trabajo y amaban hablar sobre lo que hacían, así que les escuchó y siguió sus ejemplos.

Mat hizo todo lo que pudo para asegurar una promoción. Poseía versatilidad, desarrolló buenos casos, reclutó fuentes confiables, tradujo cintas que otros no pudieron interpretar y asistió a otros con sus casos. Incluso fue voluntario para convertirse en supervisor nocturno, aun cuando la posición no ofrecía grado alguno ni aumento salarial. Finalmente, recibió su ascenso hacia la División de Inteligencia Doméstica en la FBIHQ y sobresalió. La FBIHQ lo envió a Hermosillo, México, para enlazarse con la policía mexicana.

El corazón de Mat fue herido cuando su esposa lo abandono a él y a sus tres hijos por su pesada carga de trabajo de incontables horas, sus viajes frecuentes, así como el secuestro y homicidio del vicecónsul americano de México John Patterson. Su esposa se rehusó a una reconciliación. El trabajo le había robado el tiempo con su familia, sin embargo, no podía renunciar a su labor. Su matrimonio fallido estaba en conflicto con su catolicismo, pero la dedicación a su trabajo, repleto de casos, sacó su carrera adelante. Esto le ayudó a lograr la posición de inspector en el Personal de Inspección, en el cual los mejores agentes intercambiaban ideas y se tutelaban unos a los otros.

Después de obtener un certificado para inspecciones, y esperando convertirse en un Agente Especial Encargado Adjunto (ASAC), el FBI lo colocó en la Sección de Libertad de Información y le dio un marcador de tinta negra para redactar y censurar información que el FBI no quería que el público viera. Para Mat, editar documentos no tenía la misma importancia que las investigaciones. Esto mismo le expresó a Richard Held, Sr., el hombre número dos del FBI, que tenía capacidad de tomar decisiones respecto al personal. Held lo escuchó y estuvo de acuerdo. Mat salió de la oficina de Held esperanzado.

Oliver "Buck" Revell, el asistente de Held, se quedó escuchando al otro lado de la puerta. Revell, un "Chico Gandy", había ascendido rápidamente a una posición alta, a pesar de tener menos experiencia laboral que Mat. Revell le dijo a Mat que primero debería ser supervisor antes de poder aspirar a la posición de ASAC. Mat le preguntó: «¿Por qué necesito un traslado extra, cuando otros agentes y colegas con menor tiempo se han convertido en ASAC sin ser supervisores?». Revell advirtió a Mat que no lo cuestionara y que siguiera órdenes, o se encontraría a sí mismo sin espacio para moverse.

Mat, en protesta silenciosa, aceptó la tortuosa ruta, sabiendo que era posible que Revell pudiera reemplazar a Held. Mat había visto carreras terminarse por incurrir en la furia del director o uno de sus tenientes. Revell agregó con confianza: «Estás haciendo que mi programa funcione. No te olvidaré. Por este sacrificio y tomar este trabajo, te garantizo que dentro de un año serás un ASAC». Por lo tanto, Mat se convirtió en un "Buck Boy" (Chico Buck), y esperaba ser considerado por el "Buck Board", un apodo que había en el FBI cuando el señor Buck Revell injustamente dirigía al Consejo de Ascensos que seleccionaba a sus chicos preferidos dejando de lado a candidatos excelentes. Mat descubrió posteriormente que Buck Revell tenía una computadora en su oficina que únicamente usaba para identificar a quién ascender o no, en violación directa a la política del FBI. El estatus de "Buck Boy" de Mat fue efímero.

Mat se trasladó a Los Ángeles y supervisó al escuadrón 6, también conocido como "el Escuadrón de la Basura", el cual cubría diversos aspectos de contrainteligencia exterior e inteligencia interior. Como supervisor, Mat apoyó a sus agentes y a su personal. Contaba con agentes encubiertos, conocidos como "barbas" en su escuadrón, quienes se infiltraron en el "Weather Underground" y otros grupos terroristas domésticos. El escuadrón aumentó a cuarenta agentes y tuvo buen apoyo del SAC Elmer Lindberg. El Fiscal General de EEUU otorgó un reconocimiento a Mat por un prominente caso que involucraba un complot para atacar a la esposa del presidente Jimmy Carter, la Primera Dama Roselyn Carter, y otras mujeres prominentes de la National Women's Caucus en Houston. Los dos años y medio que Mat sirvió como supervisor en Los Ángeles le sirvieron bien y se encontró con algunos de los mejores agentes del FBI en su equipo. Reconoció que la mayoría de los agentes manejaban mucho mejor las investigaciones que los administradores de la FBIHQ. El escuadrón de Mat contaba con oficiales bien entrenados de primera categoría de la Policía de Los Ángeles (LAPD), y esto le permitió desarrollar y mantener una buena relación de trabajo con ellos.

El FBI de Los Ángeles anunció un puesto disponible de ASAC. Mat lo quería, pero la FBIHQ le dijo que no, ya que debía pasar por el proceso del Programa de Evaluación de Administradores (MAP). La promesa de Revell de que Mat se convertiría en un ASAC dentro de un año nunca se materializó. Mat se sometió a la evaluación de MAP, y recibió una clasificación nivel 4 — considerada alta — sin deficiencias, lo que significaba que recibió una evaluación sin debilidades administrativas. Sin embargo, a pesar del éxito de Mat, el subdirector Jim Adams le manifestó que no podría convertirse en un ASAC en Los Ángeles.

Posteriormente, el FBI anunció el ascenso de Mat como ASAC en San Juan (SJ), Puerto Rico (PR). Mat voló a San Juan inmediatamente, exaltado por el ascenso. Revisó archivos administrativos, de seguridad y criminales, e hizo sugerencias a la FBIHQ con la concurrencia de su nuevo jefe. El SAC John Hinchcliffe resultó ser un soplo de aire fresco — un líder abierto, honesto y positivo, y al igual que Mat, pensaba que la División de San Juan era como el "hijo huérfano del FBI".

La isla de Puerto Rico, un territorio no incorporado de los Estados Unidos, ubicada a mil trescientas millas del continente americano, sufría de enfermedades endémicas como el dengue y la monga, que eran comunes en las naciones subdesarrolladas del Tercer Mundo. Materia fecal contaminaba el suministro de agua, los hogares tenían rejas en sus ventanas, los policías generalmente no contaban con suficiente entrenamiento, había algunos miembros corruptos en sus filas, y la isla tenía una de las tasas más grandes de homicidio en América. La División de San Juan tenía una política de transferencia de dos años, lo que tenía como consecuencia que diez agentes entraban mientras otros diez eran transferidos a otro lugar, lo cual implicaba una falta de continuidad. Los agentes comúnmente pedían ir a San Juan para alejarse de ubicaciones más caras y menos deseadas, y buscaban su oficina de preferencia tan pronto cumplían con los dos años de servicio requeridos. Casi la mitad de los agentes ni siquiera hablaban español, así que los agentes hispanoparlantes conducían las investigaciones, mientras que los que no hablaban español se quedaban trabajando en las oficinas, disfrutando de la comodidad y el aire acondicionado.

En 1979, la FBIHQ transfirió al SAC Hinchcliffe a Phoenix. El Director Webster nombró a Mat como SAC en San Juan. Ocho meses antes, Mat había estado en la FBIHQ y había soportado el protocolo de reunirse con todos los jefes de división posterior a su nombramiento como ASAC de San Juan. Sentía que entendía sus expectativas, así que no regresó a Washington D.C. como el recientemente nombrado SAC de San Juan sólo para apretar manos y recibir su bendición. Mat llamó al director para agradecerle y le dijo a Webster que haría su mejor trabajo.

Mat pensó que, quizás siendo el SAC, iba a pronunciar discursos en los almuerzos del Rotary Club, aprender a jugar golf y hacer todas las cosas que todos los otros SACs hacían. Sin embargo, habiendo pasado siete días de su designación, terroristas ametrallaron un camión de la Marina de los EEUU y mataron a dos marinos, dejando a diez en condición crítica. El caos fue como una erupción volcánica. El asalto se convirtió en un "Caso Mayor", el cual recibió el nombre clave de Homicidios de Marinos (NAVMUR). El FBI les daba pequeños nombres en clave a los Casos Mayores para facilitar la comunicación escrita. Para los incidentes designados como Casos Mayores, el FBI no escatimaba en impartir justicia, como se atestiguó en el caso del secuestro de Patty Hearst, la masacre de Wounded Knee, el bombardeo en la Taberna de San Francis, el Éxodo de la Bahía Mariel, la investigación del 9-11, la masacre de Waco y de Ruby Ridge y casos de crimen organizado o terrorismo como el maratón de Boston. Los Casos Mayores son los que tienen mayor prioridad en el FBI, contando con una gran cantidad de investigadores, un montón de reportes y recursos extra asignados. La FBIHQ sabe que los fracasos ocurren cuando se restringen los recursos.

Los agentes en San Juan que no hablaban español agravaban los problemas de manejo e investigación relacionados con los homicidios perpetrados en contra de la Marina. Mat recordó haber leído un mensaje de la FBIHQ que estipulaba que el personal asignado a San Juan no necesitaba hablar español. Algunos agentes anglosajones e hispanos en San Juan habían atendido a escuelas de español, lo cual mejoraba y mitigaba el registro estadístico, pero no reflejaba la verdadera habilidad de los agentes para manejarse en esta lengua en las calles. Quienes no hablaban español generalmente se convertían en coordinadores, recibían trabajos especiales en la oficina y se encargaban del trabajo administrativo, mientras que los agentes que hablaban esta lengua trabajaban en las calles. San Juan contaba con un modelo sin estructura que tenía más coordinadores que investigadores.

Años atrás, Mat, como ayudante del inspector, escribió sobre las deficiencias administrativas inherentes a la falta de hispanoparlantes en el FBI de San Juan, pero el inspector principal le obligó a que se deshiciera de sus reportes. Mat siguió esas órdenes, pero mantuvo una copia. Una vez en la FBIHQ, el jefe inspector le preguntó porque no había presentado muchos reportes. Mat le presentó las copias que había guardado que abordaban una letanía de asuntos: un problema de alcoholismo de un SAC, un agente que no llevó a cabo investigaciones adecuadas y la falta de agentes hispanoparlantes en San Juan, entre otros. El jefe inspector elogió a Mat por su buen desempeño y dedicación, pero no tomó ninguna acción al respecto. Mat sabía que la FBIHQ estaba consciente de la falta de hispanoparlantes en San Juan, aun así, el problema seguía sin atenderse.

Mientras manejaba el Caso Mayor NAVMUR y otras investigaciones, además de sus deberes administrativos, Mat reintrodujo a la FBIHQ el problema de transferencias y asignaciones de agentes que no hablaban español en San Juan. No existía experiencia investigativa de largo plazo en San Juan, ya que los agentes que llegaban necesitaban unos seis meses para adaptarse y, luego después de un año y tres meses de servicio, se preparaban para ser transferidos a otro lugar. Mientras que algunos extendían sus contratos, San Juan era la oficina que tenía los agentes más jóvenes y con menos experiencia. Sólo había unos cuantos agentes con grado GS-13 de los cincuenta y cinco agentes asignados en San Juan (los agentes tienen niveles desde el GS-10 hasta el GS-13, mientras que el nivel de los supervisores empieza en el GS-14).

Unos pocos agentes dedicados pusieron su mejor esfuerzo para aprender español cuando llegaron a San Juan, pero la mayoría seguía una estrategia para salir de una oficina indeseable como Nueva York, ir a San Juan por un corto período, para ser después transferidos a su oficina de preferencia (OP). Juntar los agentes que no hablaban español con quienes sí lo hacían era una necesidad para conducir investigaciones en San Juan. Mat tenía el deber de reportar las necesidades de su oficina. De los cincuenta y cinco agentes asignados en San Juan, algunos trabajaban en pequeñas agencias residenciales en pueblos a través del territorio, tales como Roosevelt Roads, St. Thomas, Aguadilla y Ponce.

El Caso Mayor NAVMUR presentó grandes problemas. Mat se reunió con el jefe de la Policía de Puerto Rico en la sangrienta escena del crimen en la base naval de Sabana Seca. Mat llamó al director y solicitó agentes hispanoparlantes adicionales, personal de oficina y recursos como automóviles, radios, teléfonos, máquinas de escribir e incremento de fondos. De regreso en la FBIHQ, Mat hirió algunos egos cuando se salió de la burocracia y fue directamente con el Director Webster y le dijo que no sabía quiénes fueron los culpables de la matanza. Mat contaba con el apoyo total del Director Webster y el Subdirector Dr. Lee Colwell, pero ahora el FBI respondía con respuestas como: «Los recursos necesarios no se encuentran disponibles», «Hay prioridades aparte de San Juan» y «Nos pondremos en contacto». Tales insuficientes respuestas molestaron y sorprendieron a Mat.

Mat no quería interferir en las agendas de los agentes, pero solicitó seleccionar a los agentes experimentados que quería asignar a San Juan por noventa días a Asignación de Servicio Temporal (TDY). Los agentes entrenan para priorizar "las necesidades del FBI", y como compatriotas leales, aceptarían trabajar en TDY desde sesenta a ciento veinte días, pero a pesar de esto, el FBI tercamente solo aprobó y limitó la TDY por treinta días para Mat.

Mat y el FBI necesitaban resolver la masacre de los marinos para prevenir otras atrocidades. La oficina de San Juan gastó una cantidad excesiva de tiempo explicando el caso a los agentes que venían por treinta días y orientándolos respecto a los grupos terroristas sospechosos, al mismo tiempo que se aseguraba que los agentes recibieran estancia, transporte, instrucciones y preparación antes de las investigaciones. La orientación presentaba un problema único debido a las costumbres locales, términos, seguridad, el confuso sistema de direcciones de calles en Puerto Rico y otros aspectos culturales únicos de ese lugar.

La falta de apoyo que la FBIHQ mostraba para las solicitudes tenía a Mat asombrado. Inmediatamente después del caso NAVMUR, llegaron otros tres Casos Mayores a San Juan: un atentado de bombas contra la base de la Guardia Nacional (NAVBOM), un caso de corrupción policial (POCO) y el atentado contra una nave de la Marina de los EEUU en la Isla de Vieques (CHOWBOAT). Un desborde de Casos Mayores como este en una oficina regional no tenía precedentes en la historia del FBI, sobre todo en una oficina tan pequeña como la de San Juan. En el caso NAVBOM, un terrorista bombardeó nueve aeronaves sobre tierra en la Base Aérea de Muñiz. El caso POCO apareció acusando a cuarenta policías de alto rango de corrupción y el caso CHOWBOAT llegó para unirse al ya excesivo trabajo.

Ningún SAC había enfrentado cuatro Casos Mayores con cincuenta y cinco agentes asignados y con recursos limitados — una labor imposible. La falta de apoyo de la sede, junto con las constantes transferencias, no permitía que el FBI de Puerto Rico trabajara adecuadamente. Constantes solicitudes de ayuda terminaban sin respuesta desde la sede. Las órdenes superiores provenían desde fuera del lugar de los hechos, en lugar de permitir a Mat el control de las investigaciones. Que en este lugar hubiese agentes sin experiencia, agentes en TDY y oficinistas debiese haber sido una gran preocupación para la sede central, pero sus acciones no lo reflejaban. Los agentes de San Juan estaban conscientes de que estaban solos. Ante dichas condiciones, en cualquier otro lugar dentro de los EEUU, el FBI habría enviado cientos de agentes para manejar la situación, pero no para la "división huérfana", o el

"Huérfano Mat", quien estaba ahogándose en la sangre del personal militar y la pérdida de millones de dólares del gobierno americano en valiosas aeronaves de combate. La respuesta de la FBIHQ parecía ser simplemente una pequeña cinta de vendaje.

San Juan identificó a varios grupos terroristas puertorriqueños que cambiaban sus nombres para evitar ser identificados y desviar a sus perseguidores. Mat quería identificar y seguir a ciertos individuos. En su lugar, el FBI solicitaba reportes sobre los grupos terroristas y nacionalistas en Puerto Rico, de los cuales había un sinnúmero. Escribir tales reportes obstaculizaba las investigaciones y creaba más delincuencia, lo que a su vez generaba más trabajo para el FBI. Mat supuso que era más importante identificar a los principales sospechosos y a las personas que se reunían con ellos, quienes dormían con ellos, sus hábitos, sus debilidades individuales, su uso de drogas, etc.

En lugar de ello, el FBI dio prioridad a obtener reportes sobre los grupos sospechosos para que la sede pudiera tomar las decisiones mayores. Mat había trabajado en unos cuantos casos de asuntos de bombardeos en Miami con el Agente Especial (SA) Richard "Dick" Castillo, había estado en las calles e indagado información que pudiera llevar a algún avance, arresto o confesión, además la oficina de Miami tenía continuidad investigativa con sus agentes con mucho apoyo y recursos.

Otros problemas se presentaron en el manejo cotidiano del FBI. Por ejemplo, estaba el hecho de que otros SACs podían seleccionar a sus supervisores. Sin el consentimiento de Mat, la FBIHQ designó a Rodney McHargue como supervisor de terrorismo de San Juan. Mat, amenazado con un cargo de insubordinación, no podía reemplazarlo; tal es el poder de un "Rabino" o "Gancho" bien ubicado. Mat tenía varios problemas con McHargue, quien no hablaba español y pedía permisos para ausentarse debido a migrañas cuando curiosamente había que investigar atentados de bombas. Esto ocasionó que perdiera la supervisión de más de ciento cincuenta investigaciones de atentados en sólo un año.

McHargue fue transferido a la FBIHQ con la ayuda de su "Gancho" Buck Revell. Ahora, era McHargue quien instruía a Mat en los casos de terrorismo.

A pesar de la limitación de recursos por parte de la FBIHQ para manejar los Casos Mayores NAVMUR, NAVBOM, POCO y CHOWBOAT, la sede demandaba resultados inmediatos. Cuando un grupo terrorista declaró ser responsable de la destrucción de una torre de televisión sobre una montaña, el FBI requirió una investigación inmediata. Mat no quería que sus agentes dejaran su trabajo en otras investigaciones para subir una montaña para ver una torre destruida y verificar que alguien había bombardeado una torre de televisión. Mat quería que sus agentes estuvieran donde estaban los terroristas, no donde habían estado. La jefatura no conocía ni entendía las condiciones en San Juan y la estrategia tenía que ser diferente. Si la situación hubiese sido normal en San Juan, Mat no hubiera tenido problema en decirles a sus agentes que tomaran dos días para investigar en la montaña.

Los asuntos administrativos consumían el 80% del tiempo de los agentes, con traducciones, elaboración de reportes y plazos arbitrarios impuestos por las divisiones de Criminalidad y de Seguridad, obstaculizando a Mat y su oficina. Se reunió con los presidentes bancarios de la isla y les expuso su dilema. A excepción de las investigaciones de fraude bancario y malversación de fondos, la policía local aceptó la responsabilidad de investigar los robos bancarios hasta que los Casos Mayores de terrorismo estuvieran bajo control, o hasta que la FBIHQ proporcionara recursos adicionales. Mat no quiso dejar que la policía de Puerto Rico manejara los casos de fraude y desfalco bancario. Los presidentes aceptaron y apoyaron a Mat en su petición al director. La FBIHQ respondió pidiendo más reportes.

Mat informó a la FBIHQ que San Juan planeaba no poner tanto énfasis en otros casos, debido a que el terrorismo era su prioridad número uno. En la década de los 70, el FBI tenía diez prioridades nacionales por sobre el terrorismo a las cuales destinar recursos. La

FBIHQ cambiaba prioridades anualmente, basándose en factores políticos, tendencias criminales, cobertura de noticias, entre otros, pero esperaba que las oficinas manejaran y registraran las horas de "mano de obra" de acuerdo a las prioridades nacionales. La FBIHQ encargaba a las oficinas que calcularan las horas de trabajo alineadas a las prioridades del FBI para justificar la continuación de fondos del gobierno.

Mat solicitó a la FBIHQ que clasificara al terrorismo como prioridad número uno en San Juan. Esa solicitud no cayó bien en la administración. El FBI escogió no confrontar, discutir, debatir, cuestionar o al menos responderle a Mat, la cual era la forma en que la FBIHQ le demostraba a un SAC quién estaba a cargo. Mat esperaba una respuesta, debido a que su oficina necesitaba recursos para manejar los avances de investigación que requerían atención, fondos y apoyo. De todas las llamadas y reportes, San Juan recibió menos atención que un huérfano.

El Subdirector Colwell le informó a Mat que San Juan recibiría sus computadoras dentro de ocho años, después de completar la solicitud de la división de Springfield, Illinois. Pero San Juan necesitaba esas computadoras lo antes posible. Frustrado, Mat se reunió con el almirante de la base naval de Roosevelt Roads, quien había sido un enlace con el Congreso en DC. Los homicidios de su personal a manos de terroristas causaron mucha preocupación al almirante. Mat y el almirante compartían la responsabilidad de castigar a los culpables por asesinar a dos personas y lesionar a otras diez, incluidas cuatro mujeres. A ninguno le apetecía participar en una Ceremonia de Corazón Púrpura. Mat le informó al almirante de sus problemas de presupuesto. El almirante descubrió un excedente de computadoras de último modelo en la Central de Inteligencia (CIA) — el tipo de tecnología que la FBIHQ dijo que no estaría disponible para San Juan hasta dentro de ocho años. El almirante consiguió que las computadoras fueran transportadas y montadas en San Juan en cuestión de días.

Posteriormente, Mat solicitó gente con experiencia en computadoras. Colwell le hizo saber que tales recursos no se encontraban disponibles. Mat escuchó, gracias a un amigo, que Colwell había dicho maliciosamente: «Vamos a ver cómo se las arregla con esas computadoras ahora que las tiene». Algunos agentes y oficinistas de San Juan aceptaron el desafío. Los agentes trabajaban dobles y triples turnos, contestaban el teléfono con una mano e ingresaban datos en la computadora con la otra, mientras atendían otras tareas. No era un proceso muy eficiente o efectivo. Los agentes se encontraban con problemas al intentar mantenerse al día con tanta información fluyendo tan rápido. Con la intensidad de los atentados terroristas aumentando hasta ciento cincuenta ese año, San Juan se encontraba perpetuamente poniéndose al día con todo. Sin embargo, al FBI no le faltaba esprit de corps (espíritu de compañerismo). A Mat constantemente le salía una lágrima de orgullo por el espectacular trabajo de su personal. Lograban mucho con muy poco.

Cuando el crucero pesado USS Pensacola hizo una escala en San Juan, ignorando los avisos de Mat, unos terroristas ametrallaron a cuatro miembros de la tripulación en la calle, matando a uno y lesionando a los otros tres. Mat fue el primero en llegar al lugar. La policía de Puerto Rico recorrió la desprotegida escena del crimen, mientras que el FBI encontró suficiente evidencia para identificar las múltiples armas usadas. La contribución de las computadoras por parte del almirante y el registro de datos fueron invaluables. Los agentes de San Juan identificaron a un conocido terrorista como responsable del atentado.

La investigación POCO contra la policía de Puerto Rico, una organización de once mil oficiales, afectó a la Oficina en una forma muy diferente a una simple carencia de personal y recursos. La policía de Puerto Rico representaba un imperio de crimen floreciente que hacía que la Mafia pareciera un grupo de niños de kindergarten. Era sabido que la policía de Puerto Rico ejecutaba asesinatos por contrato hasta por siete mil dólares, lo que incluía treinta días previos de vigilancia de las víctimas. Parte del paquete incluía sobornar a los jueces locales para que no hubiera complicaciones.

En respuesta a la investigación del FBI, la policía de Puerto Rico contratacó con una serie de amenazas e intimidaciones en contra de la oficina de San Juan y Mat, quien se vio forzado a enviar a sus hijos al continente americano por cuestiones de seguridad. La policía instaló cámaras afuera de la casa de Mat y lo pusieron en vigilancia. El FBI rastreó posibles micrófonos escondidos en su casa y oficina. Debido a las amenazas por parte de la organización terrorista Fuerzas Armadas de Libertad Nacional (FALN) y la policía en la isla, Mat se veía obligado a cargar una escopeta y estacionaba su vehículo dentro del patio del gobernador para que no fuera bombardeado. Las monjas en el convento al otro lado de la calle pensaban que Mat cargaba una guitarra en un estuche. Ya que necesitaba a todos los agentes concentrados en investigaciones, le solicitó al director que removiera a sus guardaespaldas para poder asignarlos a las investigaciones en los Casos Mayores.

Debido al Caso Mayor POCO, la policía de Puerto Rico quería a Mat lejos del lugar, vivo o muerto. Mientras tanto, él recibió información de que una empleada de la oficina de San Juan, Yvonne Shaffer, había proporcionado información del FBI a individuos no autorizados. El Agente Especial Alex Nogueiras le comentó a Mat que tenía algo terrible que reportarle. Mat llamó a su ASAC y secretaria para escuchar a Alex, quien acababa de recibir información de un informante que decía que la novia de Mat, Yvonne, había proporcionado información al Partido Socialista. Mat reportó el dato a la FBIHQ y le dijo a Alex que investigara la información. El Subdirector Colwell llamó a Mat y le dijo que el Director Webster quería que él no saliera con Yvonne. Mat obedeció las órdenes de Webster. En una declaración posterior, Webster mencionó que, si bien él había visto documentos para tal efecto, nunca hizo tal solicitud.

El jefe de la Oficina Federal de Responsabilidad Profesional (OPR) David Flanders, le informó a Mat que alguien de la FBIHQ iba manejar la investigación de Yvonne. En abril de 1981, el FBI de San Juan escuchó que la policía había instruido a un informante para hacer una denuncia en represalia por la investigación del FBI a la Policía de Puerto Rico. Sin dudarlo, Mat hizo llegar esta información a la FBIHQ.

Yvonne Shaffer no quería causarle más problemas a Mat. Cuando se abrió una posición en la oficina del Agregado Jurídico (LEGAT) en la ciudad de México, la solicitó y fue seleccionada. El FBI la llamó a Washington bajo el pretexto de una entrevista para tal posición, pero en su lugar de hacerle la entrevista, la conectaron a un polígrafo y la interrogaron por cuatro semanas. La FBIHQ le negó acceso a un abogado y la sometió a interrogaciones más excesivas que las usadas con criminales. Yvonne renunció al FBI y Mat, sin el consentimiento del Director Webster, salió con ella hasta que se casaron el 31 de julio de 1981. Después de eso, los inspectores trajeron el infierno para Mat y el FBI de San Juan.

Antes de la inspección de San Juan en diciembre de 1981, Mat sabía qué tenía que hacer dentro de la oficina para combatir problemas; el FBI se negó a enviarle los recursos que había pedido para los Casos Mayores. El propio director visitó San Juan por dos días. Mat logró hablar con él, y entre los juegos de tenis y paseos del Director, sólo tuvo tres horas para explicarle los esfuerzos de la oficina para combatir a los terroristas: ponerlos a la defensiva, créales dificultades para plantar más bombas, y atraparlos con las manos en la masa. San Juan demostró ser un lugar suficientemente seguro para que el Director visitara, pero Webster dejó un signo relevador para Mat. El inmutado Director se negó a comentar sobre las acciones de la oficina, no proporcionó retroalimentación de ningún tipo y parecía desinteresado. Mat también había dado una presentación en la conferencia anual de SACs donde percibió que algunos en la FBIHQ envidiaban no estar encargados de los Casos Mayores en San Juan.

Durante el periodo previo a la inspección de la oficina de San Juan, los recursos continuaron disminuyendo. Los inspectores se encargaban de auditar oficinas regionales cada dos años para identificar gastos inapropiados y anomalías de cumplimiento en programas investigativos. Los investigadores también identificaban deficiencias. Terry Dinan encabezaba la inspección. Dinan le dijo a Mat que no tenían planes de revisar los Casos Mayores ya que la FBIHQ supervisaba y monitoreaba estos casos; sin embargo, el plan debería ser inspeccionar "todo lo demás". Mat, quien había servido de inspector y participó en más de veinticinco inspecciones, le respondió a Dinan que "todo lo demás" ascendía a un 20% de su carga de trabajo, siendo que los Casos Mayores absorbían más de tres cuartos de los recursos de San Juan. Mat también estaba consternado, puesto que el manual de normas y reglamentos de inspección establece que los inspectores deben revisar "todos los asuntos". Mat les dijo a los inspectores: «Esto es una trampa. Vienen en contra de mi oficina y planean sacarme».

La presión de los eventos había dejado a la oficina de San Juan tan limitada que los inspectores no tuvieron que buscar demasiado para encontrar problemas. Los Casos Mayores requerían que la oficina dedicara el mínimo de tiempo a varios casos con plazos establecidos, tales como casos de solicitantes y asuntos de derechos civiles. Los inspectores — sin sorpresa — encontraron numerosas debilidades. Mat informó a sus supervisores que sospechaba que había una trampa y los instruyó para que mantuvieran sus ojos y oídos bien abiertos. Un agente de San Juan escuchó a un inspector sospechoso, John Guido, alardear en la oficina: «Vamos a clavar a estos cobardes a la pared». Mat confrontó a Guido y Dinan y buscó corregir los problemas, pero sus esfuerzos no dieron frutos.

Todas las anomalías que fueron "reportadas" eran notas insubstanciales. Los inspectores encontraron numerosos problemas de oficina, como falta de correspondencia serializada y organizada cronológicamente. Encontraron algunos casos abiertos, aun cuando un supervisor los había marcado como cerrados. Los inspectores reportaron los problemas administrativos en San Juan como "serios", aunque normalmente esta terminología recaía en arrestos ilegales, dinero o drogas perdidas, pérdida de propiedad controlada o gastos inapropiados. San Juan no tenía ninguno de éstos. Ninguno de los inspectores escondía y negaba que tenían una agenda predeterminada. La inspección reportaba las deficiencias y el "clavado a la pared" era Mat, justo como el frenético John Guido había prometido.

Algunos meses después de la inspección de diciembre, el subdirector Colwell le informo a Mat de su demisión y transferencia a Los Ángeles, y también le ordenó que se reportara en la FBIHQ de Washington antes de su destino final. Colwell le informó a Mat que esto no era una democión, lo cual era falso. En grandes oficinas como Nueva York, Chicago, San Francisco, Los Ángeles y Miami, los ASAC Administrativos actuaban como el hombre número dos y había otros ASACs sirviendo bajo su mando. La sede justificó la transferencia de Mat a Los Ángeles por supuestas "debilidades administrativas" y, en Los Ángeles, el SAC Richard T. Bretzing ayudaría a reacondicionarlo y remediar sus debilidades. Sin embargo, después de hablar con Bretzing, Mat no creía que su intención era ayudarlo ni rehabilitar su carrera, ya que los inspectores lo habían reportado como un individuo inefectivo e ineficiente.

Ninguna caravana de bienvenida recibió a Mat en su primer día como el ASAC de Bretzing. Mat le dijo a Bretzing que ya estaba familiarizado con la mayoría de los empleados en Los Ángeles por su previa designación ahí; sentía que podía ser de gran asistencia y sus habilidades para hablar español podrían ayudar a la oficina. Sabía de los próximos Juegos Olímpicos de 1984. Mat había supervisado con éxito los Juegos Panamericanos en San Juan sin problemas de seguridad. Bretzing, con su ceño fruncido, señaló el despacho de Mat y le dijo: «Tu lugar es ahí, detrás de ese escritorio». Añadió que entendía que Mat estaba en Los Ángeles como representante especial de los hispanos. Estos comentarios indignaron a Mat, tanto como agente especial del FBI y como mexicano estadounidense. Mat le dijo a Bretzing que, cuando llegó a San Juan, había notado que los agentes estaban polarizados y que él quería que se modificara tal comportamiento. Su actitud no sería diferente en LA: no toleraría el racismo.

Bretzing no sabía por qué el FBI mandó a Mat a Los Ángeles si él no lo había solicitado. Bretzing regañó a Mat, señalando que no conocía y no le importaba la razón de sus problemas. Mat se daba cuenta que ni Bretzing ni Webster pensaban ayudarle en su carrera. Sabía que los ASAC Administrativos tenían responsabilidad por todos los recursos, como distribución del personal, asuntos personales, supervisión de los casos y el gasto del dinero. Pero Bretzing le advirtió a Mat en cuanto a su autoridad con respecto a tales asuntos, diciéndole: «Yo soy el agente a cargo aquí y no tú».

Bretzing puso a Mat "a cargo" del nuevo garaje del FBI que estaba bajo construcción que serviría para albergar los vehículos oficiales (Bucars), evidencia, técnicos electrónicos y equipo, sin importarle que la Administración de Servicios Generales (GSA) tenía responsabilidad directa por la gestión de esta construcción y Mat no tenía ningún control efectivo sobre la misma. Bretzing entonces se quejó por los retrasos en la construcción. John Hall, un ex supervisor de la FBIHQ, tenía responsabilidad directa con el proyecto de radios de Motorola, sin embargo, Bretzing lo sacó de ahí para trabajar en los Juegos Olímpicos. Bretzing echó la culpa del retraso del contrato de Motorola a Mat.

En los dos meses siguientes, Bretzing le dijo a Mat que no estaba cumpliendo con las expectativas, aunque no identificó ningún problema en particular o incidente para justificar esto. Desde el principio, Bretzing omitió a Mat de todas las reuniones estratégicas, reuniones de gestión y las comidas oficiales que él tenía con los otros dos ASAC. Los subordinados trabajaban los casos sin que Mat lo supiera. Mat escuchó del bien publicitado caso de John DeLorean a través de otros agentes. DeLorean fue el fundador de DeLorean Motor Company, quien recurrió al tráfico de drogas para recuperar sus pérdidas monetarias, ya que su compañía sufrió graves dificultades financieras. También vio a Bretzing en su oficina con otros agentes, y seis millones de dólares en efectivo en el escritorio. Bretzing ordenó a Mat que contara el dinero, aunque se negó a informarle sobre los detalles de la investigación. Cuando Mat comenzó a hacer consultas sobre tal asignación, Bretzing le respondió que otros agentes le informarían los detalles.

Bretzing excluyó a Mat de los Juegos Olímpicos de 1984, y le ordenó que se mantuviera alejado, a pesar de su experiencia en los Juegos Panamericanos en San Juan y sus buenos contactos con el Departamento de Policía de Los Ángeles. En otra ocasión, Bretzing formuló un reporte criticando a Mat por presentarse sin traje y corbata en un secuestro en West Covina. Mientras tanto, el ASAC Jim Nelson también se apareció en una investigación sin traje, y aunque Bretzing sabía esto, no lo reportó. En otra ocasión, un agente encubierto de otra oficina le informó a Mat que Los Ángeles había desplegado más de cien agentes a Palm Springs, California, para ayudar en una investigación. Ni Bretzing ni otros gerentes de la oficina le informaron de ello a Mat, la persona asignada para la responsabilidad del personal en investigaciones en curso.

Bretzing dejó la División sin informarle a Mat, siendo que, en su posición, la cadena de mando sí requería dicha notificación. Mat escuchó, gracias a la secretaria de Bretzing y de otros ASACs, que algunas de las ausencias de Bretzing tenían que ver con eventos de la iglesia mormona. Bretzing delegaba la responsabilidad a sus otros ASACs, pero no a Mat, quien escuchó en la radio que una persona armada había tomado el consulado de España y tenía rehenes. El FBI tenía jurisdicción. Llamó a la oficina y encontró a Bretzing de vacaciones en Carolina del Sur. Mat llamó a Bretzing para hacerse cargo, pero él designó al subordinado de Mat, el ASAC Christensen, un compañero mormón. Mat, su hombre número dos, no estaba de acuerdo, pero tuvo que ceder.

El Agente Especial Rudy Valadez llegó a la escena en el consulado y montó un puesto de mando para las negociaciones, mientras que el equipo SWAT del FBI y Christensen permanecían apartados algunas cuadras más allá. Ningún agente protegió o contuvo las salidas y entradas del consulado, y Rudy encontró a un empleado de la UPS intentando entregar un paquete y lo detuvo. Rudy inició y desarrolló la negociación de rehenes con el secuestrador y le prometió que entregaría sus armas y a los rehenes si ciertos acuerdos razonables se hacían en las siguientes dos horas.

Cuando el ASAC Christensen y el comandante de la Policía de Los Ángeles llegaron, el comandante solicitó una sesión informativa. Christensen ordenó a Rudy que lo hiciera, y ambos dejaron el cuarto. Mientras Rudy instruía al comandante, el equipo SWAT de la policía de Los Ángeles y el equipo de negociación, quienes estaban en otro piso del edificio, desconectaron el teléfono del consulado sin consultar al FBI, tomando el mando de las negociaciones y retrasando la resolución que Rudy había adelantado. Esta interferencia enfureció a Rudy y a Mat. Christensen no recibió amonestación, mientras que Bretzing y Christensen se escaparon de las subsecuentes indagaciones de la FBIHQ.

La enfermera asignada a la oficina de Los Ángeles le informó a Mat de algunos problemas serios: había agentes con problemas personales, lo cual representaba un peligro ocupacional. Empezó describiendo a Richard W. Miller, un agente mormón que tenía una de las peores reputaciones como agente en la oficina de Los Ángeles por descuidar sus deberes y por sus repetidas fallas. Ella se quejó de su obesidad y se preguntaba por qué la administración no tomaba cartas en el asunto.

Mat revisó el expediente personal de Miller y consideró su trabajo como deficiente. Miller vendía productos Amway desde la cajuela del vehículo oficial (Bucar), una vez dejó llaves colgando en la cerradura de una oficina secreta del FBI, intentó convertir a detenidos al mormonismo mientras estaba trabajando, tenía deudas y actuaba como un bobo en el trabajo. Mat llamó a Miller a su oficina y le informó que tenía dos opciones: podía enfrentar cargos de insubordinación si no se ponía al tanto en sus casos y perdía un poco de peso, o le ayudaría a solicitar un retiro por incapacidad médica.

Bretzing le dijo a Mat que dejara en paz a Miller y permitiera que el ASAC Christensen manejara la situación. Mat presentó varios informes sobre Miller, pero el FBI y Bretzing enterraron tales reportes y recomendaciones de Mat. Bretzing protegió a Miller, le proporcionó consejos basados en conceptos religiosos mormones y lo mantuvo en la nómina del FBI. El Dr. David Soskis, un empleado contratista del FBI, aconsejó a Mat que no hablara con Miller acerca de sus problemas.

No mucho después, estando Mat en El Paso, un juicio deshonró al FBI cuando un jurado encontró a Miller culpable de espionaje por proveer información secreta a un agente de la policía secreta de la Rusia Soviética (KGB). Miller fue el primer agente del FBI en tener cargos como traidor a su patria. El defensor de Miller citó a los agentes John Hunt y a Mat para testificar que Mat había intentado despedir a Miller antes de convertirse en espía y, en consecuencia, el FBI estaba consciente de que Miller tenía problemas serios. Mat buscó asesoría legal en el FBI previo al testimonio. Le dijeron que se basara en los consejos del Juez Federal y Robert Bonner, el fiscal acusador. Mat no iría al juicio para ayudar a Miller, sino para decir la verdad.

Mat quería a Miller en prisión porque era una vergüenza para el FBI y un traidor. Mat testificó con respecto a lo que vio en el expediente personal de Miller, las conversaciones que tuvo con él, las recomendaciones que hizo, los reportes que había realizado, las conversaciones sobre Miller entre Mat y Bretzing y las instrucciones de Bretzing, quien se mantuvo en su posición, testificando que Mat nunca le habló acerca de Miller y nunca le proporcionó ningún reporte. Bretzing acusó a Mat de perjurio. Aunque Miller fue a prisión, Bretzing inició una investigación criminal sobre el testimonio de Mat, sin que éste lo supiera.

Bretzing guardó notas sobre Mat documentando sus actividades, esperando deshacerse de él. Bretzing consideró la transferencia de Mat a Los Ángeles como un afronte personal de la FBIHQ, la cual no le dio a Bretzing su prerrogativa, lo que terminó incomodándole al tener un hombre número dos que no quería. Bretzing le dijo a Mat que buscaba darle una mala evaluación de desempeño y que sólo debería aceptar una remoción. Mat sintió la presión de aceptar una posición menor para recibir una evaluación decente.

Bretzing ayudó a Mat a redactar una solicitud en la que él abandonaba su posición de forma voluntaria. La FBIHQ le informó a Mat que escribiera otra carta porque Bretzing no tenía poder de transferirlo. Bretzing le dijo a Mat que lo transferiría a la posición de Agregado Jurídico en México. La FBIHQ le volvió a comunicar a Bretzing que no contaba con tal autoridad. Bretzing volvió a insinuarle a Mat que, si solicitaba una remoción y transferencia por escrito, le daría una evaluación exitosa. Mat estuvo de acuerdo, así que Bretzing le dio esa evaluación. Pero cuando Mat habló con Rudy Valadez, quien le convenció de no seguir con lo convenido, rescindió su solicitud verbal para una remoción. Bretzing gruñó, exclamando: «¡Me has jugado sucio, como nadie lo había hecho antes!»

Posteriormente, Bretzing voló a la FBIHQ y, a su regreso, llamó a Mat a su oficina para informarle de su traslado a la asignación criminal y oficina de ASAC de Christensen, quien sería transferido a la posición administrativa de ASAC con el acuerdo de la FBIHQ. Bretzing anunció a los veintiséis supervisores que Mat aceptó la posición de ASAC criminal. Esta fue una humillación calculada para Mat y su secretaria, Aileen Ikegami. Aileen no quería perder ni su salario ni su rango, así que la retención de su paga la forzó a seguir a Mat, ya que ningún otro ASAC contaba con el nivel de éste. Ahora Christensen, el hombre número dos en la oficina, tenía un rango menor que Mat.

Posteriormente, John Otto, quien había reemplazado a Colwell en la posición de hombre número dos en el FBI, le informó a Mat que tenía órdenes pendientes para transferirlo a El Paso como ASAC, pero no como acción punitiva o en represalias de sus quejas con la Oficina de Igualdad de Oportunidades en el Empleo (EEO). Mat dijo adiós a la ira y represalias de Bretzing llevándose una exitosa evaluación de desempeño, sin olvidarse de dejar sus quejas y evaluación negativa a la de gestión de éste en la EEO. Mat se dirigió a El Paso mientras Miller, el espía, continuaba trabajando en las calles de Los Ángeles bajo la supervisión de Bretzing.

CAPÍTULO 2

"POLICÍA DE COLCHONES"

Cuando fue ASAC (Agente Especial Encargado Adjunto), Mat Pérez presentó denuncias por discriminación contra Richard Bretzing, SAC (Agente Especial Encargado) de la oficina de Los Ángeles del FBI y contra el director del FBI Webster. En cada una de ellas, la oficina de la EEO del FBI no vio nada, la oficina del Departamento de Justicia de la EEO no oyó nada, y la Comisión de la EEO negó darle siquiera un minuto. Esa negligencia dejó a Mat con un mal sabor y olor a corrupción. Aunque se sentía derrotado, Mat siguió defendiendo los principios de su organización. Amaba el credo del FBI: Fidelidad, Valentía e Integridad. Ahora veía que otros habían tergiversado el concepto de Fidelidad para apoyar un monopolio malversado de poder. La Valentía había escapado, mientras la Integridad se perdía en un laberinto burocrático.

Mat reconoció que la EEOC, la Comisión para la igualdad de Oportunidades en el Empleo, desestimó sus quejas una por una. La EEOC es una agencia creada para proteger derechos y reducir abusos contra grupos designados como minorías. Esta agencia ofrece una vía para reparar abusos percibidos. El gobierno redactó leyes protegiendo los derechos de los denunciantes y de los consejeros que investigaran los hechos de supuestas discriminaciones. Cuando Bretzing y Webster limitaron las oportunidades contra Mat y trataron de sabotearlo, el gobierno ya había implementado medidas para garantizar la equidad hacia los miembros de los grupos protegidos. América creía, sin importar la raza, etnia o familia, que todos eran capaces si contaban con suficientes oportunidades. Sin embargo, la EEOC, una organización financiada por el gobierno de Estados Unidos, comúnmente apodada "policía de colchones", en efecto no lograba nada, y en su lugar, permitió que el FBI actuara con impunidad.

La EEOC asegura a los trabajadores estadounidenses sus derechos en el lugar de trabajo. Cuando alguien arranca la etiqueta presente en los colchones que dice "la remoción de esta etiqueta está penada por la ley", nadie aparece para enjuiciar al culpable. El corolario es que, cuando un supervisor discrimina a un subordinado, la EEOC envía una persona a investigar confinada por una miríada de restricciones. Cuando los consejeros de la EEO siguen y confían en su formación y se adhieren a la ley, sus esfuerzos pueden dar fin o dañar sus carreras, tal como les ocurrió a quienes ayudaron a Mat en sus demandas. Melvin Jeter, jefe de la oficina de la EEO en la FBIHQ, descarriló el proceso con sus decisiones arbitrarias para restringir las investigaciones. La eficacia de las oportunidades era inexistente.

La ineptitud de la EEOC, y la arrogante, beligerante y deshonesta gestión del FBI obligó a Mat a presentar un caso civil contra el FBI en el tribunal federal de El Paso. La demanda de Mat planteaba interrogantes sobre cómo una agencia que brillaba en muchas áreas, podía fallar en una tan importante. El FBI, la agencia de leyes más prestigiosa de los Estados Unidos, había violado varias veces la ley. Las quejas de la EEO tienen plazos de acción que requieren resultados dentro de 180 días, pero, en 1988, las denuncias de Mat llegaron a un tribunal federal después de años de retraso. Mat presentó diez quejas en la EEO, una tras otra, entre 1984 y 1986, denunciando discriminación basada en motivos de origen nacional, religión y represalias flagrantes en su contra. Uno de sus consejeros renunció al FBI debido a las represalias. La EEOC fracasó en su responsabilidad de reconocer y remediar la discriminación contra Mat. No protegió a los testigos de este frente a represalias y contaminó las mentes de los consejeros asignados para cumplir con los deberes de la misma EEO.

Arnie Gerardo, Gilbert Mireles y Leo Gonzales sirvieron como consejeros de la EEO para las demandas de Mat. Rudy Valadez,

German Zúñiga y varios agentes del FBI asistieron a Mat con la demanda. Angloparlantes y personas de color que apoyaron la demanda de Mat también sintieron represalias por parte del FBI, ya que la preocupación por la justicia estaba ausente en la administración de la Organización. Arnie Gerardo, un profesional bien educado, que tenía dos títulos de maestría y estaba trabajando en su doctorado, y Gil Mireles, que contaba con una lista de logros y honores, vieron sus carreras destruidas, sólo por el hecho de que se reunieron con Mat y trataron de seguir los lineamentos de la EEO. Si bien, hubo angloparlantes que ayudaron a los hispanos, la EEOC permitió que la discriminación continuara, sin molestarse en reconocer la credibilidad del personal involucrado, ni sus historias de éxito como inmigrantes luchadores de una clase protegida de origen nacional enfrentando el abuso por parte de la agencia encargada de hacer cumplir esas leyes.

Una historia ilustrativa es la de Arnie Gerardo. Su padre, Juan Gerardo, trabajó en los campos en los EE.UU., pero regresó a Sinaloa, México, durante la Gran Depresión. Allí, su esposa, Sara Rojas-Gerardo, dio luz a Arnie. La familia, con cinco hijos pequeños, regresó a los EE.UU., donde Juan tomó un trabajo en una fábrica de persianas. Juan tuvo dos trabajos con los que pagaba por una casa de dos dormitorios y un baño, además ponía comida en la mesa y proveía ropa para la familia. Juan sabía que el trabajo duro era su camino para triunfar. Durante las dos primeras Navidades de la familia en los Estados Unidos, celebraron con regalos donados, gracias a una vecina que dio información sobre la familia de Gerardo al Ejército de Salvación.

Juan trabajó como custodio y luego recibió una promoción, convirtiéndose en carpintero de una escuela. También conseguía empleos ocasionales por parte de un contratista local que admiraba su trabajo. Sara no tenía dinero para gastar en lujos; el único vino que bebían era durante la eucaristía en la iglesia. Respetaba la ética y los logros de trabajo de su marido, pero alentó a todos sus hijos a que se concentraran en su educación. Su trabajo, el voluntariado, la fe y oraciones dio sus frutos. Estaba orgullosa cuando Arnie fue el primero que se graduó de la universidad. Bob Sorenson, su entrenador de béisbol, ayudó a Arnie ganar una beca. Los deportes ayudaron a Arnie a mantenerse fuera de problemas y hacer amigos, pero continuó sus estudios por insistencia de su madre. La educación, sus valores familiares, una fuerte ética de trabajo y un compromiso con la fe ayudo a Arnie entrar al FBI.

Arnie manejó varios deberes secundarios en la academia del FBI en Quántico, Virginia. Recibió una llamada de Mat, que buscaba asesoramiento sobre una posible denuncia contra la EEO. Arnie daba clases en la EEO y formaba consejeros. Él no conocía bien a Mat, quien acababa de recibir una calificación exitosa, pero también había recibido órdenes de ser degradado a una posición de GS-15. Arnie escuchó por horas a Mat, quien lucía angustiado, frustrado y confundido. Mat quería enviar la documentación de apoyo incluso antes de que Arnie accediera a convertirse en su consejero; Arnie estipuló que, si él oficiaría como su consejero, no podría seguir con ese rol si Mat seguía un juicio. Mat aceptó y envió los documentos.

Arnie recibió un surtido desorganizado de documentos, notas, copias de archivos y pruebas escritas a máquina. Revisó los documentos en su tiempo libre y le tomó dos semanas organizar la demanda. Arnie también consultó con una amiga en Quántico; ambos coincidieron en que la demanda estaba justificada. Luego, Arnie regresó la demanda a Mat con su nombre ingresado como su consejero. Arnie tenía confianza en la normativa, creía en lo que aprendió y tenía fe en que lo correcto prevalecería. No sabía que alguien tenía preparado un desvío para él, y que pronto ser un consejero de la EEO haría cortocircuito en su ascendente carrera.

Otro consejero involucrado en la denuncia de Mat era Gilbert Mireles, uno de los ocho hijos de Eloy y Eliser Mireles. Gilbert era un agente de San Antonio que pensó que su carrera en el FBI iba por buen camino. Los padres de Gilbert tenían una educación de sexto grado, trabajaron en caravanas de carretas reuniendo ganado y criaban cabras. La familia se estableció unas veinte millas más allá de Hondo, Nuevo México, en lo que hoy es la ciudad vacía de Arabela. Eloy, como hijo adoptivo, entendió que tenía que demostrar su valía a su familia adoptiva y también al resto. Esto lo hizo a través del trabajo duro. Eloy trabajaba desde el amanecer hasta la puesta del sol como capataz en el corral de engorde de George Hibbard. El Señor Hibbard sabía que en algunos lugares trataban a los hispanos como ciudadanos de segunda clase, pero aconsejó a los ganaderos a tratar bien a su amigo Eloy.

Eloy tenía privilegios que otros hispanos no. Conocido como un jinete y un pistolero que también sabía cómo manejar un lazo, participaba en rodeos los fines de semana. A menudo se llevaba a casa el primer premio con dinero, el cual servía a Eliser para comprar comida y pagar deudas. Dos bolsas de cincuenta libras de frijoles, un saco de patatas, dos cajas de huevos y una bolsa de harina eran los alimentos semanales para su familia de diez miembros. En raras ocasiones, la familia compartió el lujo de comer una sandía, la cual devoraban hasta la corteza. Hacia el tercer año de Gil en la escuela secundaria, Hibbard le dio a Eloy un aumento, con lo que podía pagar lo que ellos llamaban un "filete redondo," un trozo de tres libras de "mortadela (Bolonia)" para añadir a los frijoles. Aquella navidad, los niños encontraron el más grande estepicursor (un arbusto seco y redondo que vive en zonas semiárido) y lo pintaron de verde y luego lo decoraron para usarlo como su árbol de navidad. Bajo el árbol había regalos envueltos — un nuevo par de calcetines y ropa interior, que era lo que esperaban.

Con Eloy obligado a pasar todo el día en el trabajo, Eliser despertaba primero para preparar el desayuno. Cuando los niños estaban en la escuela, ella trabajaba en los campos todo el día, deteniéndose sólo cuando regresaban de la escuela para preparar la cena y ayudarles con los deberes. Ella siempre fue la última en ir a la cama por la noche. La carne estaba ausente en la casa de la familia Mireles por falta de dinero. Todos los niños en el barrio sabían que Eliser nunca podría negarles un plato de comida. De vez en cuando, Eloy traía un caballo al barrio para pasear a los niños mientras Eliser preparaba algo para comer.

Gil sirvió como monaguillo en la iglesia católica de la Inmaculada Concepción desde los cinco hasta los veintitrés años. El Padre Flannigan, el párroco, nombró a Gil como contador de la iglesia, ya que tenía fe y confianza en su honestidad. La comunidad le llamaba "El Padrecito" y la mayoría pensaba que algún día se convertiría en un sacerdote. Desde chicos, Gil, sus hermanos y hermanas ayudaban a su padre. Hibbard notó como toda la familia de Eloy se ofrecía para ayudar. Hibbard sabía que Gil era un buen estudiante, así que guardó una parte de la paga de Eloy para que Gil pudiera asistir a la universidad. El mundo de Gilbert se restringía a un área de veinte millas; cuando su equipo de futbol jugó un partido a doscientas millas de distancia fue toda una aventura para él.

Como el primer y único miembro de su familia en asistir a la universidad, hubo momentos en que Gil quiso abandonar, pero recordó las palabras de su padre: «Haz las cosas bien la primera vez, para no tener que hacerlas de nuevo». Ya en la universidad, sabía que no podía decepcionar a su familia. Su padre nunca se lo dijo, pero le contó a todo el mundo que su mayor orgullo fue el día en que Gil se graduó de la universidad. Cuando otros agentes en la oficina de Albuquerque le dijeron a Gil que no iba a calificar para ser un agente, la persistencia y el apoyo del agente Nichols del FBI le ayudaron a conseguirlo. Los padres de Gil no mostraron ninguna emoción cuando este les dijo que el FBI le había ofrecido un trabajo como agente. El FBI era una organización que iba mucho más allá de su educación primaria y mundo de veinte millas; ellos no tenían ni idea de lo que el FBI hacía, y no sabían la ubicación de Virginia, donde Gil iba a pasar tres meses en la Academia del FBI.

Gil ganó una reputación sólida, elogios y muchos honores en su trabajo. No buscó ser un consejero de la EEO. Lo reclutaron y la FBIHQ le ordenó viajar a El Paso. Allí conoció a Mat Pérez, un agente que no conocía. Mat le dijo: «Lo siento por lo que le va a suceder a tu carrera; ya no está segura». La asociación de Gil con Mat arruinó la carrera y reputación de Gil, y por eso se unió a la demanda colectiva de Mat desde su inicio.

Los partidarios de Mat en Los Ángeles, entre ellos Rudolph "Rudy" Valadez y Paul Magallanes, también cayeron en desgracia con el FBI. Rudy, uno de tres hijos, quien se parecía al actor George Raft, nació en 1942. Era hijo de los trabajadores agrícolas migrantes Adolph y Catalina "Katy" Valadez en Michigan. Su certificado de nacimiento afirmaba que su color era "mexicano." La casa Valadez, con sólo un cuarto, tenía una cocina en la esquina con una mesa, dos sillas y una estufa de leña. El lavabo estaba justo fuera de la puerta y el baño a unos ocho metros de distancia. La agricultura era su fuente de comida, su espíritu, su crecimiento y los sueños formaban su carácter. La mano de hierro de Katy, y todo lo que pudo captar con ella, inculcó en Rudy, su hermana Mary Ann y su hermano Ray los valores, el honor y el respeto que llevaban consigo en su vida adulta, un código estricto que prohibía todo mal comportamiento. La vida le ofreció a Rudy tres opciones: ser delincuente, sacerdote o policía. Su madre vetó la primera opción, las chicas bellas la segunda, y las películas pavimentaron el camino a su carrera en el FBI.

En la escena de un crimen en el barrio de Rudy, en la que un hombre había asesinado a su esposa, él vio la sangre en el sofá y un sándwich con una mordida en un plato sobre una mesita. Pudo olvidar la sangre, pero nunca olvidó ese sándwich, ya que su vida en ese punto consistía en ganar monedas para aligerar su hambre. Desde una ventana de su casa cuando era pequeño, Rudy pudo observar a un joven ladrón de vehículos que se tropezó y cayó en su patio; cuando el muchacho intentó levantarse, un policía persiguiéndolo le disparó en la espalda. Él contó lo que vio en el asiento trasero de un vehículo policial, mientras los policías, estoicos ante la injusticia que había presenciado, lo llevaron por el barrio durante varias horas antes de regresar a su casa con sugerencias. Rudy trabajó en agricultura, vendió libros, regresó botellas de refrescos, pulía zapatos y hacía todo lo posible para contribuir a su familia. Fue el primero de su familia que se recibió de una educación universitaria y, con su diploma en la mano, se unió al FBI, primero como empleado y luego como agente. El SAC Bretzing consideraba la asociación de Rudy con Mat un problema, ya que Bretzing exigía lealtad al mismo tiempo que lanzaba ataques a todo aquel que apoyara a Mat.

Un Agente Especial Supervisor (SSA) en la FBIHQ, conocido como Paco, asistió a Mat con la demanda. Paco era el cuarto de ocho hijos. Su madre y su padre vivían al sur de Chicago, cerca de un molino de acero en el lago Michigan, donde su padre trabajaba como obrero. El padre de Paco llegó a los EE.UU. ilegalmente desde Michoacán, un estado mexicano donde la Iglesia Católica controlaba la educación y se criaban hombres como Miguel Hidalgo y Costilla, quien dirigió la Guerra de Independencia de México. Con una educación de tercer grado, el padre de Paco trabajó turnos dobles dieciséis horas en la fábrica. El departamento de la familia tenía dos dormitorios y un baño sin agua caliente, sin aire acondicionado y sin calefacción, pero sí tenía horno de gas en la sala de estar. Sus padres compartían un dormitorio, los ocho hijos el otro.

El padre de Paco trabajaba durante las tormentas de nieve, mientras los niños jugaban en casa haciendo siluetas con sus manos en las heladas ventanas. El sueldo de su papá cubría la renta, aceite para el horno y un saco de patatas. Salir de vacaciones era un sueño, ya que la familia extendida de Paco vivía en México. Cuando la fábrica de acero estuvo en huelga, el padre de Paco se unió con sus colegas para trabajar juntos en el norte como braceros. El padre de Paco utilizó un nombre falso en el trabajo. Cuando llegó por primera vez a América, él y un amigo postularon a trabajos juntos. El amigo le informó al jefe potencial que ellos eran hermanos, así que entonces tuvo que tomar el apellido de su compañero para no complicar su solicitud. Después de esta señal, el padre de Paco adoptó el apellido de su amigo. Cuando se convirtió en ciudadano de los EE.UU., él tomo su verdadero apellido, pero Paco y el resto de la familia mantuvieron el que siempre usaban.

Los bisabuelos maternos de Paco vinieron de Europa. Algunas personas tienen la capacidad de aprender idiomas rápido. Por ejemplo, en menos de dos años, la madre de Paco hablaba español más fluido que algunos mexicanos. Ella tomó trabajos ocasionales para pagar las cuentas, pero le encantaba cuidar a sus hijos. Debido a su inteligencia y habilidades lingüísticas, los vecinos recurrían a ella para resolver problemas de trabajo o de negocios. Su complicado barrio atraía a personas peligrosas y ninguno en toda la zona tenía un título universitario, por lo que ella escogía cuidadosamente a los amigos de sus hijos. La disciplina llegaba primero con una mirada penetrante, seguida con un cinturón o una cuchara de madera. Los niños sabían sus deficiencias con sólo una mirada de sus padres. Ninguno de los niños se metió en muchos problemas. Sus padres sirvieron como sus modelos, no así como los maestros de Paco, quienes sólo daban apoyo y atención a los niños angloparlantes. El apartamento en el que vivían, siempre demasiado helado o demasiado caluroso, no fomentaba los estudios; sin embargo, sus opciones eran el trabajo o la educación. Paco primero trabajó en un boliche. Un día llegó a su casa orgulloso, mostrando los dos dólares en efectivo que había ganado por el trabajo de una semana. Su padre le dijo que debía dar la mitad de su sueldo a su madre. Esto lo enfureció, pero después de hacerlo, se sintió exaltado por una tremenda sensación de satisfacción. Se había convertido en un hombre que estaba contribuyendo a su familia. Paco siguió haciéndolo con cada uno de sus empleos.

Después de graduarse de la escuela secundaria, le fue difícil encontrar trabajo, incluso con un diploma. De alguna manera, terminó trabajando en la fábrica de su padre, montado en la parte posterior de una camioneta con una visión clara del mundo real. Vio hombres adultos con sus caras sucias y vacías y ropa sucia empapada en sudor. Conoció la ética de trabajo de su padre, pero ahora se dio cuenta de la cruda realidad detrás de esas dieciséis horas de trabajo al día. Con eso descubrió la importancia de la educación, así que después del trabajo se iba directamente a la biblioteca. Sus padres expresaron su alegría cuando él terminó la universidad, ya que fue el primero en su familia en hacerlo; cuando se convirtió en un agente del FBI, estaban en éxtasis. Ahora estaba uniéndose con los demandantes contra la Organización. Al ayudar a los abogados con datos estadísticos en la preparación para el juicio, su asociación con los demandantes fue expuesta a los agentes angloparlantes, quienes comenzaron a aislarlo. Pensó que había vivido condiciones duras cuando más pequeño, pero ahora se enfrentaba a unas mucho más complejas dentro de los sagrados pasillos de la FBIHQ.

La amargura se manifestó en las oficinas exteriores. German Zúñiga, un agente del FBI, es el octavo hijo de Ernesto y Beatriz Zúñiga, una pareja que emigró de México a Kansas City, y no testificó en el juicio. Su padre le contó que, en su camino hacia el norte, pararon primero por Texas, donde encontró tanta discriminación que le causó repulsión. La discriminación era muy parecida a los espaguetis insípidos, y a menudo fríos, que le servían en cada comida cuando había trabajado para el ferrocarril. Ernesto, el estricto de la familia, se trasladó a Kansas City, donde encontró una casa de un baño por dos mil dólares en un área poblada por otros inmigrantes mexicanos. No existía el crimen en este barrio, ya que los ancianos de la comunidad se encargaban de reportar cualquier actividad ofensiva a los padres, para que éstos aplicasen sus infalibles remedios paternales.

A los padres inmigrantes les encantaba que las oportunidades de los Estados Unidos aseguraran una educación para sus hijos. Posadas, fiestas, conjuntos, fiestas de quinceañeras, bodas y pan con leche: todas estas celebraciones y comidas típicas eran una verdadera fiesta sin discriminación. Durante su último año de universidad, sin siquiera considerar el servicio militar, el Ejército de Estados Unidos convocó a German, el único estudiante de medicina siendo escogido. En su desesperación, tomó y aprobó todas las pruebas de la Infantería de Marina, incluso el examen para pilotos. La Marina le dio una prórroga para completar sus estudios y luego lo envío a Vietnam del Sur, como piloto de helicóptero.

Después de la Guerra de Vietnam, German trabajó con el Departamento de Policía de Kansas (KCPD) y el Jefe Clarence Kelly. El KCPD era conocido como una de las principales organizaciones en la nación cuando el presidente nombró a Kelly director del FBI. Siendo uno de los veinte oficiales de la Policía de Kansas con un título universitario, German pronto se unió a Kelly en el FBI. Más tarde, bajo el mandato de Webster, experimentó tratos discriminatorios por parte de las fuerzas del orden por primera vez en su vida. Al igual que su padre, que juró nunca jamás volver a comer espaguetis fríos, German se comprometió a luchar contra la discriminación que él y otros habían sufrido al unirse en la demanda colectiva. A cambio, enfrentó el ostracismo de sus compañeros de trabajo.

Agentes hispanos con educación similar ingresaron al FBI. Notable en muchas de las historias de los agentes hispanos y sus familias, fue la asistencia de destacados mentores angloparlantes. Compasivos y empáticos, estos mentores a menudo ayudaron a los hispanos a elevarse al máximo nivel de profesionalismo, prefiriendo no dejar esa responsabilidad a una agencia del gobierno. Estos benevolentes mentores proporcionaron pruebas de que amaban a su país y su gente.

La EEOC y el Departamento de Justicia no prestaron atención a las quejas de los demandantes hispanos. El jefe del programa de la EEO del FBI trató las quejas con la pompa de una corrida de toros, pero sin música, y muy parecido a un picador entrando a la arena sobre un caballo con anteojeras para empujar y debilitar al feroz toro. El jefe de la EEO envió primero a sus consejeros e investigadores con una agenda predeterminada que debilitó las quejas; esto los preparó como si fuesen toreros agitando el capote rojo delante de los denunciantes para confundirlos antes de cualquier matanza sacrificial, clavando así una espada de injusticia a las esperanzas de las carreras de los agentes hispanos.

La matanza sacrificial de Mat se produjo en la ciudad de Los Ángeles. En octubre de 1983, Mat buscó a Arnie para que fuese su asesor de la EEO mientras Arnie estaba en Quántico. Mat no presentó quejas en Los Ángeles con la creencia de que esto retrasaría el contraataque de Bretzing. Aún parecía que Bretzing sofocaba a Mat. Las revelaciones que se desplegaban sobre la mayor vergüenza del FBI, el torpe espía soviético Richard W. Miller, crearon un caos adicional para el ASAC Mat, a pesar de que trató de despedir a Miller del FBI mucho antes de que espiara para los rusos.

Con las acusaciones de Bretzing indicando que Mat había cometido perjurio y su transferencia a El Paso, el investigador Gary Hart le ordenó a Mat que asistiera a una entrevista en Washington DC después de una capacitación en Sterling, Virginia. El Departamento de Justicia ya había declinado toda investigación penal en relación con los cargos de perjurio en contra de Mat. Sin embargo, Hart y Mat no pudieron reunirse debido a que una tormenta de nieve de invierno cerró la FBIHQ y Mat cayó enfermo. Él llamó a Hart y le dejó un mensaje diciendo que no iba a llegar a la entrevista e iba regresar a El Paso. Hart se enfureció, ya que pensaba que Mat le había mentido. Luego, Hart tomó represalias y, en directa violación de la ley, solicitó una citación al Gran Jurado por un asunto administrativo disciplinario. Hart afirmó que Mat había cometido perjurio y un acto de rebeldía cuando afirmó por teléfono que no podía llegar a la entrevista. Mat no se enteró de que el FBI había iniciado una investigación administrativa sobre los supuestos cargos de "perjurio" criminal e insubordinación contra él, hasta cuatro años y medio después, cuando revisó documentos de descubrimiento de la corte para el juicio civil.

El FBI violó la ley al solicitar una citación al Gran Jurado por simplemente una investigación administrativa, y la división judicial decidió no iniciar una investigación sobre esta violación. Aunque el Departamento de Justicia había exonerado a Mat del cargo, el FBI continuó su caza de brujas, con la esperanza de que Mat hubiese violado sus reglamentos. El verdadero misterio era por qué el FBI había iniciado una investigación administrativa contra Mat en lugar de investigar a Bretzing, el hombre que había aconsejado y protegido a Miller, el espía. Por alguna extraña razón, las acciones de Bretzing fueron intrascendentes para los altos mandos investigativos. Aunque Bretzing solicitó una confesión a Miller después que la FBIHQ impusiera cargos en su contra, Bretzing ya lo había protegido antes de que el FBI apareciera en escena.

La protección de Bretzing y su favoritismo hacia los varones mormones en Los Ángeles era algo obvio para Mat, así como varios otros que experimentaron esta disparidad. Con Mat aislado de la oficina principal de Bretzing, varios agentes descontentos decidieron que era hora de cuestionar el liderazgo de la División de Los Ángeles. Además de Rudy Valadez, otros agentes hispanos en Los Ángeles también presentaron quejas en la EEO contra Bretzing. A Paul Magallanes le requisaron su arma y Bretzing lo puso en servicio limitado por reportar un dolor menor de espalda, dolor que, según lo confirmado por dos médicos del FBI y su doctor personal, no interferiría con su trabajo.

Bretzing otorgó la posición de operador de polígrafo a su amigo mormón Chris Spilsbury, a pesar de que había hispanos en Los Ángeles más calificados y experimentados. Cuando el Agente Especial John Hoos hizo una declaración apoyando la queja de EEO de Mat, Bretzing, en represalia, registró en un fichero que tenía asuntos pendientes con John. Exactamente un año después, Bretzing despidió a John como representante de prensa de Los Ángeles y, finalmente, lo trasladó a un escuadrón que él bien sabía que no era de su agrado.

Aileen Ikegami, secretaria de Mat, apoyó su queja de EEO y verificó lo que había visto y experimentado; en represalia, Bretzing la removió de su cargo. Bretzing transmitió el siguiente mensaje a sus subordinados: «Estén o no en lo correcto, no se metan en mi camino». Para el variado elenco de agentes que supuestamente llevaban la insignia de los defensores de la verdad, permanecer al margen pareció el lugar más seguro para sus carreras (y sus bolsillos), haciendo honor a la frase "lo único que necesita el mal para triunfar es que los hombres buenos no hagan nada".

Mat, en este punto, se trasladó a El Paso, recibiendo llamadas repetidas de agentes de otras oficinas en todo el país. La EEO había rechazado una gran cantidad de quejas por parte de agentes hispanos. A pesar de la naturaleza protegida de las quejas de la EEO, los agentes debieron enfrentarse a la presión y las represalias de sus superiores. En contra de las regulaciones, el FBI no protegió a los denunciantes contra represalias, porque las altas esferas creían que sus supervisores eran, sin dudas, "lo mejor y lo más brillante". Atentar contra la credibilidad de los querellantes parecía más fácil que llevar a cabo complejos cambios sistémicos.

Apenados, los agentes hispanos de todo el país contaron sus historias a Mat, quien se reunió con el abogado de El Paso, José Ángel Silva. Juan Briones, un ex agente del FBI, se lo había recomendado a Mat. La familia de José Silva administraba una tienda de comestibles que era una verdadera institución del barrio en el sur de El Paso. José salió de El Paso para estudiar derecho en Harvard. Después de su graduación, se trasladó de nuevo a El Paso para compartir sus conocimientos y aplicar su formación en derecho de Harvard para combatir la injusticia.

José escuchó el relato de Mat, y sugirió que el remedio más eficaz para un problema tan sistémico sería una demanda colectiva. Sin embargo, tal demanda costaría dinero, dinero que Mat no tenía. También tomaría tiempo, algo que también era escaso para él. Sin embargo, identificar y organizar a los posibles denunciantes sí tenía sentido. Mat y todos los demás agentes hispanos merecían una justicia y defensa igualitaria. Mat reconoció la ventaja de contar con muchos denunciantes de su parte. Él y José discutieron los obstáculos que debían superar. José y Mat, ambos hombres de fe, creían que Dios estaba del lado de la justicia. La mano de Dios les ayudaría en su lucha por prevalecer en la corte.

El 15 de enero de 1987, en un tribunal federal en El Paso, Mat, el abogado José Silva y su equipo, presentaron una demanda colectiva en nombre de Mat y todos los demás demandantes en situación similar contra el FBI por discriminación. En la demanda se solicitaba una orden de protección y se alegaba discriminación institucionalizada, un sistema de promoción injusta, asignaciones injustificadas basadas en origen étnico, falta de reconocimiento y premios por contribuciones, asignaciones de trabajo injustas y hostigamiento por nacionalidad. Una demanda colectiva es una fuerte herramienta para la justicia, pero es difícil de alcanzar, ya que requiere de certificación para cumplir con un determinado umbral. José y Mat se alegraron al saber que El Paso era el sitio de batalla para resolver la demanda. Ahora tenían que organizar y asesorar a sus tropas.

Mat sabía de un grupo de agentes que tenían quejas de EEO pendientes o quejas con resultados que liberaban de responsabilidad por discriminación al FBI. Convocó a una reunión en Albuquerque con representantes de Los Ángeles y El Paso — todos bajo el escrutinio del FBI. El grupo filmó la reunión para ser distribuida a los agentes hispanos. La reunión incluía detalles y elementos de la demanda. El 30 de mayo de 1987, Rudy y Paul viajaron desde Los Ángeles a Albuquerque, y Leo Gonzales y Mat llegaron de El Paso para reunirse con los agentes de Albuquerque German Zúñiga, Armand Lara, Rose Marie Hackney, Alfredo Romero y Jim Garay en la casa del ex agente Hugo Rodríguez.

Hugo había dejado el FBI debido a constantes frustraciones. El SAC lo había removido de la "Guardia de Palacio" y lo asignó para trabajar en contrainteligencia extranjera, lugar en que su supervisor lo instruyó para llenar unas tarjetas utilizadas para administrar el tiempo de los casos, ya que las oficinas de contrainteligencia extranjera de Alburquerque contaban con pocos casos y no mucho trabajo. Hugo estaba descontento y se retiró del FBI.

En su último día de trabajo, el ASAC amonestó a Hugo por estacionar su vehículo personal en el estacionamiento de la oficina. Hugo respondió: «Tratémonos como adultos». La respuesta del ASAC fue: «Oye, chico, vas a hacer lo que te digo». Los insultos llegaron a los empujones. Hugo retrocedió, sabiendo que él estaba por salir del FBI, quien interpretaría el altercado a favor del ASAC. El SAC y el ASAC no asistieron a su almuerzo de despedida. Hugo lo entendió como un reflejo de la actitud general de sus prejuicios contra los agentes hispanos. Ahora Hugo estaba feliz de formar parte del equipo legal de Silva y ayudar a Mat a prepararse para ganar la demanda colectiva contra el FBI.

El vídeo que el grupo produjo comenzaba con un anuncio escrito que decía "El siguiente material es un mensaje protegido por el privilegio entre abogado y cliente, y contiene el producto del trabajo del abogado". José Silva, abogado de Mat, informó al público que éste había presentado una demanda de acción colectiva en el tribunal federal en el distrito de El Paso. Esta cinta de vídeo protegida algún día estaría a disposición del FBI bajo el procedimiento de descubrimiento de la corte. No había ninguna intención de ocultar la actividad, y José advirtió a los espectadores que se enfrentaban a la posibilidad de que el FBI tomase represalias. Todos los involucrados sabían cómo funcionaba la gestión del FBI. También se sospechaba que la cinta podría llegar a manos del FBI antes de la fase de descubrimiento y que la curiosa Organización ignoraría el aviso publicado de privilegio protegido entre abogado y cliente.

José explicó las acusaciones de discriminación en un lenguaje no técnico y pidió a quienes estuvieran dispuestos a ver la cinta que presentaran una declaración de discriminación en su despacho antes de la fecha límite para la certificación. Luego hablaron los agentes individuales. Hugo llevaba una bolsa de papel sobre su cabeza y dijo que el FBI irremediablemente iba a identificar al grupo en la cinta. Mat habló de incidentes que había experimentado y declaró que los frutos de la acción de los demandantes serían aprovechados por los agentes más jóvenes, ya que él mismo estaba a punto de jubilarse. Jim Garay habló sobre cómo la oficina del FBI en Albuquerque prohibió a los agentes hispanos hablar español, a menos que recibieran una tarea específica de la FBIHQ. Garay también informó que los evaluadores del Programa de Evaluación de Gestión rebajaron los puntajes de evaluación de la gestión de John Navarrete sólo por su acento.

Los agentes de Los Ángeles hablaron del favoritismo hacia los mormones, los ascensos inmerecidos de agentes mediocres y formación desigual. Los agentes de Albuquerque informaron que el color de su piel, sus apellidos y su capacidad de hablar español impuso sobre ellos una carga de tareas desiguales, además de estereotipos. Cuando Mat estuvo en El Paso, una ciudad mayoritariamente hispana, le dijo al SAC Ron Hoverson que la oficina debía solicitar más agentes que hablaran español, a lo que Hoverson respondió: «¿Entonces quién va a hablar con los anglos?». José Silva terminó la cinta de video, dando su dirección de oficina y número de teléfono.

Una cinta fue a cada división que contaba con un hispano conocido del grupo. La mayoría de los agentes hispanos se conocían por investigaciones, intervenciones telefónicas, misiones especiales a otras oficinas o deberes encubiertos. La amistad es satisfactoria, pero es aún más satisfactorio cuando hay confianza. Si bien no existe ninguna ley que prohíba a un tercero proporcionar información privilegiada a la parte contraria, es impropio que un agente del FBI no respete la doctrina del privilegio entre abogado y cliente, tal como los bancos que venden derivados a sus clientes y luego apuestan contra ellos. A pesar de esto, se dice que el SA Ronald Orrantia facilitó una copia de la cinta de video al SAC y ASAC del FBI de San Diego. Estos dos individuos, Tom Kuker y Tom Hughes, ahora armados con propiedad privilegiada, activaron las alarmas, se agruparon e intervinieron contra las solicitudes de descubrimiento de registros de personal de José. El temor injustificado de que los participantes de la demanda de acción colectiva hispana, quienes tenían permisos secretos, pudieran proporcionar acceso a los archivos del FBI, aumentó el prejuicio latente entre los miembros de la clase no demandante, ya que imaginaron que sus archivos personales serían compartidos con criminales, comunistas y grupos terroristas.

Propagando el miedo, los impetuosos agentes crearon fanáticos dispuestos a no cuestionar la causa de la demanda. Los fanáticos dejan de hacer preguntas para mantener la comodidad de su status quo. Era mucho más fácil para los empleados del FBI desconfiar de la integridad y la causa de sus colegas hispanos. Sin embargo, la paranoia no se detuvo allí. El FBI también desconfiaba de la Magistrada Federal Janet Ruesch y del Juez Federal de Estados Unidos Lucius Bunton. Si bien los demandantes hispanos no tenían la potestad para detener las falsedades, el juez y la magistrada sí la tenían. Ellos ordenaron que se facilitase el acceso a los archivos del FBI para que los hispanos demandantes pudieran revisar los archivos para preparar la litigación.

Como si fuesen piratas, la oficina de San Diego envió su video ilegal al capitán. La FBIHQ ahora sabía de los fundamentos del caso y se alegró del botín, a pesar de su innegable etiqueta de privilegio abogado/cliente. Las placas del FBI sustituyeron a la justicia. La demanda no les dio tiempo para auto-examinarse, no había tiempo para retroceder y revisar la evidencia de lo correcto y lo incorrecto, era el momento de "apuntalar las escotillas", tomar una posición, montar un contraataque y defender la ciudadela del FBI a toda costa, olvidarse de los problemas y de quien los avergonzaba, olvidarse de la verdad, conducir a los hispanos hacia un desastre, nombrarlos a ellos intrusos, de poca confianza y traidores e insertar una espada a su causa.

La estructura de la seguridad estaba al revés. Agentes hispanos con autorizaciones para trabajar en casos de alto secreto y mucha experiencia llegaron a Albuquerque para ayudar en la revisión de los archivos. Algunos de esos agentes tenían autorizaciones de seguridad que iban más allá del ultra secreto, ya que algunos eran los principales oficiales de seguridad en su división de campo. Pero el FBI asignó a agentes novatos para vigilar a estos agentes sospechosos para así asegurarse que ninguno de los documentos fuera extraído desde el almacén. Hubo mucho menos preocupación de seguridad por los consultores externos contratados por el FBI para ayudarlos en la demanda que cuando los agentes hispanos revisaron los mismos documentos. Los agentes hispanos se encontraron cara a cara con el ostracismo y sabían que había más por venir. Por si fuera poco, también descubrieron preocupantes inconsistencias en sus expedientes personales.

Reuniones de selección de ascensos, registros de personal, transferencias, asignaciones temporales, registros de trabajo, asuntos disciplinarios, informes de inspección y mucho más fueron proporcionados por el FBI, aunque la marea de información inundó a los abogados y los demandantes. José, Tony y Hugo contrataron al Dr. Gary LaFree, un estadístico y profesor de la Universidad de Nuevo México en Albuquerque. Gary, José, Tony y Hugo se aseguraron de obtener las autorizaciones apropiadas para revisar los archivos de alto secreto del FBI. Ninguno de ellos ni ningún otro agente removieron documentos de la bodega.

Había algunos registros informáticos que sólo la FBIHQ podría procesar, por lo que los demandantes reunieron a un equipo de agentes especiales hispanos de supervisión de la FBIHQ con años de experiencia en procesos de gestión interna. Con la ayuda de la documentación, los agentes hispanos demostraron que había discriminación. Este no era el tipo de discriminación que involucraba odio, linchamientos, quema de cruces y vandalismo, lo que el FBI cree esencial para considerar algo como un acto de discriminación. En cambio, se trataba de una discriminación frecuente, una forma de discriminación ignorada por el FBI. Los agentes hispanos prepararon los hechos de discriminación basados en la justicia fundamental y problemas laborales.

La justicia tiene diferentes significados para diferentes personas. No todos los agentes hispanos se unieron a la demanda. A algunos no les caía bien a Mat, algunos tenían problemas personales o financieros específicos y otros eran neutrales o participaban de ambos bandos. La fidelidad inquebrantable al FBI nubló la visión de algunos, ocluyendo su fidelidad a la ley, al igual que hay individuos que deciden no reportar abusos cometidos por miembros de familia, educadores, líderes religiosos o sus superiores.

Perder su trabajo y el miedo a las represalias fueron los factores principales que influenciaron las decisiones de algunos agentes a no participar, los mismos factores que pesaron sobre las mentes de aquellos que se unieron a la demanda. Mat estaba agradecido de que otros 310 agentes se unieran a él, pero un poco decepcionado de que algunos conocidos suyos no lo hiciesen.

Mat luchó por sus empleados en San Juan; aun así, un porcentaje sustancial de agentes puertorriqueños no eligieron unirse a la demanda. Otra sorpresa fue Willis Walton, un amigo hispano de Mat, quien optó por no unirse a la causa. Mat y Walton trabajaron juntos de encubierto, pasaron tiempo con sus familias y experimentaron la discriminación juntos. Mat hubiera contado con el apoyo de Walton en cualquier tarea o asunto personal, pero su amistad demostró ser una vía de transito único. Otros agentes estaban contentos de que Walton se mantuviera alejado, ya que había demostrado una conducta impropia de un gerente del FBI al tener un romance con la esposa de un subordinado, pero la FBIHQ decidió no hacer nada. Los demandantes preferían no tener agentes como él representando sus causas. También sospechaban que muchos decidieran no unirse, afectados por la seguridad de su empleo. Es difícil reconocer al Diablo cuando tiene una mano en tu hombro y la otra en tu bolsillo.

El dinero siempre es un problema, tanto para demandantes como para abogados. Se necesitan grandes sumas de dinero para tomar declaraciones, responder a las mociones, analizar pruebas y discutir casos. Antonio "Tony" Silva, uno de los socios de José en Silva y Silva, no quería saber nada de la demanda, ya que temía por su vida. Se destacó como un experto en demandas colectivas de los derechos civiles, pero no quería involucrarse con litigios contra un vengativo FBI. También sabía que habría retrasos y gastos — gastos difíciles de manejar para una oficina de abogados y para los agentes hispanos.

Los agentes hicieron todas las contribuciones que pudieron; vendieron insignias de solapa diseñadas por German Zúñiga, organizaron barbacoas, cenas de carnitas, desayunos de sopa de menudo mexicano y eventos para recaudar fondos en varias ciudades con oradores, músicos y artistas. Los empresarios mostraron cautela a involucrarse por temor a que el FBI pudiese perjudicar sus negocios, y solicitar ayuda en una batalla contra la Organización resultaría ser una tarea difícil. Los políticos sólo aportaban con sonrisas hipócritas. Linda Ronstadt negó un concierto benéfico, a pesar de que su familia trabajaba en la ley. Para rematar, el Fondo Mexicano Americano para la Defensa Legal y la Educación (MALDEF), una agencia creada para representar a los hispanos con problemas legales, se negó a participar, para sorpresa e incredulidad de los abogados y los 311 agentes.

El Congresista Esteban Torres, de California, se enteró de las dificultades de los agentes. Aunque temía represalias por parte del FBI, él sabía que tenía que defender sus derechos. Redactó varios comunicados al director de la Organización para facilitar el proceso de litigio. Pequeñas donaciones llegaron de forma encubierta de varios grupos que trataron de mantener su anonimato. La Liga de Ciudadanos Latinoamericanos Unidos (LULAC), Consejo Cuatro de San Antonio, proporcionó refuerzos públicos haciendo conexiones y buscando apoyo. Little Joe y los Latinaires, un grupo musical popular de la época, hicieron conciertos benéficos tanto en San Antonio como Dallas. Joe Sánchez y la Tienda de Comestibles Sur de California fueron los más generosos con sus donaciones. El abogado y Profesor de Harvard Lawrence Tribu acordó ayudar si fuese necesaria una apelación. El altruismo en el testimonio del personal del FBI John Hoos, Raymond Yelchak, Aileen Ikegami, y Joe Yablonsky validó el propósito de la demanda: un mejor FBI.

El odio es parte de la discriminación, pero los agentes hispanos no tenían que demostrar que fueron víctimas de éste, sino que de prácticas desleales. Una parte necesaria de la aplicación de la ley es garantizar que existe confianza entre los compañeros agentes. La confianza se veía al compartir historias humorísticas para contrarrestar las tensiones del trabajo. A los agentes del FBI les encanta lo que hacen y comparten sus historias con colegas, ya sea en vehículos compartidos, en comidas, haciendo ejercicio, en el campo de tiro, en intervenciones telefónicas y en reuniones de oficina. "No Left Turns" es un libro que cuenta historias humorísticas de agentes y gerentes del FBI que ocurren en situaciones cotidianas, como el hecho de que al director del FBI J. Edgar Hoover no le gustaba que sus choferes hicieran vueltas a la izquierda. Los tres principales directores ejecutivos tenían apodos, "Hulk", "Sulk" y "Bulk", los dos primeros referían a características de personalidad y el otro a sobrepeso. "Momentos Burro" es el nombre que los agentes latinos dan a las historias chistosas, ilógicas y sin razón. Muchas historias eran sobre favoritismos, injusticias y políticas incumplidas.

Los agentes hispanos con educación universitaria que contribuyeron en gran medida al FBI utilizaron la estrategia de recolectar documentos que verificaran las historias tanto de agentes angloparlantes como de agentes de color que recibieron favores especiales, historias de injusticias y anécdotas de mala administración. Las pruebas documentadas se convirtieron en parte de su testimonio. Las historias compartidas entre los hispanos y los no-demandantes se detuvieron una vez que se dio inicio a la acción colectiva, pero no se detuvo lo suficientemente temprano para proteger a los "Good ol' boys " en la gerencia del FBI. Al igual que las leyendas del Arca de la Alianza, que contenía documentos importantes que aseguraban la victoria a su poseedor, los miembros de la clase demandante llevaron esta colección de documentos como evidencia a la sala del tribunal para romper las paredes de discriminación dentro del FBI.

CAPÍTULO 3

EL PRIMER DÍA DE JUICIO

Para los miembros del grupo de los demandantes, la justicia parecía estar lejos del día en que iniciaron la demanda colectiva, al mismo tiempo que su paciencia se extinguía. Los agentes hispanos estaban ansiosos de dejar el juicio en el pasado, pero no sin antes poner lo mejor de su parte y ganar en la corte. El abultado bolsillo del "Gran Hermano" FBI — los fondos de impuestos usados para programas de investigación — comprobó ser capaz de atrasar y obstruir solicitudes de descubrimiento legal con el fin de cumplir con "las necesidades del FBI" y prevenir bochornos. Estas tácticas de retraso perjudicaron a las finanzas de los agentes hispanos y sus abogados; sin embargo, les dieron la oportunidad de revisar documentos descubiertos y analizar datos, elementos necesarios para llevarse la victoria.

El FBI siempre parecía salirse con la suya en la corte. Los sentimientos de privilegio, así como la mentalidad de ganar a todo costo, estresaron a los abogados de la DOJ, e incluso a los suyos, debido a las fechas impuestas por la corte. A pesar de que el FBI podía cubrir todos los gastos, planificar demoras repetidamente, atrasar y apelar a todas las solicitudes de los demandantes y la corte, por ningún motivo podían permitirse el lujo de ser humillados. Avergonzar a los agentes hispanos, presuntos de haberse burlado de la Organización, se convirtió en una obsesión de la gerencia, y convencieron a muchos empleados a rehuir a los demandantes hispanos. El uso abusivo de prácticas administrativas ocultas causó que la gerencia perdiera su enfoque de refutar la discriminación. El FBI pretendía paralizar y embalsamar a los demandantes en silencio, enterrar el caso y regresar a imponer sus presuntas "necesidades del FBI". Los abogados de la Procuraduría

General de los EEUU Felix Baxter, Anne Gulyassy, Alan Ferber, Lainie Simon y Sheridan Black encabezaron la defensa del FBI.

La ansiedad era intensa entre los 311 miembros de la clase demandante. No importaba lo cautelosos que fueran, lo cansados que estuvieran, el dinero ni el tiempo: no había vuelta atrás para los agentes hispanos y sus abogados. Cuando llegó el primer día del juicio, era hora de dejar a un lado la ansiedad y las emociones, limpiar sus mentes, re-energizarse y prepararse para ganar.

La fase preparatoria consistió de 18 estresantes meses para ambos bandos; el sentimiento de marginación creció a partir de la primera querella en enero de 1987. Se fueron acumulando incidentes adicionales, obstáculos y presiones hasta el escalofriante primer día del juicio en agosto de 1988. Los supervisores pusieron complicaciones para que los agentes testificaran, sus colegas cuestionaban a los agentes hispanos y había presión de tomar un bando. Amigos y compañeros de años se distanciaron con palabras dolorosas. Lo que había sido coexistencia y complacencia se convirtió en plena animosidad, y la discriminación y el trato dispar se hizo latente. Era un FBI diferente.

Era la hora del juicio. Los 311 agentes querían una decisión rápida a su favor, ya que el FBI estaba tomando decisiones internas defectuosas. Con la corte casi llena de abogados de la DOJ y el FBI, las posibilidades estaban a favor de los defensores, ya que los acusadores tenían solamente dos abogados, Antonio "Tony" V. Silva y Hugo Rodríguez.

El juez Lucius Bunton también quería concluir el caso rápidamente. Este era un caso de alto perfil, y él estaba en medio. El juez tenía una larga historia y una buena relación con el FBI y sus agentes. También admiraba al juez tejano Sessions, el juez nombrado para reemplazar al Director Webster en el FBI. La discriminación pudo haber ocurrido bajo el mando del Director Webster, pero si el juez Bunton fallaba a favor de la causa de los hispanos, entonces la obligación de resolver el problema sería de su amigo Bill Sessions.

El juez Bunton respetaba la experiencia de los agentes hispanos del FBI, y reconocía que una decisión ni a favor ni en contra del FBI estaría de acuerdo con sus sentimientos; una decisión justa requeriría diseccionar los hechos y la Sabiduría de Salomón.

La extensa publicidad y la alta relevancia del juicio atrajeron a muchos a la corte. Parecían como invitados en una boda en la iglesia, sentados al lado de la novia o el novio. A mano derecha frente a la corte estaban los representantes del gobierno, incluyendo un gran número de abogados de la DOJ y del FBI, sus asistentes, agentes jubilados de la Organización y reporteros aliados.

A mano izquierda estaban los demandantes hispanos esperando testificar, sus dos abogados, sus familias y ciudadanos consternados apoyándoles. Los murmullos del lado derecho incluían cosas como: «Te vamos a patear el culo, Mat», «No tienen derecho de estar aquí», «Están avergonzando al FBI», «Vamos a patearles el trasero y registrar sus nombres», «No saben con quién se meten», y «Van a perder». Los comentarios adentro de la corte eran menos duros que los de afuera.

Incluso antes de que comenzara el juicio, los abogados discutían, y las acusaciones volaban hacia todos lados. No habría pistolas, sino que se arreglarían las cosas mano a mano en la corte del Juez Bunton.

En su declaración inicial, Hugo Rodríguez señaló:

«El FBI puede ir por el mundo y encontrar un espía. Puede encontrar al asesino de un juez. Puede encontrar a quienes roban bancos. Puede encontrar terroristas. Puede encontrar secuestradores. Pero, extrañamente, el FBI no puede encontrar, ni le interesa encontrar dentro de su propia casa, al cáncer de la discriminación. El mensaje claro para el público americano era: Haz lo que yo diga, no lo que yo haga».

Hugo añadió que los trescientos once investigadores hispanos no podrían estar equivocados y que eran las víctimas — víctimas como ciudadanos de segunda clase en su propia casa, víctimas a quienes su empleador identificaba como desleales y menos dedicados porque estaban en la corte tratando de arreglar el mal que se les había causado.

El FBI es una fuerza estupenda. Ha intimidado a presidentes y a senadores; ha intimidado a jueces. Pero lo peor de todo, es que ha intimidado a sus propios agentes. Los agentes hispanos del FBI estaban dispuestos a arriesgar sus carreras, creían en la verdad y amaban al FBI. Estaban allí para hacer que el FBI fuera un lugar mejor para ellos y sus hijos. Los agentes hispanos querían la oportunidad y experiencia de ser nombrados SACs encargados de diferentes oficinas.

El FBI no está por sobre la ley. La FBIHQ entregaba a los hispanos las asignaciones más peligrosas, la mayoría de las asignaciones encubiertas, no recibían reconocimiento igualitario y no los protegían. A los hispanos los discriminaban en ascensos y entrenamientos. El FBI tendría una justificación simple: "las necesidades del FBI". Para la Organización, las necesidades del FBI representan la alfombra mágica que lo eleva lejos de todas las acciones de su personal y le da el pretexto de hacer lo que viola la ley. "Las necesidades del FBI" es una doctrina arbitraria y caprichosa respaldada por quien tenga que cumplir con alguna asignación. Pero viola el Título VII, viola las leyes de la nación y estas necesidades no eran más importantes que los derechos de estos agentes hispanos.

El abogado del gobierno, Alan Ferber, dio la declaración inicial para la DOJ y el FBI. En ella, concedió que el FBI no está sobre la ley. Afirmó que, si el otro bando tenía acusaciones, la ley demostraría que el FBI era inocente, lo cual era lo relevante. Ferber añadió que la alegación de los demandantes sobre impacto dispar, que indicaba que las políticas del FBI sobre ascensos, transferencias, asignaciones y disciplinas eran discriminatorias en su forma de operar contra agentes especiales hispanos, era falsa. Sostuvo que la demanda de trato distinto requería pruebas de intencionalidad y motivos discriminatorios; también negó que Mat Pérez fuera víctima de sesgos antihispanos perpetrados por varios funcionarios del FBI. Dijo que la carrera de Mat había sufrido como consecuencia de sus propias acciones. El análisis estadístico del gobierno no encontró evidencia de impacto adverso, y a los hispanos les fue igual, e incluso mejor que a los no-hispanos en las áreas en cuestión. Los motivos del FBI, según Ferber, resultaron nada más de un deseo de promover la eficiencia y hacer cumplir sus "necesidades del FBI" en el desempeño de su misión. El FBI reconoció y actuó de acuerdo a las habilidades y debilidades profesionales de Mat.

La respuesta del FBI fue tal como habían predicho los demandantes y sus abogados: todas sus acciones se justificaban con "las necesidades del FBI." En cada violación de políticas, reglamentos o leyes, la Organización aludiría a que se trataba de una excepción por "las necesidades del FBI," una frase mágica con el poder de permitir caminar en, sobre, o a través de cualquier obstáculo en el camino. Esta vez la corte federal decidiría si el FBI estaba sobre la ley y tenía el derecho de quitarle el antifaz a la Señora Justicia y usar sus colores en sus frentes colectivas, como una pandilla de gánsteres.

David Rarity, Jr., oficial de personal del FBI y líder del equipo defensor de la Organización, estuvo por cuatro horas bajo el cuestionamiento de Hugo Rodríguez, el abogado de Mat Pérez y los demandantes. El FBI subestimó a Hugo, quien había sido agente de la Organización y había aprendido a jugar con sus mismas tácticas. Rarity era un miembro del Servicio Ejecutivo Principal (SES), quien ascendió los rangos del FBI y que sin duda impresionaría al juez, a los abogados de la DOJ, a la prensa y a los espectadores de la corte.

Como secretario del Consejo de Ascensos, un defensor sin voto para aquellos con intención de ascender en sus carreras profesionales, Rarity sabía todo sobre los agentes preparados y disponibles que deseaban ascender a puestos de gerencia. Con su puesto y diversas experiencias, el testimonio de Rarity educó a la corte sobre la terminología especial y el lenguaje del FBI. Respondió a las preguntas de acuerdo a su experiencia y conocimiento. No había hecho nada malo, a excepción de apoyar, sin pensar, las decisiones y los procedimientos de sus superiores.

Si Rarity estuvo alguna vez en contra de un acto de injusticia durante alguna reunión del Consejo de Ascensos, nunca lo mencionó. Si alguna vez desafió algún asunto administrativo presentado por un agente, tampoco lo hizo. Considerando el juicio, si Rarity hubiese introducido siquiera un ejemplo de injusticia que él hubiera resuelto, su equipo se habría desanimado. Su conocimiento y sus respuestas cándidas y directas ayudaron al juez a entender la estructura básica cultural y los procedimientos de operación del FBI.

Aquellos que participan en el Programa de Desarrollo Profesional (CDP) empiezan como supervisores de relevo, excepto quienes van por una vía rápida hacia la FBIHQ. En un puesto de supervisor de relevo, un agente sustituye a un supervisor. Cualquier capacitación como supervisor de relevo era para simplemente abrir y asignar casos a los agentes y autorizar su cierre, o lo que el FBI designaba como "Pistas e Investigaciones Resueltas por la Sub-oficina Regional del FBI" (RUC).

El testimonio de Rarity, que indicaba que un supervisor de relevo no pertenece al equipo de gerencia, ya que los gerentes empiezan en el grado GS-14, contradijo la declaración del estadístico experto del FBI que decía que los agentes hispanos frecuentemente se encontraban en el equipo de gerencia como supervisores de relevo. Durante el periodo en que Rarity funcionó como secretario del Consejo de Ascensos, recordó que nadie se había convertido en gerente sin la recomendación del SAC, aunque la posibilidad existía en teoría.

Rarity admitió que no había postulado a cada puesto de supervisión que había tenido, y testificó que algunas promociones se llevaban a cabo sin un proceso de competencia. «Cuando el director o el Consejo de Ascensos decide que te necesita desde el punto A al punto B, tú simplemente vas. Cuando tienen una necesidad documentada y dicen "queremos a esa persona aquí", ese es el fin. Debe ser de esa manera. El director del FBI decide». Rarity no se podía imaginar que estas excepciones afectaran a los hispanos, así que en su mente no había nada malo con ellas.

Rarity testificó sobre el Programa de Evaluación de Administradores (MAP), MAP I y MAP II, los programas que evalúan a los candidatos para puestos de supervisión y ejecutivos dentro del FBI. «Tendría que pensar que, en la forma en que el MAP es validado y diseñado, todo el mundo tiene la misma oportunidad. El MAP no fue diseñado por el FBI, sino que por un consultor externo». Rarity añadió que raramente hay personas que pasan el MAP sin deficiencias que mejorar. También reconoció que en algunas ocasiones hay agentes con resultados de MAP más bajos que ascienden, mientras que otros agentes con resultados más altos no lo hacen.

"Las necesidades del FBI" es un concepto filosófico que, si bien no fue diseñado por tipos de la talla de Aristóteles o Sócrates, se convirtió en una biblia de la Organización que canalizaba el Manual de Procedimientos de Operación Administrativos (MAOP) y el Manual de Procedimientos de Operación de Investigaciones (MIOG). Ningún documento codifica la definición de "las necesidades del FBI". Sin embargo, Rarity testificó que: «Cuando nos apuntamos para ser agentes especiales, firmamos un acuerdo aceptando las necesidades del FBI».

Rarity, como agente encargado de supervisar ausencias administrativas, dijo no saber si el FBI había iniciado investigaciones administrativas a los miembros de los demandantes a raíz de usar días de vacaciones para participar en la demanda. Sin embargo, cuando le preguntaron si alguien de Los

Ángeles lo contactó acerca del uso de ausencias administrativas para participar en el caso, respondió: «¿Se refiere a Paul Magallanes?». Rarity le había aconsejado a Paul que su participación en la demanda significaba que estaría "patinando sobre hielo fino".

Cuando el FBI confisca el arma de un agente especial, es usualmente porque un doctor ha certificado que la medicina que el agente está utilizando podría impedir su razonamiento y no debería portar un arma. Quitarle el arma a un agente especial es el equivalente de informarle que ya no es agente especial; es una maniobra muy seria. La gerencia también puede hacer lo mismo en caso de un problema psicológico severo. El FBI le quita el arma a un agente especial en esas dos circunstancias. A Paul Magallanes, miembro de los demandantes, le quitaron su arma porque reportó que se había lastimado la espalda. De hecho, el doctor particular de Paul y dos doctores del FBI dijeron que no tenía esa clase de impedimento. Esto dejó a la corte con la impresión de que las circunstancias extraordinarias bajo las cuales le quitaron el arma a Paul nacieron de la percepción del FBI de que él era un miembro de los demandantes.

Rarity testificó que el FBI nunca podría forzar a agentes de habla extranjera no contratados bajo el programa de idiomas del FBI a aceptar transferencias o asignaciones basadas en idiomas, y el FBI no podía exigirle a un agente que tomase un examen de idiomas si no había sido contratado bajo ese programa específico, o algún otro programa relevante. Rarity exclamó que sería ridículo poner a un agente en una asignación bajo el Título III a menos que el agente se haya ofrecido como voluntario o haya demostrado poseer fluidez en una lengua extranjera. Sin embargo, ese ridículo comportamiento recaía en los expedientes de agentes del FBI con apellidos hispanos, a quienes se les exigía tomar exámenes de lenguaje y participar en el programa de idiomas.

Rarity testificó que, cuando el FBI contrata a individuos con habilidades para hablar lenguas extranjeras, esos agentes firman un acuerdo accediendo a usar dichas lenguas durante su estancia con la Organización. Aquellos en puestos de ascensos rápidos — abogados, contadores, y científicos — nunca firmaban dichos acuerdos. No sabía de nadie que había ascendido rápido debido a sus habilidades lingüísticas. Cuando un abogado, contador o científico deja un puesto de supervisor, no le requieren que continúe utilizando sus habilidades. Sin embargo, los especialistas en idiomas debían continuar con su especialidad porque el FBI necesitaba proteger la inversión hecha en sus empleados con habilidades en lenguas extranjeras.

Rarity añadió que no entendía cómo alguien podría considerar la División de Puerto Rico como una penuria, aunque nunca había visitado San Juan. Para él, el FBI necesitaba personal en esa división, fuesen hablantes de inglés o español. Un puesto en San Juan no podría considerarse una penuria, aun cuando la familia del individuo odiase la isla, aun cuando el conyugue o su familia entera no hablara español, aun cuando la casa debía tener alarmas contra robo proporcionadas por el FBI, así como barras de herrería en las ventanas, aun si los niños tenían que ser recogidos por autobuses militares para ir a una escuela en la base militar y aun cuando había agentes forzados a trabajar más de 12 horas con agentes que querían retirarse. Era mucho más conveniente para la Organización forzar una solución y después esconderse detrás de "las necesidades del FBI". Incluso los agentes que habían nacido y crecido en Puerto Rico querían retirarse debido a las miserables condiciones de trabajo en la isla.

Rarity se familiarizó con la política de transferencia a San Juan durante el juicio y testificó que todo individuo que trabajaba en Puerto Rico lo hacía por un mínimo de cuatro años. Un quinto año significaba que el individuo tenía casi garantizado ir a su lugar de preferencia. El Director Webster aprobó el cambio a esta política en octubre de 1987 en base a la recomendación del SAC de San Juan, James E. Esposito. Mat Pérez, el demandante principal, había recomendado primero dicho cambio cuando él era el SAC, ocho años atrás, en 1979. Mat también pidió más agentes debido al número de casos de terrorismo y la extensa lista de Casos Mayores en San Juan. El FBI ralentizó las cosas y no hizo los cambios que Mat había sugerido.

Rarity conocía la definición del término "Rabino" en el FBI, la cual significaba que alguien usaba un "gancho" de alguien más para ascender, pero dijo que no sabía de ningún sistema formal de esa índole en la Organización. Era raro que Rarity conociera un término informal, pero mantuviera que dicha realidad no existiese en el FBI, como si frases descriptivas aparecieran en su mente sin razón. La realidad descrita por Rarity tenía que haber existido para que alguien usara el término "Rabino". Una respuesta más lógica habría sido explicar que el "sistema Rabino" pudo haber existido en el pasado, pero Rarity no escogió esa ruta.

Él agregó haber sido víctima de discriminación durante su estancia en Bogalusa, Louisiana, y dijo que había sufrido física, mental y verbalmente. Dijo que no era por causa de su acento yanqui de Rhode Island, sino que porque era un agente del FBI. En una ocasión, un peluquero le rasuró la mitad de la cabeza y cerró la peluquería. También afirmó que el KKK quemó una cruz en su casa en protesta porque era un agente del FBI que los investigaba, y a su esposa la agredieron verbalmente en un salón de belleza. En cuanto a las experiencias de discriminación que enfrentó Rarity en Bogalusa, los agentes hispanos compararon la discriminación con su empleador, quien rasuró la mitad de sus carreras, quemó una cruz en el césped de sus deseos y abusó verbalmente de sus seres queridos.

Había alrededor de 400 agentes hispanos de los aproximadamente 9,000 que trabajaban en el FBI y Rarity explicó que la necesidad más crítica de la Organización era encontrar hispanoparlantes. Testificó que el FBI solamente escribía y aplicaba políticas justas y él entendía las políticas y reglamentos. Dijo que los 311 agentes hispanos tendrían que demostrarle exactamente cómo el FBI les había discriminado. La demanda intentaba hacer precisamente eso.

Los funcionarios del FBI habían olvidado explicar al DOJ su política interna de MAP de que "un 2 con un gancho es mejor que un 4", lo que quería decir que los amigos conectados con puntuaciones más bajas recibían promociones sobre aquellos con puntuaciones más altas. El "gancho", el "Rabino" y los "feudos" eran una realidad.

CAPÍTULO 4

ARMAND A. LARA

Armand A. Lara, agente especial del FBI, ingresó a la Organización bajo el programa de idiomas el 21 de junio de 1971. Su calificación en español fue de un 3+ de un total de 5 puntos. Cuando Armand solicitó empleo en el FBI, un agente en la División de Seattle le comentó que alguien en la FBIHQ había llamado para preguntar si "se veía muy mexicano". El Juez Bunton se sorprendió completamente, preguntando enfáticamente qué significaba verse "muy mexicano". El agente de Seattle le dijo a la persona de la FBIHQ que Armand se veía como un artista de cine mexicano, lo que pareció haber aplacado la preocupación de la FBIHQ. Sin embargo, siguiendo esta lógica, Armand bien podía haberse visto como Pancho, el compañero de "Cisco Kid". Desde ese momento en adelante, el FBI tendría dos problemas: un agente que se veía "muy mexicano" y un agente con un problema de peso.

Armand también sintió discriminación durante su primer trabajo en El Paso. El SAC y el ASAC le dijeron que Julián de la Rosa, de la Oficina de Igualdad de Oportunidades en el Empleo (EEO) de la FBIHQ, planeaba asistir a la convención de la Liga de Ciudadanos Latino Americanos (LULAC) en El Paso. El SAC le pidió a Armand que acompañara a de la Rosa a la convención, ya que no hablaba español. El agente añadió que los otros dos agentes hispanos en la oficina, Frank Castro y Armando Guerra, tenían la piel "muy oscura" para representar al FBI en el evento de la LULAC. La LULAC es una organización que promueve actividades cívicas y derechos civiles hispanos, así como también aboga por ciertos asuntos económicos y políticos. Después de la convención de la LULAC, el SAC ordenó a los dos hispanos "con la piel muy oscura" disfrazarse como plomeros, para que se vieran aún más mexicanos y así pudiesen sorprender a algún fugitivo.

El SAC Donald Sullivan no aprobaba las actividades cívicas de la esposa de Armand en la creación del Centro de Crisis de Mujeres en Contra de la Violación en El Paso. El SAC habló con Armand sobre las actividades de la esposa de éste, e incluso inició un sub-expediente ilegal y sin autorización en el expediente de Armand sobre su esposa y sus actividades. Esto lo hizo en violación directa del reglamento de la Procuraduría General de los EEUU. El SAC incluso llamó a la esposa de Armand a su oficina. Armand se enteró, durante la fase de descubrimiento, que el sub-expediente sobre las actividades de la Sra. Lara, establecido en 1974, afectó negativamente las decisiones de la gerencia para con su carrera. Durante los últimos 14 años, el expediente de vigilancia del FBI y las actividades de su esposa habían afectado a Armand, todo porque la Señora Lara ayudó a abrir un centro de crisis por violación.

Enfrentado con la presión en la oficina y viendo poca oportunidad de ser promovido, Armand se transfirió de El Paso a San Juan, Puerto Rico, donde a todos le daban transferencias, aunque no hablasen español. Después de un mes y medio en un equipo, trabajando varios casos, y habiendo localizado una casa en San Juan, Armand descubrió que el FBI quería transferirlo a Aguadilla, Puerto Rico. Aguadilla es un pueblo pequeño en la parte desolada del noroeste de la isla. Otra vez, Armand no supo la razón de la transferencia hasta la fase de descubrimiento de la demanda, cuando se enteró que el FBI quiso aislarlo debido a las actividades cívicas de su esposa. El FBI se sintió insultado cuando la esposa de Armand volvió a usar su apellido de soltera para mantener su identidad profesional.

Debido a su exilio a Aguadilla durante los siguientes cinco años y medio, el matrimonio de Armand se desmoronó. Después de haber terminado su estancia de cinco años, pidió una transferencia a Albuquerque y terminó en la sub-oficina de Gallup, Nuevo México.

El FBI consideraba esta oficina una penuria debido a las condiciones generales de vivienda. Armand no veía la necesidad de un hispanoparlante en Gallup y estaba seguro de que su transferencia era una continuación de su exilio a causa de las actividades cívicas de su ex esposa.

En Albuquerque, Armand se convirtió en supervisor de relevo y viajó para realizar dos docenas de asignaciones a servicio temporal en lo que los hispanos llamaban el "Circuito Taco". Estos circuitos duraban 30 días y a veces hasta un máximo de 150, y a ninguno de estos casos de Título III se le había asignado un agente bilingüe no-hispano. Durante sus asignaciones en TDY, sus casos se dejaron de trabajar, teniendo que esperar por su regreso. Además, los plazos no se cumplieron. Estas asignaciones a servicio temporal dificultaban sus posibilidades de ascender. Además de sus casos y sus asignaciones a servicio temporal, Armand era líder del equipo SWAT, y entrenaba al equipo de la División de Albuquerque y varios equipos SWAT policiacos de la ciudad. Armand era el coordinador de fugitivos y entrevistaba solicitantes de trabajo.

Constantemente, Armand escuchaba albures y chistes racistas sobre hispanos en la oficina y hasta en comidas donde no había personal del FBI. Armand no impuso querellas, porque creía que sería la muerte de su carrera. Solicitó nueve puestos de gerencia sin resultado. Armand no sabía que "traer una chaqueta mala" — el sub-expediente de su ex esposa — le estaba cerrando las oportunidades. "Traer una chaqueta mala" es un término que significa que uno está marcado o etiquetado sin conocimiento.

El ASAC Leroy Teitsworth le comentó a Armand sobre una investigación administrativa que le acusaba de vender armas a los Contra Rebeldes en Nicaragua, y esa era la barrera que le impedía ser promovido. Armand no sabía que estaba bajo investigación por algo que nunca había hecho. Había rumores de que él le vendía armas a los Contras con Hugo Rodríguez, el abogado que lo estaba interrogando. El presunto expediente no apareció durante la etapa de descubrimiento, y a él nunca se le interrogó. El alegato parecía más un pretexto para negarle ser promovido, pero ahora le preocupaba más la represalia por su supuesta participación. Algunos agentes bajo investigación administrativa recibían promociones, pero Armand no.

La abogada Sheridan Black, representante del DOJ, le preguntó a Armand si estaba familiarizado con todas las calificaciones de cada agente que había solicitado las mismas promociones a las que él había postulado. No lo estaba. Para el DOJ, eso implicaba que Armand no podía demostrar actos de discriminación.

Sin embargo, el otro lado de ese argumento es que la abogada no podía comprobar que los otros agentes estaban más capacitados que Armand. Él sabía que Teitsworth y otros agentes habían ascendido rápidamente, pero él parecía estar estancado en el lodo. El FBI no pudo justificar la asignación de Armand a Gallup como agente de habla hispana. La teoría de Armand era que, de no ser demandante, no haber traído una chaqueta, no haber sido el sujeto de una investigación administrativa y no haber tenido una esposa que se involucrara en asuntos cívicos, podría quizá haber sido "uno de los buenos" y habría ascendido de la manera clásica.

El SAC Sullivan firmaba las evaluaciones de desempeño de Armand y lo calificaba de manera excelente, lo que le decía a la DOJ que Sullivan no tenía prejuicios antihispanos. Siguiendo ese argumento a su conclusión lógica, significaba que alguien con prejuicio antihispano tendría ese prejuicio constantemente, tal como si un ladrón robara todo lo que tuviese a la vista en vez de esperar una oportunidad perfecta.

Sullivan y el ASAC Thomas D. Westfall le aconsejaron a Armand que una transferencia fuera de El Paso sería conveniente para él. La DOJ sugirió que la oficina del FBI en El Paso no quería que las actividades de su esposa perjudicaran la relación entre el FBI y la policía, debido a que tenían que trabajar en conjunto. Armand leyó un aviso que decía lo siguiente:

"El SAC ha informado previamente al Agente Especial Lara que esta oficina no interpone objeciones a las actividades cívicas legítimas de su cónyuge y desea solamente que ella persiga sus intereses cívicos de una manera digna, diplomática y discreta. El SAC no siente que esos adjetivos caractericen sus actividades actuales. Sin embargo, no parece que sea productivo asesorarla nuevamente".

Una interpretación objetiva sugeriría que la familia Lara era testaruda, y que además las actividades comunitarias de la Señora Lara aparecían sin dignificación, sin diplomacia y sin discreción — los tipos de acciones que justificaban el envío de un sub-expediente ilegal a la oficina de San Juan y la FBIHQ.

Sullivan testificó que, si bien nunca había visitado San Juan, recomendó que Armand fuera allá porque su trabajo no requería ser supervisado. El sub-expediente surgió a raíz de las actividades de su esposa cuando fundó el centro de crisis por violación. Sullivan dijo que el centro de crisis por violación parecía en un principio una idea sana, pero provocó una confrontación cuando la policía de El Paso se rehusó a compartir reportes investigativos con el centro debido a reglamentos de privacidad. Sin embargo, el jefe de policía de El Paso, Robert Minnie, testificó que las actividades de la esposa de Armand nunca interfirieron con las relaciones del FBI y la EPPD. Las iniciales de Sullivan aparecían en todos los documentos de las sesiones que había tenido con Armand y su esposa.

Durante un contrainterrogatorio, Sullivan testificó que había unos artículos publicados en periódicos que aludían a un desacuerdo o una disputa entre el centro y la EPPD, pero no recordaba y no pudo identificar una razón específica para dicha confrontación, aun después de haber revisado los artículos de los periódicos y el sub-expediente de la Señora Lara. Sullivan dijo que notificó a la FBIHQ porque era su deber mantener una buena relación continua con la EPPD, y no porque quería deshacerse de Armand. Sullivan dijo que no recordaba los detalles de las sesiones de consejería, pero leyó de un aviso lo que sigue: "Lo siguiente es información para la FBIHQ: Puede ser relevante que después de la entrevista de agosto

1 de 1974 del SAC con el agente Lara, Lara cambió su oficina de preferencia a San Juan».

El resultado fue que Sullivan, el jefe de la oficina de El Paso y el funcionario que supervisaba a Armand, abrió un sub-expediente ilegal sobre la esposa de Armand. Esto a pesar del hecho que, en sus propias palabras, "el esfuerzo sano" de la Señora Lara no interfería con las relaciones del FBI ni las actividades de la Señora Lara afectaban el trabajo de Armand, y el jefe de policía pensaba que la relación con el FBI era positiva. Las asunciones injustas de Sullivan sobre la Señora Lara resultaron en la apertura de un sub-expediente en contra del reglamento.

CAPÍTULO 5

JULIAN FRANK PEREZ

Julián "Jay" Pérez se tituló con una licenciatura en contaduría en el St. Joseph's College en Indiana y una maestría en administración de empresas en el Bernard Baruch College, CUNY. Después de terminar sus estudios, ingresó al ejército de los EEUU y luego pasó tres años y medio como agente de la Secretaría de Hacienda de EEUU revisando complejos formularios de impuestos. Se convirtió en agente del FBI el 4 de noviembre de 1968, bajo un programa modificado, el cual tomó en cuenta su experiencia profesional de tres años y medio.

La primera asignación de Jay fue en Filadelfia, donde trabajó en casos de cuello blanco y crimen organizado y ayudaba a los agentes que no hablaban español, asignación por la cual no recibía ningún crédito. Enfrentó la misma situación en New York, donde investigaba casos de juegos de azar y buscaba informantes provenientes de los barrios bajos. Eventualmente coordinó a informantes criminales para toda la oficina de New York, trabajaba en turnos de noche y hacía trabajos de traducción, además de desempeñar asignaturas menores encubiertas. Jay recibió una calificación de MAP de 4, sus resultados de aptitud gerencial fueron excepcionales, y sus habilidades no tuvieron contingencia. Lo ascendieron a supervisor del equipo de crimen de cuello blanco.

Jay solicitó la posición de gerente de programas Grado-15 (GS-15) para el crimen de cuello blanco. El agente que dejaba ese puesto era un GS-15 quien supervisaba a los GS-14 y relevaba al ASAC y al SAC. Mientras estaba en New York, Richard Bretzing, un ejecutivo poco popular entre los hispanos en Los Ángeles, promovió a Jay debido a sus altas calificaciones de MAP, su experiencia de contador y excepcionales evaluaciones. Sin embargo, Bretzing bajó el puesto de Jay desde GS-15 a GS-14, y por lo tanto no recibió el salario que le correspondía, mientras que todos los gerentes anglos con responsabilidades similares mantenían su grado GS-15 y el salario correspondiente.

Jay se fue de New York a la Academia del FBI como administrador del MAP I y MAP II — programas diseñados para evaluar las aptitudes administrativas de los agentes. Viajaba y enseñaba a oficiales policiacos la "Teoría de Administración de los Centros de Evaluación", un curso de tres créditos a nivel universitario aprobado por la Universidad de Virginia. El MAP servía como un brazo del Consejo de Ascensos del FBI. Antes de 1974, los supervisores de primer nivel, personal de mandos medios y superiores, recomendaban y seleccionaban agentes para ascender. No había análisis sistemático o detallado de las aptitudes y habilidades requeridas en algún puesto. Los consejos de promoción revisaban los expedientes de personal, evaluaban recomendaciones y entrevistaban a los candidatos; no había exámenes escritos. Frecuentemente, una promoción era la manera de señalar un "Te queremos; bienvenido al club".

El proceso cambió dramáticamente en 1973 cuando Clarence Kelly, jefe del departamento de policía de Kansas City, se convirtió en el rector del FBI. Dentro de los muchos cambios innovadores que implementó, estaba el requisito de que los consejos y programas de revisión identificaran y entrenaran a gerentes para incrementar sus resultados. En 1974, Kelly ordenó el establecimiento de un centro de evaluación para enfocarse en estos asuntos. El MAP hizo que las promociones fuesen más competitivas, objetivas y sistemáticas. Había un proceso específico para cada puesto, así que un candidato podía tener alta confianza en los resultados. Consecuentemente, el FBI podía defender mejor su sistema de promociones si en algún momento alguien cuestionara los resultados.

La tarea fundamental del MAP era identificar las fuerzas y debilidades de gerentes potenciales. El proceso identifica qué conocimiento, habilidades y cualidades de liderazgo se requieren para un puesto de supervisor. Estos atributos, conocidos como "dimensiones," son necesarios para una evaluación exitosa. Las dimensiones típicas incluyen liderazgo, escritura, planificación, organización, sensibilidad interpersonal, comunicación oral, decisión, control de personal y delegación efectiva.

El proceso de evaluación requiere ejercicios situacionales diseñados para simular situaciones de la vida real y problemas que el candidato pudiese enfrentar en el trabajo. Los asesores están entrenados para considerar las respuestas de los candidatos y redactan notas para justificar sus conclusiones. En cada ejercicio, los asesores identifican las diversas dimensiones bajo evaluación, después las clasifican y las califican usando una escala del 1 al 5. Una calificación de 3 o más aprueba. Una puntuación de algo inferior a 3 refleja una deficiencia en la dimensión medida. Una calificación más baja requiere que el candidato tome el entrenamiento al regreso a su oficina para remediar la deficiencia, antes de que pueda ser considerado para una promoción. Siendo el asesor responsable de revisar las calificaciones de los candidatos, Jay no se acordaba jamás de haber visto una calificación de 5, pues los asesores decían que nadie era perfecto. El administrador del centro de evaluación revisa la distribución de las calificaciones, a las cuales los candidatos tienen el derecho a apelar. El MAP hace todo lo posible por minimizar la subjetividad y crear confianza.

Sin embargo, todavía era común encontrar algún individuo cuyo historial de trabajo tuviera pocos logros en comparación a otros candidatos. Los agentes describían esta familiar conexión de los "good ol' boys", con el dicho que rondaba el FBI de que "un 2 con gancho vale más que un 4". Todavía era muy fácil para un ejecutivo o para el Consejo de Ascensos favorecer a un candidato con un poco de raciocinio creativo o favoritismo, lo que frecuentemente pasaba por alto a candidatos con puntuaciones mucho más altas. Jay descubrió que había algunos gerentes que no confiaban en un proceso de selección objetivo y consecuentemente pensaban que los candidatos "predilectos" tenían beneficios y dejaban de lado a los demás. Identificar la "integridad" como el rasgo más importante de liderazgo le ayudaría a ganarse la confianza de sus empleados, y entonces ellos harían todo lo posible para asegurar el reconocimiento como la mejor organización y los mejores líderes, ya que la integridad aseguraba el triunfo de todos.

Asistir a los agentes que no hablaban español con sus casos le quitaba el tiempo a Jay. Él conducía entrevistas en español, tramitaba los papeles, y los nombres de él y el agente del caso aparecían en la forma FD-302, la cual es la forma oficial del FBI que se usa en los juicios. Sin embargo, una vez que concluían los casos, Jay no recibía crédito estadístico. No ayudar a otro agente no es algo que un agente dedicado quiere o está dispuesto a hacer. Sin embargo, hay injusticia obvia y descarada cuando la gerencia se niega a acreditar la asistencia que se otorga a otro agente.

Jay testificó: «Para que un agente del FBI destaque, hay dos cosas que son muy importantes. Una corresponde a los logros individuales estadísticos y la otra a un perfil administrativo. Un agente evaluado como buen investigador es analizado por la gerencia, cuyos miembros consideran sus logros estadísticos, sus desarrollos de informantes, y los casos que inició y llevó a conclusión con arrestos y juicios ganados. Esos son los logros estadísticos. El perfil administrativo es la exposición a la gerencia. Tienen que saber las decisiones que el agente tomaría, no solamente en cuanto a investigaciones, sino que también en cuestiones administrativas como supervisor de relevo o supervisor temporal. Es necesario involucrarte con otros supervisores y ASACs para que vean cómo te desempeñas. Sólo así saben quién eres y recuerdan tu nombre. Como supervisor tienes acceso y oportunidad de llamar a la FBIHQ y hablar con supervisores y gerentes del FBI. Entonces tu nombre es reconocido; ese es tu perfil administrativo».

El hecho de que los hispanoparlantes recibieran asignaciones creó una clara desventaja en cuanto a las promociones. Un agente podía iniciar una investigación y progresar, y después la gerencia lo podía enviar a un Título III o asignación cubierta, lo que le requería estar fuera por varios meses. Entonces, los supervisores reasignaban los casos "buenos" de los hispanos a otros agentes, dejándoles solamente los casos menos importantes a ellos. Consecuentemente, los agentes que recibían los casos de importancia eventualmente obtenían los honores, recompensas o créditos que en realidad les pertenecían a los agentes hispanos. Muchas veces, los agentes que no hablaban español dependían del trabajo del agente secreto hispano y oyentes del Título III para obtener un enjuiciamiento exitoso. Los agentes que no hablaban español recibían los elogios, el perfil administrativo y el crédito, mientras que los agentes hispanos pasaban a otra asignatura cubierta o a otro caso de Título III para cubrir "las necesidades del FBI".

En una ocasión memorable, el Consejo de Ascensos de New York dijo que, a pesar de que Jay tenía una calificación alta de MAP, buenas evaluaciones, una maestría en administración de empresas y la experiencia necesaria, sentían que le hacían falta cualidades de liderazgo y que no era un agente suficientemente agresivo. No guardaron estos pensamientos para sí mismos, sino que enviaron esta evaluación a sus superiores en la FBIHQ. Tener información incorrecta en el expediente de alguien es una cosa, pero mandar información incorrecta a la FBIHQ es algo malicioso. Jay creía que una querella ante la EEO sólo añadiría presión para él y su familia. A pesar de que tenía todos los requisitos correctos, testificó: «Parece que tengo que ser mejor. Tengo que ser más que mediocre, y tengo que ser excepcional, a diferencia de los grupos no hispanos».

Como supervisor, Jay recibió en una ocasión una directiva de la FBIHQ que enumeraba a agentes con apellidos hispanos e informó a cada uno de ellos que no podían negarse a tomar un examen oral de idioma que estaba por venir. El Juez Bunton recordó el testimonio de Rarity que decía que el FBI nunca obligaba a los agentes bajo el programa modificado a participar en otro programa. En este punto del juicio, el juez siguió con la interrogación y descubrió que dicho examen tomaba quince minutos. Durante esta examinación, no había nadie que verificara si Jay había tomado el examen. Él podía traducir de español al inglés, pero necesitaba la ayuda de un diccionario. El FBI nunca le proveyó a Jay los resultados del examen. Por medio del proceso de descubrimiento legal, Jay descubrió que le habían dado una calificación de 3+, una calificación que él pensaba debía ser más alta, pues se sentiría incómodo enseñando un curso profesional o conduciendo una entrevista con una persona hostil en español, dos actividades que requieren respuestas rápidas e intercambio de información.

Jay consideró sus asignaciones en varios roles secretos como personajes hispanos criminales, "una oferta que no podía rechazar". Testificó que: «La gerencia te verá como un agente que no está realmente dedicado a su profesión, no es agresivo ni confiable. Eso se reflejará en sus opiniones, y estoy convencido que se reflejará al juzgar tu carrera». Los supervisores que asignaban agentes a roles secretos requerían de agentes hispanos no por que necesitaban hablantes de español, sino porque "parecían hispanos". Jay creía que esta forma de pensar era común en la cadena de mando, que los hispanos se veían más criminales o podían pasar mejor como criminales en comparación con los agentes no hispanos del FBI. Pensaba que su supervisor irlandés creía que los hispanos poseían el perfil más criminal comparado a los demás, pero su mamá no estaba de acuerdo con eso.

Durante el contrainterrogatorio, Jay admitió que el FBI tenía la autoridad de reducir un puesto desde GS-15 a GS-14, añadiendo que, si bien desempeñaba las responsabilidades de un GS-15, seguía recibiendo el sueldo de un GS-14. El juez notó la inconsistencia en la evaluación de lenguaje en cuanto a los agentes hispanos quienes ingresaron bajo el programa modificado, el hecho de que Jay recibía el pago de un GS-14 cuando hacía el trabajo de un GS-15 y que el FBI frecuentemente no le daba importancia a los resultados del MAP, escogiendo en vez de eso a sus candidatos predilectos.

CAPÍTULO 6

FELIPE FROCHT

La primera vez que Felipe Frocht fue a los EEUU, era un estudiante de intercambio y tenía 16 años. En 1968 ingresó a la academia militar americana en West Point, New York, y recibió su licenciatura en ingeniería. Después trabajó como capitán encargado de un escuadrón aéreo del US Army. Se unió al FBI en octubre de 1977 bajo el programa de idiomas, aunque pensó que ingresó bajo el programa modificado debido a su experiencia militar. Sirvió primero en Phoenix y luego en la División de San Francisco.

Los hablantes de español tenían deberes de investigación normales, así como numerosas asignaciones adicionales para entrevistas especiales, intervenciones telefónicas, investigaciones encubiertas y asignaciones en TDY. Cuando no estaban viajando, ayudaban con entrevistas y traducciones y completaban la documentación relacionada para los agentes que no tenían habilidad de traducir. En contraste a los agentes que no hablaban español, los hispano-parlantes siempre trabajaban largas horas, tenían una carga de trabajo más pesada y asignaciones menos placenteras. Más que agentes utilizables para resolver casos, los hispanoparlantes se encargaban de hacer tareas menos sofisticadas. La actitud del FBI parecía ser "Hablas español. Te podemos usar para lo que queramos, cuando queramos, por el tiempo que queramos, porque eso cubre las necesidades del FBI". Tal actitud no era aplicaba a los agentes anglos que hablaban español.

Los supervisores y agentes le hacían comentarios discriminatorios a Felipe, preguntándole cosas como: «¿Dónde está tu Green Card? ¿Por qué no hablas inglés? No debiste haber sido agente». Vio un número de caricaturas humillantes y comentarios escritos en las oficinas del FBI. Nunca presentó una denuncia, pues temía intimidaciones y posibles represalias.

Felipe hacía investigaciones en español, usaba su habilidad de hablar esta lengua durante operaciones del SWAT y trabajó varios casos especiales utilizando su habilidad lingüística por todo el país. Con la excepción de las tres semanas de vacaciones y algún día por aquí y por allá, la vida era una larga asignación continua para él. Usaba su habilidad para hablar español la mitad del tiempo, frecuentemente trabajando turnos de 12 horas. Cuando le asignaron Títulos III en inglés, se sorprendió al descubrir que los agentes trabajaban solamente 8 horas porque había bastantes agentes de habla inglesa en el FBI. Mientras que las asignaciones de Felipe se llevaban a cabo en hotelillos y en áreas de maleantes, los agentes que no hablaban español recibían reembolsos por boletos de esquiar y se quedaban en elegantes condominios.

Felipe recibió una calificación de 4+ en su examen de español y buscó una asignación en el extranjero como agregado jurídico, pero tuvo acceso limitado a ese tipo de asignaciones. Testificó:

«Mi supervisor me dijo que cualquier caso significativo que tuviera sería reasignado y los casos que no valían nada esperarían hasta que yo regresara. Por lo tanto, terminé con casos de menor importancia y estadísticas bajas. Cuando la siguiente oportunidad para casos especiales aparezca, dirán "tú no tienes casos importantes, así que te irás en TDY", creando una separación entre tú y tu familia, amigos, supervisores y la supervisión de tu trabajo. Las cartas de recomendación o de agradecimiento que se dan a los agentes por servir en una escucha telefónica ni siquiera se consideran para promociones a un nivel de supervisión».

El supervisor de Felipe, William Edmond Smith, bajó su calificación de desempeño para desarrollo de informantes porque estuvo ausente en TDY por cinco meses consecutivos. En una ocasión, Smith le exigió que no "abriera archivos" de dos informantes que había desarrollado hasta un poco antes de una inspección pendiente. Felipe testificó que: «Lo hizo así para que después de que yo abriera los casos de esos informantes particulares, él pudiera mostrar seguimiento a un memorando que escribió diciendo que no teníamos suficientes informantes, y así poder justificar que estábamos respondiendo a su habilidad superior de administración y liderazgo».

Por tres años, Felipe trabajó en una asignación encubierta que no se había llevado a juicio. Tomó la asignación debido a la presión causada por la gerencia y sus compañeros. No sabía de ningún agente que se hubiera negado a llevar a cabo una asignación encubierta. Contrariamente al reglamento del FBI, Felipe no recibió entrenamiento para trabajar en una asignación encubierta, ni jamás le administraron una evaluación psicológica ni monitorearon su estado físico o estabilidad emocional. No recibió ayuda al reingresar cuando terminó su asignación. Felipe se quejó de esto con el supervisor Joe Chiaramonte y el ASAC John Giaquinto. No completó un interrogatorio psicológico, porque una vez que la FBIHQ decidió que su asignación estaba por terminar, la gerencia lo mandó a una asignación de intervención de comunicaciones autorizada en Chicago.

En dos ocasiones, Felipe pidió por escrito que lo quitaran del programa de español de acuerdo a un memo de la FBIHQ que decía que, si alguna persona había participado en el programa por cinco años, podía solicitar su remoción de éste. Sin embargo, la gerencia negó sus solicitudes. Felipe entregó un memorando diciendo que no quería participar en el programa de desarrollo profesional porque su esposa había sido contratada como agente especial. A pesar de que un agente dejó su lugar vacante para un entrenamiento con el fin que Felipe pudiera visitar a su esposa mientras estaba en su entrenamiento de nuevos agentes en Quántico, la división mandó a otro agente en su lugar.

Felipe es muy fluido en español, francés e inglés. El FBI administró sus evaluaciones de español y francés por teléfono. Él temía represalias por su testimonio ya que el FBI apuntaba con el dedo a quienes lo desafiaban. Como represalia, recibió más asignaciones a intervenciones telefónicas y notó un acoso adicional por partes de sus colegas. Sus supervisores le hacían comentarios como: «Espero que sepas lo que estás haciendo» y «Espero que se quemen». Felipe, uno de los demandantes, le dijo a su supervisor que quería regresar al programa de desarrollo de carreras. El supervisor William Smith le dijo a Felipe que no apoyaría su solicitud.

Bajo contra-examinación, Felipe confirmó que su transferencia a San José, California, como hispanoparlante no era justificada pues, mientras estuvo ahí, sólo hizo pequeños trabajos de oficina, era el conserje de ésta y conducía entrenamiento técnico que requería poco español. Después de cuatro meses en San José, pidió una transferencia a San Francisco.

CAPÍTULO 7

ALBA LORENA SIERRA

Lorena ingresó al FBI el 23 de septiembre de 1986. Tenía los requisitos para ser agente especial del FBI bajo el programa de contaduría y había terminado su licenciatura en la Universidad de California State. Después de terminar su entrenamiento en Quántico, se transfirió a la División de Chicago. La demanda colectiva fue la primera vez que testificaba en una corte.

El tercer día de su entrenamiento, sus consejeros, Hugh McMenamin y Rita Hopkins, le pidieron que renunciara. Le dijeron que no le venía el molde de un agente del FBI y que no era el lugar correcto para ella. La animaron a pensar en sus opciones. A pesar de que sus consejeros nunca le dijeron que le aconsejaban aquello a causa de ser hispana, ella llegó a esta conclusión cuando analizó y tomó cuenta los comentarios étnicos que le habían hecho. Lorena pensaba que la diversidad beneficiaría al FBI, en lugar de que todos se vieran igual. Había pasado todos los exámenes requeridos durante su entrenamiento. Aprobó todos los exámenes físicos y los del entrenamiento de puntería de armas de fuego. Lorena no entendía a qué "molde" esperaban que encajara o cómo detener el acoso. No tenía intención de dañar el ambiente del FBI ni crear incomodidad para nadie. Pidió ayuda a sus compañeros de clase, ya que todos sabían por lo que estaba pasando. Sus compañeros la apoyaron, pero la gerencia insistió en que se cortara el cabello para verse más como una modelo de las fotos de la revista Vogue y que le bajara el tono a su manera de vestir para que se viese más seria. Los despectivos supervisores del FBI, sin pensar en la ley, fueron los primeros en decirle a Lorena que su apariencia contaminaba el molde conservador de la Organización.

Ella testificó: «Me contrataron y me necesitaban por mi etnia, pero a la misma vez querían bajarme el tono y hacerme encajar en el molde de los agentes del FBI». El juez la interrumpió y dijo que no sabía que significaba "bajar el tono". Confundido, dijo: «Tengo una nariz roja, y debo bajarle el tono. ¿Se trata de aplicarle maquillaje, o de qué estamos hablando?» Ella respondió que no sabía qué esperaban que hiciera. Entre los consejos que había recibido le dijeron que se cortara su cabello largo oscuro y que se peinara diferente. Habló con una compañera angloparlante y le pidió consejos de maquillaje e hizo algunos cambios. Pero esto no fue suficiente; los consejeros le dijeron que simplemente se veía "muy étnica".

Después de doce semanas de entrenamiento académico y de haber completado los exámenes físicos, se les pide a los agentes bajo entrenamiento que permanezcan activos y participen en deportes y actividades. Lorena recibió órdenes de transferencia para San Diego. La semana antes de la graduación, sin embargo, Lorena y sus compañeros fueron a un viaje a esquiar aprobado por los consejeros. Ella se lastimó la rodilla mientras esquiaba. Los consejeros le dijeron que no se preocupara, que podía graduarse con sus muletas. Le dijeron que todo estaría bien. La gerencia la preparó para participar en la ceremonia de graduación y le informaron que tendría que ser "reciclada". El reciclaje se produce durante el entrenamiento cuando, debido a eventos fuera de su control, los agentes no pueden completar el curso, por lo que la oficina les da la opción de volver más tarde para hacerlo. A pesar de que Lorena había pasado todos sus exámenes académicos, físicos y de puntería de armas, y no tenía exámenes que presentar en la última semana, esta decisión no le permitió graduarse con sus compañeros.

Antes de empezar el entrenamiento de nuevos agentes en Quántico, los nuevos reclutas toman el juramento de agente del FBI en su primer día de clase, así que Lorena ya era agente del FBI cuando se lastimó su rodilla. Incluso se presentó a todas las clases la última semana — una semana dedicada a lecciones sin exámenes o ensayos. No comprendía por qué la reciclaron, pero accedió a que tenía que regresar y volver a tomar la última semana de entrenamiento para agentes nuevos antes de que pudiera recibir sus credenciales de agente. Mientras tanto, el FBI la asignó a Los Ángeles, la misma ciudad donde inicialmente había solicitado el puesto de agente del FBI. En LA, la gerencia la puso a responder quejas y preguntas del público. Este era un puesto en el que mantenía su grado de GS-10. Sin embargo, dos semanas después, el SAC Richard Bretzing transfirió a Lorena y la hizo telefonista, bajando su grado a un GS-4. En este punto el Juez Bunton interrumpió su testimonio y expresó: «Esta es buena información, Señorita Sierra».

Dos meses después, la FBIHQ le notificó que habían cancelado su asignación en San Diego. Mientras tanto, LA asignó a dos agentes no hispanas recicladas a encargarse de asuntos de reclutamiento. Al mismo tiempo que el FBI consideraba las traducciones al español como críticas, y los escuadrones de drogas y contrainteligencia necesitaban traductores, el SAC Bretzing mantuvo a Lorena contestando llamadas en una posición GS-4. Esto no simplemente perjudicaba al FBI, sino que también causó que Lorena perdiera $11,000 en sueldo. La gerencia le pidió a Lorena que firmara un documento diciendo que no podía desempeñar las funciones de un agente debido a su rodilla y que estaba de acuerdo en aceptar el trabajo de telefonista para continuar empleada. Lorena necesitaba el trabajo. Si esto la llevaría al puesto de agente del FBI, pensó que tenía que hacer lo que le pedían.

Cuando regresó a Quántico para terminar la semana que le faltaba, el consejero le informó que tendría que repetir nueve semanas de entrenamiento. La obligaron a volver a tomar todos sus exámenes. Jim Greenleaf, el subdirector encargado de entrenamiento, había sido quien le envió la carta notificándole que tendría que regresar a terminar la última semana. Sin embargo, ahora Greenleaf y la División de Los Ángeles habían decidido que era necesario que repitiera nueve semanas de entrenamiento, y que volviera a pasar todos sus exámenes nuevamente, y los agentes continuaban hostigándola por no conformar el molde del FBI como ellos querían.

Durante las primeras siete semanas del segundo entrenamiento de Lorena, su jefe de unidad, Richard Hildreth, la regañó por no estar en forma física, a pesar de que había pasado todos los exámenes físicos.

La puntuación máxima que un agente puede recibir en el examen de salud física es de 50 puntos. El promedio de las mujeres en la clase de Lorena era entre 17 y 20 puntos. Lorena había recibido 26. Hildreth le dijo que se la iba a hacer difícil porque pensaba que ella debía renunciar porque, como él le dijo, no apreciaba su apariencia. Lorena, con tenacidad y determinación, no resignó, pues había terminado el entrenamiento dos veces y sabía que había logrado lo mismo o más que otros agentes.

A pesar de la presión para resignar por parte de su consejero David Miller, y también de Hildreth, Lorena sobrepasó la adversidad. Completó 15 semanas de entrenamiento y nueve adicionales. Durante la última semana de su segundo entrenamiento, Hildreth le dijo a Lorena que, gracias a su supervisión intensa y cuidadosa, ella había mejorado lo suficiente para justificar su graduación, a pesar de que hacia una semana todavía quería correrla. Lorena esperaba que el hostigamiento cesaría una vez que estuviera fuera de Quántico.

Su primera asignación fue en la oficina regional de Chicago. Ahí, Lorena vino a formar parte de lo que los agentes llamaban el "Circuito Taco" para asignaciones de intervención de comunicaciones autorizadas en español y asignaciones ayudando a otros agentes con su trabajo en español, en lugar de usar sus habilidades de contaduría. Lorena encontró en su expediente un memorando de Hildreth dirigido a su nueva supervisora Elaine Smith, advirtiéndole que "no valía nada como agente". Cuando el abogado de la DOJ expresó su objeción de compartir esta información en la corte, el juez respondió: «La carta habla por sí misma».

Hildreth, quien le había dicho que haría todo lo posible por correrla, ahora le pedía a su nueva supervisora monitorear, evaluar y aconsejarla sobre su apariencia. Después de haber pasado todos los mismos exámenes que los demás agentes en el FBI, Hildreth ahora le impedía que empezara con una carta blanca en su nueva oficina como los demás agentes. El "molde de agente" de Quántico le había envenenado su apariencia antes de siquiera haber llegado a Chicago. Lorena se transfirió al equipo terrorista bajo el estricto, pero justo supervisor William Dyson. Sin malas intenciones discriminatorias o prejuicios en contra de su apariencia "étnica", Dyson, considerando su habilidad, calificó su desempeño como exitoso y detalló su auto motivación y su requisito mínimo de supervisión.

La Señora Gulyassy condujo la contra-examinación y mencionó que la asignación de Lorena como telefonista en LA había servido bien a "las necesidades del FBI" y que el memorando de Hildreth decía que, sin supervisión cercana, ella no sería una agente destacada, y delineaba pasos específicos para ayudarle a destacar. Lorena respondió: «Usted se refiere a ponerme en la escuadra de solicitantes bajo supervisión cercana, a ser asignada con un agente con experiencia para que evalúe mi apariencia personal, como me arreglo y cosas de ese estilo».

En el octavo día del juicio, Gary A. Lisotto testificó que Lorena Sierra, Linda Rary y Karen Badian eran todas empleadas del FBI, quienes por alguna razón no pudieron terminar el entrenamiento de nuevos agentes en Quántico. En LA, ya que estaba enyesada y con muletas, le dieron a Lorena una asignación sedentaria, primero contestando quejas, y después como telefonista, porque LA necesitaba telefonistas. Cuando Rary y Badian llegaron a LA, había una gran iniciativa de reclutamiento, así que fueron puestas en la escuadra de solicitantes. Los Ángeles también necesitaba traductores, pero Lisotto dijo que no sabía qué Lorena no hacía asignaciones de traducción. Dijo que no sabía si alguien había aconsejado a Rary y Badian sobre sus apariencias o les habían pedido que se fueran del FBI.

Hugh J. McMenamin declaró que Lorena Sierra obtuvo resultados deficientes en las áreas de armas de fuego, tácticas defensivas y problemas prácticos. Le dijo que mejorara su rendimiento o la gerencia la enviaría al consejo de supervisión de nuevos agentes para determinar su capacidad para el puesto.

Durante el contrainterrogatorio, McMenamin leyó un documento que escribió durante su primera sesión de entrenamiento, el cual decía que: «apenas se reintegró de su licencia médica otorgada por un ortopedista debido a actividad física estrenua, la SA Sierra regresó a Quántico a completar la 15ª semana de entrenamiento para terminar la última fase de armas de fuego». No pudo contestar por qué la gerencia del FBI forzó a Lorena a repetir nueve semanas de entrenamiento a su regreso.

Lydia Jechorek testificó que Lorena era joven, brillante, algo inmadura, solitaria y tenía una actitud desinteresada. En muchas ocasiones, los consejeros le tuvieron que pedir que se recogiera el cabello y se quitara sus aretes largos. Le aconsejaron sobre el peligro de usar uñas largas y su forma de vestir. Jechorek testificó que Lorena usaba blusas ajustadas que acentuaban su busto y pantalones del mismo tipo. Jechorek le dijo a Lorena que se asegurara que su vestimenta fuese "profesional".

Hugo, el abogado, preguntó a la extremadamente seria Jechorek: «¿Quiere el FBI que todas sus mujeres se vean como usted?». Jechorek no respondió. En cuanto a la democión de Lorena de una GS-10 a una telefonista GS-4, Hugo indicó a la corte que el primer día de entrenamiento Lorena hizo su juramento como agente.

CAPÍTULO 8

DR. GARY LAFREE

En el segundo día del juicio, el Dr. Gary LaFree testificó que obtuvo su licenciatura, maestría y doctorado de la Universidad de Indiana en 1973, 1975 y 1979 respectivamente. Fue profesor en la universidad de Nuevo México en el departamento de sociología y en la escuela de derecho. También fue el Director del Centro de Análisis Estadísticos de Justicia Criminal. Los demandantes lo contrataron para evaluar una discrepancia en la evidencia estadística entre los hispanos y los no-híspanos en cuanto a promociones, asignaciones, transferencias y acciones disciplinarias dentro del FBI. Gary descubrió varias áreas deficientes. Entregó su reporte a la corte, titulado "Estudio de Promociones, Asignaciones y Acciones Disciplinarias del FBI". Declaró que tenía experiencia testificando a favor de demandantes y defensores, y que había hecho trabajos para el gobierno de los EEUU, tanto para empleadores como para individuos.

A Gary se le dificultó obtener una autorización de seguridad del FBI, y la información inicial que le proporcionaron usando la red de información personal encargada de captar información de adiestramiento y aptitudes/talentos de los agentes (PINS) tenía errores, estaba desorganizada y era confusa, lo que causó demoras para completar su investigación para el juicio. El FBI excluyó muchos de los asuntos que los defensores le pidieron que revisara en los registros originales de la PINS. Además, no proporcionó información alguna sobre asignaciones encubiertas, transferencias, el Consejo de Ascensos ni participaciones en el MAP. Otra cantidad de información aparentaba estar errónea, o por lo era menos difícil de interpretar por computadora. El FBI tenía registros indicando que algunos agentes fueron transferidos a San Juan 10 o 12 veces

— algo que era imposible. Fue necesario pedir información correcta varias veces a través del proceso de descubrimiento.

El acceso de seguridad dificultó su trabajo de investigación. La gerencia del FBI le pidió a Gary que tomara notas en una bodega en Albuquerque, en la cual el FBI le prohibió usar computadoras y no le permitió retirar ningún documento. Viajar a Washington era caro y difícil. El FBI le negó acceso a sus sistemas de datos. La FBIHQ le informó que ciertos datos no existían, pero Gary encontró una carta de la Dra. Klemm, consultora y testigo experta del FBI, que corroboraba la existencia de los mismos datos que buscaba. En su segundo viaje a la FBIHQ, al cual Gary se refirió como un "viaje bonanza", le dieron acceso al Consejo de Ascensos y a la información de personal y asignaciones encubiertas que necesitaba.

Gary descubrió una desigualdad relevante entre hispanos y no-hispanos en cada grado, habiendo pocos hispanos en puestos de gerencia. Los hispanos representaban el 4.3% de la población de agentes. Esto significaba que la probabilidad estadística de encontrar agentes hispanos en los grados 15 al 18 debía ser alrededor de 40. El FBI no estaba siquiera cerca de ese número, ya que la proporción apenas alcanzaba a .78, menos del 1%. Sin embargo, Gary descubrió que un número no proporcional de hispanos participó en el MAP I y MAP II — programas críticos para obtener un puesto de gerencia. Los agentes hispanos recibían más acciones disciplinarias en comparación a los no-hispanos; el 33.4% de todos los agentes hispanos del FBI había trabajado en San Juan, Puerto Rico, equivalente al 25% de todas las asignaciones de servicio temporal.

Al revisar el reporte defensor de la Dra. Klemm, Gary notó deficiencias, ya que ella dividió las muestras comparadas en unidades más pequeñas, lo cual reducía la probabilidad de encontrar diferencias estadísticamente significativas. El análisis de la Dra. Klemm también falló al tomar en cuenta las condiciones actuales de los agentes del FBI. Gary observó que el reporte de la

Dra. Klemm no incluía análisis estadísticos de las diferencias entre hispanos y no hispanos con respecto a los puestos directivos y no directivos.

Durante el contrainterrogatorio, Felix Baxter le pidió a Gary que hablara sobre los problemas potenciales detrás de la desigualdad estadística entre los hispanos y no-hispanos con respecto a promociones, asignaciones de trabajo, lugar de asignaciones y acciones disciplinarias. Gary dijo que su propósito no era explicar por qué había incongruencias o desigualdades entre los grupos, sino demostrar que dichas desigualdades definitivamente existían. Ninguna de las excusas del FBI tendría más peso que la información estadística de Gary.

Cuando la gerencia le proporcionó información errónea a Gary, o le dijo que los datos no existían, tuvo la fortuna de que algunos agentes hispanos estuvieran dispuestos a ayudarle. Gary dijo: «Pienso que la voluntad tiene que ver con la mente del individuo. Estoy comparando las diferencias entre hispanos y no-hispanos en varios aspectos dentro de la Organización del FBI, incluyendo acciones disciplinarias y asignaciones».

En el sexto día del juicio, la Dra. Rebecca Klemm, quien en 1988 recibió más de $200,000 en pagos por consultorías del FBI, testificó que los agentes hispanos en la Organización avanzaban a un ritmo más rápido que los no-hispanos. En este punto, el Juez Bunton trató de clarificar parte de su testimonio y determinar si la Dra. Klemm se estaba refiriendo a agentes hispanoparlantes con apellidos anglo, usando como ejemplo dos nombres de ficción, George Johnson y George Jones, y si había hecho un análisis sobre el número que había abandonado el programa de idiomas. No lo había hecho:

LA CORTE: «¿Sabe usted si George Johnson habla inglés o español? No es un nombre hispano. Yo crecí en Marfa, donde era casi imposible que existiese un George Johnson o George Jones que hablara español. Esta es la razón por la que yo haría tales análisis».

KLEMM: «No tengo idea sobre George Johnson ni George Jones. Pero hay un Eugene O'Leary, quien es hispano; de hecho, me han sorprendido algunos apellidos».

La Dra. Klemm, sorprendida de que a veces los hispanos tuviesen apellidos anglos, no era una experta capacitada para testificar a favor de las políticas y los procesos del FBI. En su último análisis, el Juez Bunton decidió que las estadísticas proveídas a la corte no tenían relevancia. El abogado Tony Silva contestó una serie de preguntas y demostró su experiencia en casos relacionados utilizando datos estadísticos demasiado onerosamente detallados como para poder incluirlos acá.

No había ninguna otra autoridad superior para presentar los hechos que John D. Glover, el Subdirector Ejecutivo de la División de Servicios Administrativos del FBI. Cuando la corte se refería a gráficas o datos presentados por el FBI con errores obvios o que contradecían su testimonio, Glover respondía que él "asumió que estaban correctos", "iba a asumir que estaban correcto", o que "quizá había excepciones" pero "generalmente estaban bien," y "podían estar correctos".

Miles de agentes llegaban a trabajar temprano y se iban tarde, destinando las horas de comida o gimnasio para preparar documentos relevantes y datos para juicios. Los agentes en la sala del tribunal se desanimaron al ver que Glover lucía satisfecho de que el FBI mostrara pruebas documentadas a un tribunal federal con datos erróneos y análisis que él "suponía que eran correctos", ya que se trataba ni más ni menos que del EAD encargado de administración y documentos. Lo bueno es que Glover no estaba a cargo de la bóveda de armas ni del arsenal.

Glover describió el sistema de tarjetas del FBI como el registro personal del tiempo que pasaba un agente dentro y fuera en las más de doscientas clasificaciones de programas de investigación. Hugo le pidió a Glover que llenara sus tarjetas como si fuese un hispano trabajando encubierto en un caso de drogas, de robo de banco o de crimen de cuello blanco. Después de desconcertarse por algún tiempo con esta solicitud, admitió que no pudo hacerlo, y dijo a la corte que el abogado de los demandantes asumía que el FBI no tenía otro sistema de registro. Cuando le preguntaron, Glover no pudo describir ningún otro sistema de documentación que pudiera recolectar y producir la información en cuestión. Glover, el encargado del programa, dijo que era posible que un agente pudiese escribir a mano "asignación encubierta" en las tarjetas, pero admitió que no sabía cómo se registraba tal información en la FBIHQ.

A Glover, quien dijo que estaba estudiando un doctorado, no se le hacía raro, o al menos consideraba inusual, que el FBI produjera una gráfica estadística demostrando que el 4.3% de los supervisores de relevo eran hispanos, una increíble coincidencia, equivalente al porcentaje de hispanos en el FBI. Tampoco pudo explicar por qué sólo el 2.39% de los hispanos se habían presentado al MAP. Glover testificó que, tanto a los hispanos como a los no-hispanos, les iba bien en el MAP, pero no progresaban en sus carreras de la misma forma.

Glover, quien había ascendido la escalera corporativa rápidamente y había sido nombrado SAC en un periodo de 13 años, testificó que tener experiencia de supervisor era un requisito necesario para rendir el proceso de MAP y para cualquiera que quisiera ser SAC, a pesar de que él mismo nunca había sido supervisor. Estaba de acuerdo con el reporte de la Dra. Klemm que decía que los hispanos recibían promociones más rápido en comparación a los no-hispanos, y después leyó los nombres de veintidós SACs anglos, quienes tenían un promedio de quince años de servicio cuando ascendieron a SAC.

Una vez que el juez certificó la demanda, el FBI promovió a Julián de la Rosa a una posición de SAC. Julián era un hispano con 25 años de experiencia que no era parte de los demandantes. Ahora había dos SACs hispanos. La demanda también condujo a las promociones inmediatas de Gene O'Leary, Tony Riggio y Leroy

Teitsworth a posiciones de grado 15. Ninguno de ellos era demandante y el FBI los presentó al juez como hispanos. Glover, como director ejecutivo del Consejo de Promociones, testificó que aún había puestos sin anunciar en los cuales el Consejo había hecho sus selecciones.

Glover no pensaba que fuese necesario que los candidatos para asignaciones extranjeras demostraran poseer fluidez en el idioma local, debido a que había una política del FBI siendo aplicada que decía que el nivel mínimo aceptable era de 3. Los agentes hispanos tenían los requisitos para ser agregados jurídicos, o Legats, en puestos de habla inglesa, pero no había evidencia que algún hispano hubiera recibido esa clase de asignaciones.

Glover testificó que el FBI contrataba a abogados de acuerdo a las necesidades del FBI y que empleaban a más de mil, incluyendo trescientos abogados actuales empleados por el FBI y otros que hacían trabajos de investigación. Hugo cuestionó a Glover:

RODRIGUEZ: «Vamos a asumir que tenemos dos agentes, el agente A y el agente B. Ambos están bajo el programa diversificado. El agente A termina su carrera en derecho sin costo al gobierno. El agente B no hace nada más que crecer en una casa hablando español sin potenciar su aprendizaje. ¿Puede el FBI requerirle al agente A que desempeñe asignaciones legales?».

GLOVER: «No».

RODRIGUEZ: «¿Puede el FBI solicitar al Agente B que use su habilidad de hablar español para el FBI?»

GLOVER: «El programa de minorías está dentro del programa modificado, así que es concebible, la respuesta es sí».

RODRIGUEZ: «¿Ve usted una contradicción?».

GLOVER: «No, no la veo».

Glover no veía ninguna diferencia cuando los agentes anglos abandonaban el programa de idiomas después de tres años, incluyendo a los que había entrenado el FBI. Debido a que el español era una prioridad para el FBI, la gerencia les prohibía a los hispanos salirse del programa.

El séptimo día del juicio, el Director Ejecutivo Adjunto John E. Otto estuvo de acuerdo con el reporte de la Dra. Klemm con respecto a que las asignaciones de intervenciones telefónicas, o Titulo 3, eran consideradas en las promociones a supervisores. Sin embargo, luego de revisar varias reuniones del Consejo de Promociones, no parecía que fuese así. Los Casos Mayores requerían de mucha atención. No era común tener una gran cantidad de Casos Mayores en cada oficina, aunque a veces sucedía. Otto dijo que el FBI, al considerar que Mat y un equipo de cincuenta y cinco agentes a su cargo tenían deficiencias administrativas, tomó en cuenta que estaban trabajando en cuatro Casos Mayores.

Mat regresó a L.A. porque Otto insistía en que necesitaba ayuda en la administración, y que Bretzing era un excelente administrador que le podría ayudar a corregir sus puntos débiles. Sin embargo, Otto no le dio ninguna instrucción a Bretzing y él testificó que no había recibido información sobre las debilidades de Mat; ni siquiera le habían avisado que Mat regresaría a L.A. Otto no pidió ni recibió ningún reporte sobre entrenamiento administrativo que Mat hubiera tomado o que Bretzing le hubiera dado.

Otto también estaba dispuesto a bajar el grado de Mat de GS-16 a GS14 en Houston, porque no había hecho un buen trabajo como ASAC Administrativo, pero Otto dijo que no era su papel degradar a Mat debido a sus malos resultados. Testificó que había nueve SACs que nunca habían trabajado como supervisores, y sin embargo la FBIHQ requería que Mat sirviera como supervisor antes de ser considerando para promociones futuras.

Otto verificó que le había permitido al SAC Dick Held escoger a todos los agentes en San Juan, pero la FBIHQ le negó a Mat la misma oportunidad. Otto amenazó a Mat con acusarlo de insubordinación cuando pidió que removieran a un supervisor.

Otto testificó que no promovieron a Mat al puesto de SAC en El Paso debido a un asunto pendiente de insubordinación. Dijo que no conocía los detalles, pero que Glover sí los sabía. Hugo indicó a la corte que, el día previo, Glover testificó que Otto tendría esa información. Un reportero que estaba en la corte murmuró que, así como el FBI entrena a sus agentes a apuntar y disparar armas, entrena a su gerencia a apuntar con el dedo y hacer responsables a los demás.

Otto no podía identificar a ningún hispano que fuera miembro del Consejo de Ascensos en la FBIHQ, o que fuera Legat en un puesto de habla inglesa. Pero sí sabía que los hispanos habían estado trabajando en el FBI desde los 60s.

Otto ingresó al FBI el 12 de octubre de 1964 y ascendió a SAC en doce años. Había mujeres en el FBI que habían trabajado ahí por dieciséis años, y después de todo ese tiempo aún no había una mujer SAC, ASAC o jefa de sección. Cuando el juez escuchó este hecho, le preguntó a Otto:

LA CORTE: «¿Cuántas mujeres son SACs?».

OTTO: «No tenemos SACs mujeres. La primera mujer ingresó al FBI en 1972, si mal no recuerdo».

LA CORTE: «Dieciséis años, ¿y quiere usted decir que nadie ha ascendido a SAC en todo ese tiempo?».

OTTO: «Sí, pero tenemos algunas mujeres que están cerca de ser SAC».

LA CORTE: «¿La respuesta en este momento es "ninguna"?».

OTTO: «No tenemos a ninguna en este momento, no. No hay mujeres SAC en el FBI, Señor».

LA CORTE: «¿ASACs?».

OTTO: «Tampoco, no tenemos ASACs femeninas en el FBI».

LA CORTE: «¿Existe una cuota o un cupo limitado para algún grupo minoritario en el FBI?».

OTTO: «No, no los hay».

LA CORTE: «¿Existe una cuota para el MAP?».

OTTO: «No».

LA CORTE: «¿MAP II?».

OTTO: «No existen cuotas».

LA CORTE: «Vamos a asumir que cien candidatos se someten al MAP I. La lista llega a sus manos. Estos cien presentarán el examen. ¿Hacen ustedes alguna determinación respecto a si los agentes son de género femenino, de color o hispanos, y hay algún esfuerzo para determinar cuántos de estos cien corresponden a grupos minoritarios?».

OTTO: «Actualmente no, Señor. Tratamos de recomendar a la mejor persona posible».

CAPÍTULO 9

EDMUNDO L. GUEVARA

E d Guevara nació en Ecuador y se mudó a los Estados Unidos en 1954. Se convirtió en ciudadano por naturalización, asistió al Hunter College en Nueva York y recibió un bachillerato en salud, educación pública y educación física. Se hizo agente especial el 25 de abril de 1976 y después de su entrenamiento en Quántico regresó a Nueva York. En 1981 hizo una maestría de la Universidad de Delphi. Su experiencia de trabajo en el FBI incluía aprehensión de fugitivos, contrainteligencia extranjera, robos de banco y crimen organizado. Trabajó como investigador en la Comisión Presidencial de Crimen Organizado. Ed ingresó al FBI bajo el programa de español y recibió una calificación de competencia de 3+. Trabajó como instructor defensivo táctico, negociador de rehenes y fue miembro del equipo SWAT. Ed solicitó varios puestos de supervisor, pero la gerencia le informó que su experiencia policiaca en el FBI, como profesor y su maestría simplemente no eran suficientes.

Ed solicitó una plaza temporal de dos años bajo Manny González, el Investigador Principal de la Comisión Presidencial y se convirtió en uno de dos agentes nombrados para la Comisión Presidencial de Crimen Organizado. Trabajó como agente supervisor, nivel GS-14, y supervisó a entre doce y quince policías y algunos agentes. Además, llevó a cabo con éxito todas las funciones relacionadas con la preparación para audiencias, completó un análisis de crimen organizado región por región y escribió un reporte que llegó al presidente de los Estados Unidos.

Sin embargo, cuando solicitó el puesto de supervisor de la oficina subregional de Garden City en New York, la División de ese lugar eligió a Pásquele D'Amuro, quien ni siquiera había solicitado el puesto, ni tampoco se presentó ante el Consejo de Ascensos de esa ciudad. D'Amuro vivía en New Jersey, y la División de New York creó una "transferencia justificada," lo que le permitió mudar a su familia a Long Island y trabajar en un puesto de supervisor antes del proceso de selección. Este nuevo puesto requería trabajar en crímenes de propiedades, robos de banco y asuntos de rehenes, áreas en las que Ed tenía experiencia.

El ASAC Jules Bonavolonta le dijo a Ed que, como compensación, recibiría el siguiente puesto que solicitara en Nueva York. Más adelante, Ed solicitó el puesto de Supervisor del Equipo de Crimen Organizado de la familia Lucchese. Ed conocía a esta familia por dentro y por afuera, y había resuelto un caso relacionado que recibió mucha atención de la prensa. En su lugar, el puesto se lo dieron a Dennis Weaver de Cincinnati, ciudad que no tenía una tasa tan alta de crimen organizado. La secretaria del Consejo de Promociones, Robin Montgomery, le dijo a Ed que no sólo no consiguió el puesto, sino que ni siquiera estuvo entre los mejores candidatos.

Ed trabajó como supervisor de relevo bajo las órdenes de Dennis Weaver, un puesto que traía consigo un bono de $700 dólares en efectivo. Sin embargo, Ed no recibió tal bono debido a una disputa por un día de descanso. Cuando Ed trató de iniciar el proceso de querella en la EEO, el coordinador David Martínez le aconsejó como amigo que, si disfrutaba trabajar cerca de su residencia en Queens, mejor no procediera con ella.

El FBI tenía una política regular de transferir a agentes en su primera asignación a una segunda oficina dentro de unos pocos años; sin embargo, a veces permanecían más años en las oficinas grandes. El Programa Grupo Piloto 44 transfería a agentes de su primera oficina que habían trabajado en Nueva York por más de diez años a su oficina de preferencia. Ed recibió una transferencia fuera de Nueva York porque pertenecía a ese grupo. Se cansó de viajar a otras oficinas para hacer asignaciones de Título III, de ayudar a los agentes que no hablaban español y hacer todo el trabajo de papeleo asociado con esos casos, y finalmente decidió que hablar español era un detrimento para su carrera, ya que esto ocasionaba que permaneciera lejos de su familia por periodos prolongados.

Bajo contrainterrogatorio, el Sr. Baxter intentó demostrar que su conocimiento del español no había sido un detrimento para la carrera de Ed, a pesar de que no había recibido promociones. Aun cuando altos oficiales de la FBIHQ reconocían el trabajo de Ed, él temía represalias en su contra. Confirmó que, a pesar del reconocimiento de sus logros y su experiencia, nada de eso había valido para lograr una promoción.

CAPÍTULO 10

FERNANDO E. MATA

Fernando E. Mata se convirtió en un agente especial del FBI el 14 de agosto de 1972, y tuvo asignaciones en Chicago, Newark y Miami. Llegó a los Estados Unidos desde Cuba en 1961 y recibió una licenciatura en ciencias en Emporia, Kansas, luego pasó a la Escuela de Derecho Washington en Topeka para recibir su título de abogado. Era miembro del Colegio de Abogados de Kansas. El Departamento de Justicia intentó impedir su testimonio, ya que éste cubría material clasificado y no tuvieron tiempo para desclasificar los documentos probatorios propuestos con el fin de completar su deposición.

Fernando se desempeñó como ayudante del asesor legal en la oficina de Newark, donde fue profesor de derecho penal de los oficiales de policía locales y otros agentes del FBI. Sin embargo, cuando mostró interés en una posición jurídica en la FBIHQ, le hicieron saber que su nombre, acento cubano y perfil serían una mala imagen para el FBI.

Entre 1979 y 1985, mientras trabajaba en la oficina de Miami, Fernando sirvió como agente encubierto en asignaciones de contrainteligencia extranjera de seguridad nacional, las cuales requerían viajes extensos al extranjero con otra agencia principal de inteligencia de los EEUU. En reconocimiento a su labor, recibió el Premio del Procurador General del Departamento de Justicia en 1983. Este es el premio de investigación más importante presentado cada año a un agente del FBI. En ningún momento él recibió entrenamiento de agente encubierto, psicológico o un asesoramiento de reingreso. Fernando recibió varios premios, como incentivos y cartas de recomendación, ninguno de los cuales le ayudó para alcanzar su objetivo de tener un puesto de supervisor en la División de Inteligencia del FBI, que se ocupa de los asuntos de América Latina, o un puesto de supervisión en contrainteligencia exterior cubana en la oficina de Miami. Fernando declaró que el FBI promovió a Anthony Amoroso y Lance Emory, los cuales también recibieron el Premio del Procurador General, sin embargo, el FBI le negó una promoción a él.

El premio del Procurador General identificó a Fernando como un agente que trabajaba "con frecuencia en una atmósfera con peligro sustancial para las personas". Fernando se dio cuenta de que la atmósfera de peligro sustancial era más grande en el interior que en el exterior.

Fernando participó en una recaudación de fondos para apoyar la demanda de acción conjunta. Un artículo apareció al día siguiente en un periódico de Miami con el titular, "Agente hispano que dice que el FBI discrimina, no será promovido". William E. Wells, el SAC de Miami, solicitó una conferencia con todos los agentes en la que señaló a Fernando por su nombre. Cuando Wells dijo que quería ver a todos los agentes hispanos en su oficina después de la reunión, todos los agentes anglos aplaudieron. Después de eso, Fernando fue ridiculizado y condenado al ostracismo (exclusión forzosa).

En la reunión con los hispanos, Wells declaró que Fernando había avergonzado al FBI y obstruido sus esfuerzos de reclutamiento. Dijo que quien lleva las credenciales del FBI, pierde sus derechos de la Primera Enmienda. Fernando contestó:

«Sr. Wells, no estoy de acuerdo con usted. Hay algo más valioso en juego aquí que incluso el ser un agente del FBI: ser un ciudadano estadounidense. Soy un ciudadano por elección, no por haber nacido aquí; me convertí en un ciudadano porque quería convertirme en ciudadano. La Constitución de los Estados Unidos es el documento más precioso que existe aquí, y usted no puede quitarme eso, a mí ni a ningún agente del FBI. Quiero hacerle saber de ese derecho de la Primera Enmienda, y le respeto como SAC en la División de Miami, pero esto es algo que no puede quitarme a mí, ni a nadie en esta sala. Porque eso es lo que, sobre todo como un agente del FBI, defenderé y respetaré».

Durante el contrainterrogatorio, la Sra. Black mencionó que había una acusación de insubordinación pendiente contra Fernando y que, en ningún momento antes de que se le acusara de desobedecer órdenes en el contexto de sus tareas extranjeras de contrainteligencia, él alguna vez había reclamado estar bajo estrés. La Sra. Black sostuvo que durante la reunión de todos los agentes SAC de Miami, Wells había indicado que no quería que el juicio fuese divisivo y que cualquier queja de discriminación se debía manejar internamente. Fernando testificó que Wells le dijo que él y Paul Magallanes habían violado algunos procedimientos, lo que los dejó con medidas disciplinarias. La Sra. Black, en referencia a las postulaciones de Fernando para varias posiciones, hizo hincapié en que él no conocía las calificaciones específicas de los candidatos seleccionados y por lo tanto no tenía pruebas de que se hubiera cometido discriminación en su contra.

Varios días después, Ricardo José Meléndez declaró que pensaba que en la reunión de agentes solicitada por Wells se había tratado más de analizar técnicas de manejo para evitar problemas dentro de la división y de la comunidad de Miami que sobre la información inexacta que aparecía en el periódico. Durante la reunión inicial, Wells parecía enfadado, pero no recordó que Meléndez mencionara a Fernando Mata por su nombre, excepto cuando leyó el artículo del periódico. En el contrainterrogatorio, Meléndez indicó que, a pesar de que no era un miembro de los demandantes y no había experimentado ningún tipo de discriminación, respetaba a agentes como Ed Mireles y pensó que se podía confiar en que los 311 agentes de la demanda colectiva testificarían con veracidad sobre asuntos relacionados con la discriminación.

Arturo Rivera, quien no fue parte de la acción conjunta, testificó que la oficina no promovió a Fernando debido a que los miembros del escuadrón no lo apoyaron. Bajo juramento, declaró que no conocía ningún tipo de discriminación en el FBI, pero admitió que no tenía ninguna razón para cuestionar la integridad o veracidad de los miembros de la acción conjunta hispana. No recordaba haber discutido temas de discriminación en Miami con sus amigos hispanos que eran parte de la acción conjunta.

CAPÍTULO 11

HÉCTOR JOSÉ BERRIOS

Héctor José Berrios comenzó su carrera en el FBI como empleado. Se convirtió en agente del FBI bajo el programa modificado con experiencia de trabajo profesional como planificador productivo. También tomó el examen del idioma español, pero no lo aprobó y obtuvo una licenciatura en economía. Durante su carrera como investigador, trabajó en investigaciones extranjeras y en contrainteligencia. Recibió quince elogios y nunca obtuvo una calificación de desempeño inferior al de "superior".

Héctor se postuló para dos posiciones distintas de supervisión; la primera fue una posición en la FBIHQ como supervisor de contrainteligencia extranjera. Fue recomendado por la oficina de Nueva York, al igual que sus supervisores de la división de inteligencia y el subdirector del FBI de Inteligencia. Un agente anglo consiguió el trabajo en su lugar. Su segunda postulación fue a un puesto de supervisión en Nueva York, siendo recomendado por el director adjunto de la división. Esa posición también fue destinada a un agente anglo.

Más de una vez, la oficina ordenó que Héctor volviera a tomar el examen de español. Él buscó el consejo de su supervisor, Tom Harper, su ASAC, Kevin Donovan y el SAC Donald McGorty, porque la FBIHQ insistía en que volviera a tomar el examen de español. Todos lo aconsejaron no tomarlo nuevamente. Le dijeron que no había ningún reglamento que le obligara a hacerlo y que la FBIHQ lo había señalado solamente por causa de su apellido hispano. Héctor tomó el examen porque su SAC le dijo que un subdirector le informó de que, si se negaba, sería despedido. Este mismo SAC había informado a Héctor que la FBIHQ no podía obligarlo a tomar el examen. Héctor, quien seis años antes había fallado el examen, y que no había participado en ningún estudio o práctica académica para mejorar sus habilidades lingüísticas, ahora descubrió que, para su sorpresa, había pasado la prueba con una calificación de 3 de un máximo de 5.

Después de que el FBI obligó a Héctor a tomar el examen de español, amenazándolo con despedirlo, y éste lo aprobó, la administración lo sancionó por "insubordinación" debido a su renuencia inicial a tomar el examen. Héctor se enteró, a través del descubrimiento de la corte, que el SAC McGorty, quien le había aconsejado no tomar el examen, envío un comunicado a la FBIHQ recomendando la suspensión de Héctor por cinco días, además de noventa días de período de prueba y una carta de censura.

En el contrainterrogatorio de la señora Simon, Héctor testificó que trabajó encubierto y en misiones especiales que requerían el uso de español, tanto antes como después de pasar el examen. Héctor se retiró del programa de desarrollo de carrera a causa de su frustración por no recibir promociones. Héctor se sentía más calificado que Thomas Harper, el candidato seleccionado, ya que había servido como supervisor del escuadrón, conocía todos los casos y el personal, a quienes había evaluado y trabajado en su escuadrón durante dos años. Harper se registró como cubano-americano con una calificación de español de 4+. Dodge Frederick de la FBIHQ, le dijo a Héctor que era el único candidato, pero la oficina decidió re anunciar la vacante y buscar candidatos adicionales, y seleccionó a Harper en lugar de Héctor.

John D. Glover declaró que no tenía ningún recuerdo de haber sancionado a Héctor Berríos por su renuencia a tomar el examen de español. Según lo que él entendía, los agentes del FBI se presentaban voluntariamente a las pruebas de idiomas. Un agente que entra bajo un programa de lenguaje como un requisito previo para su empleo debe utilizar ese idioma durante su carrera. No sabía qué Héctor no había entrado como agente bajo el programa de lenguaje. Glover declaró que no veía ningún tipo de discriminación en requerir que un agente debiese utilizar el español, incluso si esa persona no había entrado bajo el programa de lenguaje, a pesar de que no se requería que los agentes usaran su experiencia legal como abogados si no habían ingresado bajo el programa de abogados.

En el octavo día del juicio, Margaret Gulotta, Gerente del Programa de Operaciones de la Unidad de Idiomas en la FBIHQ, testificó que no sabía de nadie que tuviera la autoridad para obligar a Héctor a tomar el examen de lenguaje, declararlo insubordinado o suspenderlo por su renuencia a hacerlo. Ella creía que obligar a una persona a tomar una prueba y esperar que la aprobara no era una buena política. No se dio cuenta de que, en 1986, Gordon McGinley, jefe de la Unidad de Idiomas, había dicho en la conferencia de SACs en San Francisco que no había necesidad de más agentes que hablaran español en el FBI.

Gulotta introdujo un documento de prueba clasificado por el Departamento de Defensa, cuyo acceso había sido negado para los abogados de los demandantes por parte del FBI. Gulotta, de manera ridícula, confirmó el informe del experto gubernamental que afirmó haber descubierto que los hispanos sólo trabajaron en 5 asignaciones de los 201 servicios temporales (TDY) en 1987. Sin embargo, a continuación, leyó en un documento probatorio de 1987 que verificaba que, de los diez primeros nombres de los agentes asignados en TDY, gran parte eran hispanos. Al hacerlo, contradijo tanto los resultados del "experto" del FBI como su confirmación y verificación de los resultados.

El FBI promulgó una política indicando que un agente podía escribir una carta a su SAC y solicitar su remoción del programa de lenguajes después de cumplir tres años de servicio. Gulotta testificó que no sabía de ningún hispano a quien el FBI hubiera removido del compromiso del idioma. Añadió que todas estas acciones giraban en torno a "las necesidades del FBI".

Al realizar exámenes de idiomas por teléfono, la Unidad de Lenguaje suponía que el agente en el otro extremo de la línea tomando la prueba de idioma era el agente que se suponía que debían examinar, pero no existía ningún método de verificación y ningún requisito para que la persona tomando la prueba demostrase ser quien decía ser.

CAPÍTULO 12

JOHN NAVARRETE

John Navarrete, nacido, criado y educado en El Paso, Texas, recibió su licenciatura en ciencias políticas y una maestría en educación de la Universidad de Texas en El Paso (UTEP). Se convirtió en maestro, entrenador y asistente del director del distrito escolar independiente de Ysleta antes de aceptar una posición en el FBI. Entró a la Organización el 6 de octubre de 1969. En 1986, se trasladó a la FBIHQ en la División de Investigación Criminal, Sección de Drogas, asignado para combatir a los traficantes de droga mexicanos.

John trabajó en quince a veinte intervenciones telefónicas que duraron treinta días o más. Si una intervención telefónica autorizada es productiva, los jueces normalmente aprueban una prórroga de treinta a noventa días, lo que requiere que el agente se ausente de sus otras obligaciones de investigación. Los agentes hispanos asignados a intervenciones telefónicas las encuentran tortuosas porque tienen menos oportunidad de desarrollarse como agentes especiales de supervisión. John supervisó investigaciones de intervenciones telefónicas desde la FBIHQ. Él creía que no era necesario contar con agentes asignados en intervenciones telefónicas.

El SAC Jack Hinchcliffe aprobó que John atendiera al curso de MAP I, ya que una posición de supervisión estaría pronto disponible en San Juan. Los evaluadores del MAP determinaron que su potencial gestión dependía de su desarrollo en las áreas de juicio, liderazgo y tenacidad. Los evaluadores del MAP también documentaron que hablaba con un acento hispano. Enfatizar si una persona tenía acento en archivos de personal en la industria privada era algo injustificado y un perjuicio para la persona. La gerencia nunca retiró las deficiencias de John sobre su acento.

En enero de 1978, cuando regresó a El Paso, Texas, John solicitó abandonar el programa de desarrollo de carrera, esto debido a la gran cantidad de trabajo involucrado en la investigación del asesinato de un juez federal. Más tarde, cuando trató de volver al mismo programa, su supervisor le informó que tenía deficiencias de MAP que le impedirían recibir ascensos. Sin embargo, Juan se dio cuenta de que algunos agentes recibieron ascensos, siendo que nunca asistieron al MAP. Al mismo tiempo, el FBI continuó promoviendo supervisores con deficiencias, menos a John.

En 1983, John trabajó como supervisor en Puerto Rico ya que la oficina de San Juan necesitaba aumentar el personal de su oficina con una treintena de agentes. Cuando una oficina recibe autorización para aumentar sus recursos en una treintena de agentes, es porque está trabajando en investigaciones mayores. Agentes anglos se registraron para estudiar español con un costo al gobierno de $16,000 por individuo y luego recibieron órdenes de transferencia a San Juan, lo que implicaba un compromiso de dos años en lugar de cuatro.

En el contrainterrogatorio, La Sra. Black, representando al Departamento de Justicia (DOJ), señaló que era común que la mayoría de los agentes participando en el MAP recibieran deficiencias. Mientras estaba asignado a Newark, John se reunió con el director del FBI y, a través de una conversación (y no una queja), mencionó que se sentía subutilizado e incapaz de alcanzar su pleno potencial en Hackensack. Varios días después, el SAC le dijo que la oficina del director quería saber por qué un "indio americano" estaba asignado en Hackensack. Posteriormente, John fue transferido a San Juan. Él no sabía qué era peor: los evaluadores del MAP quitándole puntos por un supuesto acento o el director del FBI no reconociendo su origen étnico mexicano.

CAPÍTULO 13

JOHN PALETTI

John Paletti obtuvo una licenciatura en criminología en el Brooklyn College. Antes de convertirse en un agente del FBI, fue un oficial de la policía de Nueva York (NYPD) durante dos años, oficial de inmigración de los Estados Unidos por un año y oficial de Aduanas de Estados Unidos por siete años. Él nunca experimentó discriminación por un oficial de policía, de inmigraciones o de aduanas. John entró en el FBI en 1986, asignado a la División New Haven Hartford durante dos años. Trabajó en crimen organizado, asuntos de La Costra Nostra y los Macheteros, un grupo terrorista local de Puerto Rico. En el momento del juicio, John contaba con trece años de experiencia profesional policiaca.

La primera vez que John se sintió discriminado fue mientras trabajaba para el FBI. Su promoción de GS-11 a GS-12, que fue prevista para enero de 1988, no se produjo, en violación de los reglamentos federales, debido a que su supervisor descubrió que John era un demandante. A pesar de que sus evaluaciones fueron un éxito total, el FBI congeló su promoción. Solicitó una transferencia a otro escuadrón, pero no tuvo éxito, mientras que otros agentes sí recibieron transferencias.

En el contrainterrogatorio, el Sr. Baxter informó a John que una investigación administrativa contra él impidió su promoción. John respondió: «Hubo una investigación administrativa en 1987, pero las regulaciones del FBI, así como el Reglamento General Federal de Personal, no contienen ninguna disposición para congelar la promoción de un individuo basado en una investigación administrativa». Cuando se le preguntó acerca de su ascenso, Wanda Harrison de la Unidad de Pago y Gestión de Posiciones del FBI le informó que la FBIHQ no estaba necesariamente regida por el Manual Administrativo del FBI, ya que tienen su propio pequeño conjunto de directrices».

CAPÍTULO 14

RAYMOND M. CAMPOS

Raymond "Ray" Campos, nacido en Las Vegas, Nuevo México, asistió a la Universidad de Utah con una beca deportiva y se graduó en 1967 con una licenciatura en español. Se unió a la Infantería de Marina, sirvió durante seis años y medio como instructor de pilotos y fue piloto de pruebas en Vietnam del Sur. Recibió una promoción a capitán y sirvió como oficial de operaciones de un escuadrón. Ray se unió al FBI en 1973, sirvió en San Francisco, primero trabajando en materia de contrainteligencia foránea y casos generales. Luego se trasladó a Oakland, California, donde trabajó en casos de delitos contra la propiedad.

Ray fue transferido a la oficina de San Juan en 1977, donde permaneció por dos años. Allí trabajó en materia de derechos civiles, corrupción política y delitos contra la propiedad. Se desempeñó como coordinador de la escuadra SWAT para la oficina y coordinó los Juegos Panamericanos de 1979. Ray era el piloto principal. El inició el programa piloto en San Juan. En 1979, se trasladó a Phoenix, Arizona, donde trabajó en la escuadra de crímenes organizados. Ray trabajó en la escuadra anti Narcóticos como su Coordinador, sirvió como Coordinador de la Escuadra de Crímenes Organizados y como Coordinador de Operaciones Especiales de Grupo. Desde su incorporación al FBI, obtuvo más de cincuenta cartas de recomendación que incluyeron promociones dentro de su grado y premios monetarios. Estaba orgulloso de ser estadounidense, hispano y mormón.

Ray presentó siete solicitudes para avanzar en su carrera, pero fue discriminado por ser un agente hispano. De todos los agentes seleccionados para las promociones en las que él había presentado solicitudes, ninguno era hispano. Él entró en el FBI a través del programa modificado debido a su experiencia profesional en la Marina. El no esperaba que el FBI le obligara a utilizar sus habilidades en español hasta el punto de ser un perjuicio. La FBIHQ lo obligó a tomar el examen de español después de convertirse en un agente del FBI, y pasó con una calificación de nivel 4+ y luego recibió órdenes de transferencia para San Juan. Ray esperaba represalias por su testimonio y su participación en la demanda. A menudo oía insultos raciales y étnicos y chistes dirigidos a los hispanos. Su ASAC cuestionó su participación en la demanda.

En el contrainterrogatorio, el abogado del Departamento de Justicia, Sheridan Black, intentó dar a entender que, si el español y pilotaje hubiesen sido tan perjudiciales a su carrera, tales competencias nunca habrían sido mencionadas ni habrían aparecido en sus postulaciones. Ray respondió que esas competencias nunca le ayudaron con las promociones. El creía que una observación hecha por el SAC Herbert Hawkins era discriminatoria, y Hawkins se enfureció cuando Ray se lo dijo. Ray también pensó que los comentarios del ASAC Larry McCormick, que intentaron restringir su participación en la demanda ordenándole regresar inmediatamente después de testificar en la corte, trataron de negar su oportunidad de asegurar sus derechos. Black trató de descartar los insultos contra mormones e hispanos escuchados por Ray, considerándolos no graves porque no solía escuchar tales declaraciones regularmente a lo largo de su carrera en el FBI.

En el séptimo día del juicio, Larry J. McCormick, ASAC de la División de Phoenix, testificó que había averiguado que Raymond Campos había escrito un memorándum indicando su ausencia de la oficina por dos semanas porque él era un agente exonerado ayudando a los abogados en el juicio. Llamó a la FBIHQ y se enteró que Ray no estaba en la lista de "aprobados", así que instruyó al supervisor de Ray que le dijera a éste que, una vez concluido su testimonio, debía regresar a Phoenix. McCormick dijo que siguió órdenes por parte del asesor legal al negarse a permitir que Ray ayudara a los abogados del demandante por dos semanas.

El cuerpo de Marina consideró que era beneficioso promover a Ray a Capitán. El FBI consideró positivo contratar a uno de los pocos y orgullosos marinos debido a su experiencia, y, sin embargo, promover a Ray no era razonable. A pesar de que ganó más de cincuenta condecoraciones, no fue suficiente para que él recibiera una promoción dentro del FBI. A pesar de que el FBI ponía comida en la mesa de su familia, era imposible que Ray pudiera asesorar a su hijo para que siguiese sus pasos, porque no quería que él se convirtiera en otra víctima de la discriminación.

Las promociones eludieron a Ray, a pesar de que tenía un excelente historial de trabajo — un historial diferente al de Víctor González, un agente que no fue demandante, a quien Mat ascendió a supervisor en San Juan. González no sentía que Mat lo apoyó lo suficiente. González también testificó el séptimo día del juicio que recibió su ascenso a GS-15 después de la presentación de la demanda. Él ofició como mediador con cuatro funciones primordiales. Mencionó tres de las cuatro responsabilidades de un mediador, pero no pudo recordar su labor principal. Después de retorcerse en el asiento del testigo y pasar un minuto de estrés y ansiedad, el Departamento de Justicia le proporcionó la respuesta: su responsabilidad principal era contestar preguntas planteadas por agentes o personal de apoyo en el campo.

Como mediador y agente nativo de Puerto Rico, González no hizo ninguno de los cambios de seguridad que los agentes de San Juan solicitaron. A diferencia de Ray, González nunca ofició en un Título III ni trabajó como encubierto. González afirmó que jamás había visto ni oído hablar de discriminación en el FBI.

CAPÍTULO 15

ROGELIO DE LA GARZA

Rogelio de la Garza se graduó de la Universidad Panamericana en 1971 con una licenciatura en contabilidad. Trabajó como contador por un año y luego enseñó contabilidad en una escuela de negocios por seis meses antes de unirse al FBI en octubre de 1972. Entró a la Organización bajo el programa de lengua española. Su primera asignación fue en Chicago, Illinois, donde trabajó en casos de solicitantes y fugitivos. La mayoría de los fugitivos eran de habla hispana. Posteriormente, se desempeñó en la escuadra de juegos de azar, especializándose en casos de Bolita Puertorriqueña, un juego de lotería ilícita donde los participantes apuestan en bolitas numeradas. Se trasladó a San Juan, Puerto Rico, por dos años, haciendo todo tipo de "trabajo reactivo": solicitantes, derechos civiles, robos de bancos, extorsiones y secuestros. De San Juan, se trasladó a Miami y trabajó en contabilidad, terrorismo y contrainteligencia extranjera por seis años antes de ser transferido a la División de San Antonio para trabajar en la oficina regional de Laredo, Texas. No creía que se veía como un hispano, sin embargo, todas sus asignaciones de trabajo lo llevaron en esa dirección. Sus numerosas transferencias, asignaciones y falta de desarrollo en su carrera le hicieron sentirse discriminado.

Rogelio recibió buenas calificaciones en la mayor parte de sus elementos de MAP, excepto en los de análisis de problemas y juicio. Solicitó ayuda para corregir sus deficiencias, pero nadie lo asistió. Abandonó el Programa de Desarrollo Profesional (CDP) debido a su participación en una investigación conjunta entre el FBI y la DEA que no fue remunerada y, debido a que esta asignación era fuera de la oficina, le fue aún más difícil trabajar en sus deficiencias. Posteriormente, Rogelio regresó al Programa de Desarrollo

Profesional porque deseaba progresar dentro del FBI. Él sentía que estaba mucho más calificado que otro agente que fue seleccionado para un puesto de supervisión en la oficina regional en McAllen.

La esposa de Rogelio obtuvo un título de la Escuela de Farmacia de la Universidad de Houston y ya tenía una licencia de farmacia de Puerto Rico, pero estaba sin empleo, ya que en la isla había más candidatos para vacantes farmacéuticos que empleos disponibles. Rogelio le informó a su SAC que Florida, California, Nueva York, Hawái y el Distrito de Columbia eran los lugares que se negaban a aceptar la licencia farmacéutica puertorriqueña de su esposa. El SAC Jack Hinchcliffe le dijo que ellos no hacían llamadas telefónicas para ayudar a los agentes sirviendo asignaciones de dos años en San Juan, sin embargo, le ayudaría si extendía su asignación. Puesto que no lo hizo, el FBI transfirió a Rogelio a Miami, Florida, un estado en el que su esposa no podía utilizar su licencia de farmacéutica. El SAC le dijo a Rogelio que su traslado de San Juan a Miami era para investigar a los ex presos políticos cubanos, pero cuando llegó a Miami, el SAC lo puso en la escuadra de contabilidad. El FBI frecuentemente utilizaba las reasignaciones como medida de castigo contra los agentes.

Estando en Miami, Rogelio presentó una denuncia a la EEO basada en una posición de supervisor nocturno anunciada por el FBI, que requería de un hablante de español y otros criterios específicos. Rogelio cumplía con todos los requerimientos. Sin embargo, Miami otorgó la posición a un agente novato, a pesar de que no contaba con la mayoría de las habilidades que la posición requería. Rogelio reportó que la presentación de la queja a la EEO obstaculizó su carrera y que también temía represalias o ser etiquetado como un individuo nefasto debido a su testimonio en la demanda colectiva. Desde Miami, Rogelio recibió órdenes de transferencia a San Antonio, su oficina de preferencia, pero al final fue enviado a Laredo, Texas.

CAPÍTULO 16

AARÓN H. SÁNCHEZ

Aarón H. Sánchez se graduó con una licenciatura en educación de la Universidad del Estado de Minnesota y trabajó para la Oficina de Asuntos Indígenas y la tribu Navajo. Después de dos años trabajando en la Agencia de los Estados Unidos para el Desarrollo Internacional (USAID) consiguió un trabajo en el FBI, al cual se unió en 1975. Su primera oficina fue la de San Diego. Más tarde recibió una difícil transferencia desde San Diego a Denver y, en enero de 1984, llegó a Los Ángeles. Aarón recibió un QSI, un reconocimiento a la calidad de su trabajo, el cual incluía un aumento salarial.

Aarón y otros seis agentes hispanos postularon para el puesto de examinador de polígrafo de habla hispana, pero el SAC Bretzing se lo otorgó a Chris Spilsbury, un mormón angloparlante. Todos los agentes hispanos que solicitaron la posición cumplían con los requisitos previos, y la mayoría enviaron memos o copias de solicitudes anteriores para puestos de examinador de polígrafo en idioma inglés y español. Una prueba documentada del FBIHQ de dos años atrás indicaba que el FBI buscaba más examinadores de polígrafo que fuesen hispanoparlantes, mientras que otra demostró que Spilsbury ni siquiera postuló para el puesto.

Aarón se enteró de que Spilsbury consiguió la posición cuando él mismo anunció que él era el seleccionado. Aarón y los otros solicitaron una reunión con el ASAC Gary Lisotto, quien llamó a la FBIHQ, la cual confirmó a Spilsbury como el mejor candidato para el puesto porque hablaba español y había vivido en México. De los resultados obtenidos de las pruebas en español, un hispano obtuvo menos puntaje que Spilsbury, uno sacó el mismo puntaje y los otros cuatro lo superaron. Todos los hispanos tenían más experiencia en el FBI y superaban el número de casos manejados por Spilsbury. Los agentes pidieron al FBI repetir el proceso de selección y concesión de entrevistas individuales a todos los agentes que habían solicitado la posición, al mismo tiempo que la FBIHQ proporcionó otra oportunidad a Spilsbury de ser entrevistado.

Lisotto dijo a los agentes que el asunto estaba fuera de su alcance, pero como ASAC Administrativo, esto no debería haber sido así. Los agentes buscaron un proceso justo. Los agentes hispanos informaron a Lisotto que no querían tomar la ruta de la EEO, sino que preferían seguir las directrices del FBI. Aarón testificó:

«Supongo, Señor Juez, que es una de las razones más grandes, pero apenas es la punta del iceberg sobre el por qué estoy aquí. Me sentí muy enojado con que una organización a la cual he dado veintidós años de mi vida, de repente, me considere un cero a la izquierda, una persona lo suficientemente buena para trabajar Títulos III, hacer trabajos encubiertos, trabajar informantes, o sea, para ser nada más que un agente de calle».

El SAC Richard Bretzing y Spilsbury eran mormones. La esposa de Spilsbury daba clases de piano a los hijos de Bretzing. La solicitud original para el cargo de examinador de polígrafo requiere que el elegido sea trasladado a Miami o San Juan, pero a Spilsbury no se le hizo salir de Los Ángeles. Spilsbury dijo a Aarón que no tenía interés en el trabajo y no lo propondría, ya que no quería ir a Miami ni a San Juan. Posteriormente, cuando Aarón le preguntó dónde iba a ser transferido, Spilsbury respondió: «Eso cambió, no tengo que ir a ninguna parte, voy a ser un examinador de polígrafo aquí en la División de Los Ángeles». El líder de los examinadores de polígrafo en la División de Los Ángeles, Donald Finley, dijo a Aarón que no necesitaban otro examinador de polígrafo. Aarón también habló con Paul Minor de la Unidad de Polígrafos, y Minor le dijo que tampoco estaba a favor de tener un examinador de polígrafo adicional en Los Ángeles.

Aarón creía que los delitos relacionados con las drogas eran los más peligrosos para los agentes y lo más cercano al peligro que enfrentaban los policías. Cuando unos delincuentes secuestraron a un informante que sólo hablaba español, los agentes tuvieron grandes problemas de orientación, ya que el equipo de vigilancia podía poner las operaciones en peligro.

Aarón también confirmó que la oficina de Los Ángeles permitió a Karen Badian y Linda Sue Rary, agentes anglos "recicladas", trabajar como agentes y recibir pagos de agente mientras el FBI degradaba a Lorena Sierra, obligándola a trabajar como telefonista. Aarón comprendía que la presentación de una queja a la EEO era algo que simplemente no debía hacer, ya que avergonzaría al FBI y siempre se volvía en contra del demandante.

En el contrainterrogatorio, la señora Simon sostuvo que todas las tareas son peligrosas para todos los agentes, sean estos de color, anglos o hispanos. Aarón señaló que la principal diferencia es el problema de utilizar el lenguaje en trabajos encubiertos, ya que los agentes encargados de escuchar no siempre entienden lo que está ocurriendo en la calle y tienen que apoyarse en otra persona para que les interprete. Los Títulos III también son diferentes debido al idioma, ya que requieren traducción, además de análisis, y las traducciones deben ser lo suficientemente precisas como para ser utilizadas en la corte.

John Giaquinto testificó más tarde, en el octavo día del juicio, que en 1986 hubo un interés en añadir más examinadores de polígrafo de habla hispana. Dos de los cuarenta y tres examinadores de polígrafo eran hispanoparlantes. Su carga de trabajo se había incrementado, y esto era algo agobiante para los dos examinadores. Giaquinto testificó que el FBI necesitaba cuatro examinadores de polígrafo en Florida y en San Juan. Recibió una llamada de Jim Nelson, ASAC de Los Ángeles, notificándole que la oficina de Los Ángeles recomendaba a Chris Spilsbury para el puesto de examinador de polígrafo, pero que este debía permanecer en Los Ángeles.

En el contrainterrogatorio, Giaquinto leyó una prueba documental en la cual identificó a seis hispanos que tenían más tiempo y experiencia que Spilsbury y cinco hispanos que tenían una clasificación de idioma español superior al de Spilsbury. Sin embargo, Giaquinto no seleccionó a ninguno de esos agentes. También afirmó que no sabía si los hijos de Víctor Bazán, Pablo Magallanes, Aarón Sánchez, Alanna Lavelle, Henry "Hank" Tenorio y Rudy Valadez habían tomado lecciones de piano con la Señora Spilsbury, o si tales agentes eran mormones.

El FBI nunca llenó las cuatro vacantes para examinadores de polígrafo de habla hispana. Giaquinto testificó que los supervisores de unidades tomaron la decisión final y que nadie consultó con Bretzing acerca de la selección.

Hugo interrogó a Giaquinto acerca de por qué había dicho antes al agente especial John Holford, en respuesta a una queja oficial de la EEO presentada por los agentes hispanos, que Spilsbury fue seleccionado porque hablaba español en un nivel 5, que nació y se crio en México, ya que ahora testificaba que la calificación de Spilsbury en español era de un nivel 3+. Giaquinto afirmó que él nunca le dijo a Holford que Spilsbury era un hablante de español nivel 5, y agregó que los agentes cometen errores en los informes utilizados para trámites judiciales. Uno puede entender que escuchar es algo crítico en una entrevista y que, si bien pueden ocurrir errores, cambiar una calificación a un 5 en un informe final cuando un investigador entrenado del FBI como Giaquinto considera que la persona evaluada tiene un nivel de 3+, es improbable. Giaquinto quiso colocar su propia importancia personal por encima del FBI, lo que puso la credibilidad de la Organización en tela de juicio. Giaquinto, como Glover, no dejaron bien parada la reputación del FBI, cuya costumbre era usar a sus subordinados como chivos expiatorios.

CAPÍTULO 17

RUDOLPH (RUDY) VALADEZ

Rudy Valadez entró al FBI en mayo de 1967 como oficinista. Obtuvo su licenciatura en justicia y derecho en la Escuela de Asuntos Públicos de la Universidad Americana en Washington, DC. Rudy quería ser un agente del FBI, por lo que tomó todas las pruebas ofrecidas para la posición y aprobó todo, excepto la prueba de español. Entró al servicio de agente especial bajo el programa modificado para obtener experiencia profesional con asignaciones a Pittsburg, Houston y San Antonio antes de ir a Los Ángeles. Alrededor de año y medio después de convertirse en agente, sin tomar clases o estudios, el FBI le hizo un nuevo examen de español y lo aprobó, para su desgracia, como él diría. El trabajo de contrainteligencia y contraterrorismo era lo que más le gustaba.

Rudy trabajó en quince intervenciones telefónicas Título III conocidas como "Circuito Taco". Recibió premios de incentivos y evaluaciones de alto desempeño. Cuando recibió una calificación sobresaliente, su supervisor indicó que era atribuible a sus muchas tareas temporales fuera de la división. Rudy sabía todo sobre el protocolo de promoción del FBI. Ofició como asistente principal del supervisor en varias escuadras de contrainteligencia, lo que sirvió como un requisito previo para obtener una promoción. Pidió rendir el MAP como gerente, pero fue en vano. Él declaró que el Consejo de Ascensos de L.A. tenía una lista de supervisores potenciales con sus evaluaciones de MAP. El Consejo de Ascensos evaluaba a los candidatos, reducía la lista a los tres mejores y luego seleccionaba al candidato principal. La posición de Rudy en los rankings siempre fue alta, pero nunca llegó a la cima.

Con los años, Rudy postuló a dos docenas de puestos de supervisión, pero nunca recibió una promoción. Él buscaba promociones desde 1981. Solicitó posiciones en la División de Inteligencia y Terrorismo en la FBIHQ, como supervisor en la división de L.A. y otras divisiones, además de posiciones como consejero personal y agregado legal adjunto. Él testificó:

«Me dijeron que yo era demasiado experto y mi experiencia era requerida en la FBIHQ como supervisor en Los Ángeles. Sin embargo, un mes más tarde, enviaron a un agente sin experiencia. Más tarde, mi ASAC me dijo que me enviarían a Santa Ana a trabajar en casos de narcóticos. Yo le dije que no quería ir a Santa Ana para trabajar en ello. Él me dijo que, si era necesario, debería ir para cumplir con las necesidades del FBI. Le dije que, si era necesario, iríamos a la corte».

Rudy presentó dos quejas a la EEO. La primera por supuesta discriminación basada en religión, edad, origen nacional y raza, porque se postuló para la posición de examinador de polígrafo en Los Ángeles y la persona seleccionada era un agente anglo y mormón con mucho menos experiencia. La selección era secreta y la gerencia ni siquiera tuvo en cuenta a los agentes hispanos que solicitaron el puesto. Su segunda queja se originó cuando el SAC Richard Bretzing le dijo a Rudy que había calificado para ser un supervisor, pero no iba a ser promovido a este cargo hasta que cambiara su actitud hacia la gerencia. Bretzing esperaba lealtad primero hacia él, en lugar de a los principios del FBI.

La Sra. Gulyassy, en el contrainterrogatorio, mencionó los premios e incentivos como supervisor asistente, como investigador y por desarrollar informantes que obtuvo Rudy, y le preguntó: «¿No es posible que algunas de las características que le convierten en un buen investigador y un respetado y valioso agente especial en el campo, no puedan trasladarse a una posición de administración?». Esta posibilidad podría haber sido aplicada a cualquier persona seleccionada.

Rudy condujo redadas contra individuos peligrosos, algunos agentes llegaban a pedirle consejos sobre cuestiones administrativas y estudió los manuales de normas, reglamentos y directrices de inteligencia extranjera y casos de otros agentes atentamente. Rudy fue supervisor asistente y manejó sus propios casos al mismo tiempo. El Consejo de Promociones informó: «Se creía que el agente Valadez sabía que tenía un tipo de personalidad exigente con poca tolerancia, pero que estaba dispuesto a modificar esta característica de ser necesario con tal de cumplir con su trabajo». Estas afirmaciones eran algo nuevo para Rudy. El Consejo de Ascensos lo había puesto en una caja en la que le sería muy difícil ser promovido. Él se sintió insultado cuando el Departamento de Justicia quiso condescender con él diciéndole que en algunas postulaciones había sido el tercer candidato clasificado, como si eso fuese un gran honor.

Rudy describió la discriminación de Bretzing como sofisticada y animosa; mediante su animosidad controlaba el Consejo de Promociones en Los Ángeles y la administración de las capacitaciones internas. El supervisor Gary Auer no creía que Rudy había trabajado lo suficientemente duro como para ganarse un puesto en la gerencia cuando estuvo bajo su mando en el equipo ruso, sin embargo, Auer previamente le había indicado que lo consideraba lo suficientemente calificado para ser supervisor. Rudy no necesitaba hablar ruso para manejar al escuadrón de esta nacionalidad. Muy pocos de los supervisores de contrainteligencia soviética hablaban ruso.

Además, ningún inspector ni administrador encontró algún problema con su trabajo durante las inspecciones o cuando Rudy trabajaba como supervisor. Sus evaluaciones de desempeño fueron siempre superiores y excepcionales, recibió cartas de recomendación y varios premios, y durante sus dieciocho años con el FBI, su experiencia laboral abarcó varias áreas. A pesar de que presentó veintidós postulaciones, en ninguna obtuvo una promoción. El FBI puso a Rudy en un callejón sin salida.

En el séptimo día del juicio, Melvin L. Jeter, jefe del programa de EEO del FBI, resultó ser un testigo hostil y un ejemplo más de la falta de profesionalismo de la administración. Jeter rechazó las quejas de EEO de Rudy, tal como lo había hecho con otras tantas. Autorizó a consejeros de la EEO para que viajaran fuera de su división, pero negó la autorización para que Leo Gonzales, Arnie Gerardo o Gil Mireles viajaran para revisar las quejas de Mat. Jeter restringió a los testigos que podían entrevistar y los removió como consejeros de Mat.

Jeter removió a Leo Gonzales, consejero de EEO de El Paso, ya que este había afirmado un conflicto de intereses, y no creía que Leo pudiese ser objetivo. Jeter determinó rápidamente que Leo no estaba actuando como un consejero de la EEO, sino que como un promotor de Mat. En sus quejas a la EEO, Leo y Mat Pérez acusaron a Jeter de ser un funcionario discriminador. Jeter dijo: «Ayudar al Sr. Pérez y su letanía de acusaciones no ha sido una de mis acciones más brillantes».

Algunos agentes presentaron 216 quejas formales a la EEO contra el FBI durante los diez años anteriores. Jeter no sabía de ningún hispano que hubiese tenido un resultado exitoso en este tipo de quejas. El FBI no resolvió ninguna de las quejas a la EEO presentadas por Mat Pérez. Jeter reemplazó a los agentes consejeros de la EEO con oficinistas y sintió que era apropiado enviar un empleado GS-4 a investigar a un SAC GS-17 en las políticas de personal de la EEO. Jeter optó por no supervisar al Consejo de Ascensos del FBI ya que sostenía que todos los miembros "eran altamente conscientes de la ley".

Ni una sola vez, la Oficina de la EEO hizo estudios para determinar si los procesos de promoción, programas de capacitación del FBI, asignaciones, MAP o elogios o incentivos eran justos con los hispanos y otros grupos minoritarios. Sin embargo, Jeter dijo que no hubo discriminación contra los hispanos durante el período comprendido entre enero de 1978 y diciembre de 1987. Él mismo afirmaría ocho veces que no tenía "ni idea", cuando Hugo cuestionó su misión como oficial de la EEO, tales como en las siguientes ocasiones:

RODRIGUEZ: «¿De qué forma asegura usted que cada empleado es informado respecto a por qué no recibió una promoción de acuerdo al manual de supervisores?».

JETER: «No debería tener ni idea de por qué un individuo recibió o no un puesto, a menos que tal individuo hiciera esto de conocimiento público».

RODRIGUEZ: «Gracias, señor Jeter. Ahora los oficiales de la EEO en el FBI sólo son de color. ¿Es eso correcto?».

JETER: «Sólo hay un oficial de la EEO, y yo soy de color y estoy orgulloso de ello».

RODRIGUEZ: «¿Y el individuo que ocupaba su posición antes de usted, señor Jeter?».

JETER: «Un tipo llamado William Crawford».

RODRIGUEZ: «¿Cuál era su raza, Sr. Jeter?».

JETER: «Creo que era de color».

RODRIGUEZ: «¿Usted "cree" que era de color? ¿No lo sabe?».

JETER: «No tengo idea».

El agente Jack García presentó una denuncia a la EEO debido al acoso respecto a su peso. Cuando a Jeter se le preguntó acerca de su propio problema de peso, él dijo: «Yo no estoy gordo. No es mi peso el problema, es mi altura».

Jeter reemplazó a William Crawford, un agente de color que dirigía el programa de la EEO. Bajo juramento, Jeter testificó que él conocía a Crawford, pero no tenía idea de si él era de color. La corte pronto descubriría que el programa de la EEO del FBI estaba en bancarrota moral.

CAPÍTULO 18

HÉCTOR LUIS LUGO

Héctor Lugo, nacido y criado en la ciudad de Nueva York, recibió una licenciatura en mercadotecnia y gestión de la Universidad de Fordham y un título de abogado de la Facultad de Derecho de Hofstra. Se desempeñó como asistente legal para un juez del tribunal de circuito en Nueva York durante dos años. Ocho años antes del juicio, entró al FBI como agente especial en el marco del programa legal. Él no hablaba español. La oficina clasificó su español como X, es decir, como alguien que no poseía ninguna habilidad en esta lengua. Sirvió en las oficinas de Albany, Houston y Nueva York, hizo trabajos de inteligencia e investigó crímenes de cuello blanco. Trabajó como reclutador de postulantes en la oficina de Nueva York del FBI y reclutó a hispanos para puestos especiales de agentes, traductores y personal de apoyo. Héctor viajó por toda la ciudad de Nueva York y el país, visitó universidades, facultades de derecho y convenciones. En la Organización, se mostró a favor del reclutamiento de hispanos.

Héctor opinó que el FBI debía basar sus ascensos en antecedentes, experiencia y otros factores, además de la antigüedad laboral. Solicitó ser supervisor en la FBIHQ, un trabajo con responsabilidades que incluían reclutamiento y operaciones de inteligencia en países latinoamericanos. No recibió esa posición, a pesar de que el supervisor Tom Harper le dijo que él era la persona más calificada para el puesto. Héctor dio testimonio de su determinación para exponer la discriminación, la cual había ocurrido en el pasado, y aún estaba presente en el FBI.

Héctor no presentó una queja a la EEO cuando no recibió el cargo porque: «Consideraba que era una pérdida de tiempo y el FBI muy intimidante, prácticamente adoctrinaba a los agentes para no hacer ruido, no causar problemas. Si algo sucedía, sólo era por las necesidades del FBI».

CAPÍTULO 19

MARTIN REGALADO

Martin Regalado entró al FBI seis años antes del juicio. Asistió a la Universidad de Amherst con una beca académica. Gracias a esta beca y uno de los premios conmemorativos anuales de la universidad, pudo estudiar derecho en la Universidad de California en Boalt Hall, Facultad de Derecho de Berkeley. Se desempeñó como editor asociado en el diario California Law Review y fue parte del Consejo de "Appellate Advocacy". Pasó el examen de la Barra de California y ejerció la abogacía aproximadamente por un año y medio antes de unirse al FBI.

Martin trabajó en la división de San Francisco en la escuadra de asaltos de banco, investigó robos de transportes interestatales y ayudó a otro agente en un caso de alta importancia. Posteriormente, fue transferido a la división de Oklahoma City y trabajó en casos de crimen organizado, narcóticos y delincuencia de cuello blanco. Luego se trasladó a la división de San Juan, trabajando en el caso de una brigada terrorista puertorriqueña durante tres años antes de dirigirse al FBI en West Covina de la División de Los Ángeles. Al revisar su expediente, Martin descubrió que había calificado para el FBI en tres programas: leyes, el programa modificado y de minorías. Martin se apoyaba con un diccionario cuando usaba el español. Por recomendación del FBI, tomó la prueba de español y recibió una calificación de 2+.

Martin estimaba que había pasado cinco de sus seis años con el FBI desempeñándose como asistente personal de un agente anglo. En San Francisco y Oakland, no tenía casos asignados, todo lo que hizo fue ayudar a otros agentes. Fue transferido a la división de Oklahoma y no le asignaron casos de alta relevancia. Incluso, sus asignaciones especiales temporales en TDY obstaculizaron sus pocos casos de investigación. Los agentes anglos tenían más experiencia investigativa ya que, a diferencia de los agentes hispanos, permanecían en sus asignaciones. Las asignaciones especiales de treinta, sesenta o noventa días que recibió lo alejaron de su trabajo y la administración reasignó sus casos importantes a otros, por ende, dando el crédito a los agentes de reemplazo. Otros casos fueron desatendidos hasta que regresó de sus asignaciones en TDY y su evaluación se basó exclusivamente en sus logros estadísticos. El origen étnico de Martin estaba relacionado con la selección de sus asignaciones en TDY, ya que no era competente en español.

Martín recordó las veces que postuló a más de una docena de capacitaciones internas, sin embargo, el FBI seleccionó a otros agentes con menos experiencia y años de servicio. Después de su llegada a San Juan, Martín expresó su preocupación al SAC Esposito de que la duración de su gira en ese lugar era discriminatoria. Él cree que, por esta queja, la administración le negó oportunidades de capacitación. Le pidió a su entonces supervisor Ronald Iden, al ASAC Harry Brandon y a Esposito, un entrenamiento en el reclutamiento y desarrollo de informantes, pero se lo negaron y su evaluación de desempeño en ese elemento pagó las consecuencias. La política de ofrecer a todos los agentes una transferencia a doce oficinas (las doce oficinas más grandes del FBI) al final de dos años no ocurrió en su caso, ya que se trasladó a San Juan y fue abandonado allí por unos tres años adicionales. Martin relató: «Así que, después de cinco años en el FBI, estaba en la misma posición cerca de recibir una transferencia a una de las doce oficinas más grandes a los cuales los anglos acceden con tan sólo dos años en la Organización». Martín recordó que los supervisores le dijeron que tomar la prueba de español no afectaría sus transferencias futuras.

Cuando Martín solicitó un puesto en la división Legal de la FBIHQ, no sabía las calificaciones del individuo que había sido seleccionado. Declaró: «Pero me atrevo a decir que quien fue seleccionado no era un graduado de Law Review de una de las diez mejores escuelas de derecho, ni tampoco tenía mi experiencia académica o profesional».

Martin también envió una solicitud para publicar un artículo de William Baker, Director Adjunto de la Oficina de Asuntos Públicos. El artículo, titulado "El FBI: ¿discrimina a los agentes hispanos?" examinaba la disparidad en el trato que recibían los agentes hispanos y anglos. En este texto, Martin señaló que los hispanos recibían asignaciones especiales con más frecuencia y debían cumplir un período de servicio en Puerto Rico de manera obligatoria, mientras que los agentes anglo nunca tenían que preocuparse por ello, que la oportunidad para la promoción profesional de los hispanos en el FBI era limitada, que los agentes hispanos recibían un trato diferente, que el FBI se negaba a reconocer la existencia de algún tipo de problemas, y, por último, que una demanda colectiva era algo inevitable. En la nota adjunta, le ofreció diez días al FBI para responder antes de que publicara el artículo. El procedimiento estándar consiste en llevar un artículo propuesto a la cadena de mando y presentar la solicitud al SAC, quien luego debe remitirla a la FBIHQ. Martin tenía todo el derecho de escribir y publicar su artículo. Esposito se ofendió especialmente ante el estrecho margen de tiempo ofrecido por Martin, quien asumió que su falta de respuesta equivalía a la aprobación de su solicitud.

Esposito testificó que Martin desaprobó la política de transferencias a San Juan, la cual había cambiado de un mínimo de dos a cuatro años. Martin presentó una solicitud bajo la Ley de Libertad de Información y un año y medio más tarde recibió varios documentos, incluyendo el informe de inspección sobre la división de San Juan en 1982. Gracias a estos documentos, llegó a varias conclusiones:

«Primero, la conclusión más obvia que yo o cualquier otra persona hubiera sacado con la lectura del informe, era que éste trató de culpar al demandante en este juicio, Mat Pérez, por todos los problemas que había en San Juan. El FBI estaba tratando de hacer de él un chivo expiatorio de todos los problemas que afectaban a San Juan. Era injusto, ya que, según los documentos que había recibido, varios de estos problemas existían mucho antes de que Mat Pérez llegase a San Juan, y continúan existiendo hasta la fecha».

Martin quería unirse con tres de sus compañeros de entrenamiento que eran abogados en la FBIHQ. Ahora que había testificado, Martin creía que sus posibilidades de promoción profesional eran nulas. Todo su conjunto de experiencias en el FBI le hizo concluir a Martin que había discriminación clara y evidente.

CAPÍTULO 20

MARÍA VILLARUEL

María Villaruel, nacida en México, llegó a los EEUU a los ocho años. Criada en Detroit, Michigan, asistió a la Universidad Estatal de Wayne y obtuvo una licenciatura en inglés y español. También obtuvo un título de enseñanza secundaria, así como una licenciatura en derecho de la Universidad Estatal de Wayne. María entró al FBI a través de los programas de derecho y de lenguaje, se convirtió en un agente en enero de 1981 a través de la oficina de Detroit, y regresó ahí por un mes antes de ir en una misión especial a Miami durante cinco meses. Se trasladó a San Juan, Puerto Rico, donde permaneció por cinco años y luego pasó a la oficina de Tampa.

María testificó que las asignaciones en TDY eran discriminatorias hacia los agentes hispanos. Detroit recibió un comunicado solicitando un hablante de español para una operación encubierta que tenía el nombre en código de "Bancoshares", relacionada con crimen organizado y narcotráfico. María no hizo uso de sus conocimientos de español en absoluto, sino que se dedicó a trabajar con pistas potenciales para el agente del caso. Su deber principal se limitaba a contar dinero obtenido con ventas de droga en casos de lavado de dinero. El juez bromeó, preguntándole si el FBI contaba el dinero en inglés o en español.

En enero de 1985 se fue a Quántico durante tres semanas para asistir a una capacitación para asesores legales. Una vez certificados como asesores legales, los agentes ayudan al asesor jurídico principal en la oficina proporcionando formación jurídica para sus compañeros agentes, se ocupan de los reclamos administrativos y revisan las denuncias y declaraciones juradas para otros agentes. El trabajo incluye todo lo relacionado con asuntos legales, además de las tareas habituales. Hay un asesor jurídico principal en cada oficina y varios asesores jurídicos que asisten. María asistió al entrenamiento legal de tres semanas, que incluyó capacitación en actos de privacidad y una capacitación interna sobre decomisos, todo en preparación para convertirse en asesora legal. Mientras estaba en San Juan, se desempeñó en ese cargo. Cuando se trasladó desde San Juan a Tampa, el SAC Esposito reconoció su experiencia e interés en trabajar como asesora legal en un comunicado enviado a la FBIHQ. Cuatro meses antes del juicio, el SAC nombró a Vicki Johnson, una agente novata con menos de tres años de experiencia, como asesora legal principal de la división de Tampa. Posteriormente, Tampa envió a Johnson a la capacitación interna que María había completado años atrás.

María testificó que el Administrador de Servicios Administrativos (OSM) en Tampa tuvo éxito en un caso de discriminación contra el SAC Robert Butler. El SAC le indicó al OSM que ella no recibió ninguna promoción porque era hispana, demasiado sensible y no podía manejar las responsabilidades de un OSM. María sintió que si participaba en la demanda colectiva sería condenada al ostracismo, ya que ya había oído comentarios de que era una persona alborotadora y problemática.

En el contrainterrogatorio, María señaló que, en San Juan, los agentes que no hablaban español servían como agentes encargados y los hispanoparlantes trabajaban para ellos. Los agentes encargados de casos se llevaban los créditos por el término y éxito en ellos, mientras tanto, los agentes hispanos estaban en la calle trabajando, eran enviados a intervenciones telefónicas, trabajos encubiertos y trabajaban el doble. María reconoció que el FBI le había otorgado una solicitud de transferencia; sin embargo, no había ningún beneficio monetario o promoción ligado a tal solicitud. El Departamento de Justicia se vio obligado a impugnar su testimonio, señalando que la división Jurídica de la FBIHQ tenía un agente hispano en el personal, Derrick DeHolm, quien no tenía exactamente un apellido hispano.

Hubo un divertido intercambio entre el juez y María cuando ella habló sobre las dificultades de trabajar en San Juan y cómo esto le impidió votar en una elección presidencial. Su marido, un miembro del Cuerpo de Alguaciles de Estados Unidos de ascendencia puertorriqueña, también quería abandonar San Juan.

LA CORTE: «¿Está usted casada con un Alguacil?»

VILLARUEL: «Sí, señor. Su Señoría, ¡es tan complicado!».

EL TRIBUNAL DE JUSTICIA: Estamos hablando de Puerto Rico, no del Alguacil, ¿cierto?

El juez Bunton también le preguntó sobre la pronunciación de su nombre con la doble l, que suena como la letra "y" en inglés. María dijo: "No estoy segura, su Señoría. Me gustaría pensar que está relacionado con Pancho Villa».

Robert V. Butler, testificó que él y María hablaron cuando necesitaba reemplazar al asesor legal principal de la división de Tampa. María le dijo que planeaba casarse y ella había expresado su interés en trabajar en un escuadrón anti drogas. Cubrió el puesto, el 8 de febrero de 1988, con Vicki Johnson. Eligió a Johnson como agente novata con la idea de que, en un año, cuando fuese transferida a otra oficina, María estaría a cargo de tomar el puesto y planeaba considerarla para la próxima vez que hubiera una vacante. María nunca se quejó ante él, y más tarde se convirtió en una supervisora asistente.

En el contrainterrogatorio, Butler identificó a Arlene Vargas como la OSM que había presentado una queja a la EEO, en la cual resultó victoriosa, alegando que Butler la había discriminado. Butler explicó que, si bien le había explicado por qué no había seleccionado a Arlene, no había razones declaradas por las que hubiera elegido a otro individuo. Hugo le recordó a Butler que había declarado anteriormente que había preparado a Vicki Johnson, teniéndola en cuenta en el corto plazo, de forma que

María pudiese convertirse en la próxima PLA. Butler, desprovisto de cualquier plan de promoción para María, respondió que era lo que pensaba en el momento, pero que las cosas siempre podían cambiar.

CAPÍTULO 21

ERNESTO PATIÑO

E rnesto Patiño, nacido en Juárez, México, y educado en El Paso, Texas, recibió su título de enseñanza en música de la Universidad de Texas en El Paso. Se desempeñó como profesor de escuela antes de unirse al FBI, al cual ingresó bajo el programa modificado y, mientras fue agente, tomó el examen de lengua española. Su primer destino fue Miami, luego San Antonio y San Juan, antes de regresar a la división de Miami. Al momento del juicio, había sido un agente especial del FBI durante diecisiete años. Tenía una amplia experiencia en contrainteligencia extranjera, había manejado importantes casos, y recibió numerosos premios de incentivos y evaluaciones de alto desempeño a lo largo de su carrera. Participó en el programa de desarrollo profesional durante cinco años. Ernie pensaba, sin duda, que la FBIHQ era una institución que discriminaba a las personas de origen hispano.

Ernie postuló, en vano, a cinco puestos de agregado legal auxiliar (ALAT) en ciudades de habla hispana como Bogotá, Ciudad de Panamá y Ciudad de México. Él creía, al igual que muchos asociados, que los agentes que pertenecían a la fe mormona habían monopolizado los puestos del FBI en América Latina. Ernie, que era bilingüe y bicultural, señaló ejemplos de personas que no podían comunicarse en español que contaban con preferencias para asignaciones extranjeras y recibían capacitación de idiomas a través del Instituto Berlitz. En la capacidad de un ALAT o Legat, uno de los deberes de un agente era reunirse con altos funcionarios del gobierno y contrapartes del orden público, por lo tanto, era imperativo que sus competencias lingüísticas fueran del nivel más alto para que los agentes pudieran conversar con fluidez. Como institución, el FBI ignoró este elemento. Él afirmó que contar con experiencia en la FBIHQ era un requisito para las posiciones de Legat, pero esto era una regla que el FBI había violado muchas veces.

Ernie abandonó el programa CDP porque el FBI nunca le dio ascensos. La FBIHQ también inició una investigación administrativa en contra de él, lo que destruyó su fe en el FBI y lo dejó condenado al ostracismo por parte de la FBIHQ. Ernie consintió a un polígrafo, cuyos resultados lo exoneraron; sin embargo, él todavía se sentía estigmatizado. El FBI revocó sus autorizaciones de seguridad durante la investigación y lo puso en el escuadrón anti drogas. Todas sus tareas estaban relacionadas con su habilidad en el idioma español. Señaló que, incluso cuando trabajaba en la comunidad de exiliados cubanos, no podía hacerse pasar por un cubano debido a su acento. Ernie describió la percepción errónea del FBI que estereotipaba a todos los hispanos como un grupo homogéneo. Él estaba seguro de que nunca llegaría a ser un supervisor o un Legat a causa de su participación en la demanda.

En el contrainterrogatorio, la señora Simon señaló que Ernie había abandonado el Programa de Desarrollo Profesional y que, para convertirse en un Legat, los agentes tenían que participar en ese programa. Ernie dijo que sus credenciales en español e historial de logros deberían haber sido más que suficientes para obtener una posición de Legat. En referencia a sus tareas encubiertas a largo plazo fuera de los Estados Unidos y la revocación temporal de su autorización de seguridad, Ernie sabía que en sí mismo no era algo discriminatorio, ya que había aceptado la misión, pero la forma en que el FBI se encargó de la investigación administrativa sí lo era.

La Sra. Simon mencionó que Ernie eligió a Miami como su oficina de preferencia (OP) en 1976, y efectivamente, ahí fue enviado en 1977. Le preguntó a Ernie: «1976 es antes de 1977, ¿no es así?». El juez asintió con la cabeza y respondió por Ernie, «Sí, seguro que sí». Ernie, así como el juez, pensaba que el Departamento de Justicia no debería haber perdido el tiempo cuestionando si Ernie estaba en su oficina de preferencia, sino que debería haberse concentrado en las acusaciones de este sobre discriminación sistémica.

CAPÍTULO 22

SAMUEL CARLOS MARTÍNEZ

Samuel Martínez recibió una licenciatura en Administración de Empresas con una especialización en contabilidad de la Universidad de Texas en El Paso (UTEP). Entró al FBI en 1973 y sirvió en San Francisco, Chicago, Denver, la FBIHQ, Ciudad de México, Los Ángeles y nuevamente en la FBIHQ. En 1973, el FBI puso énfasis en reclutar abogados, contadores, hablantes de español, grupos minoritarios y mujeres. El FBI reclutó a Samuel como contador, pero entró bajo el programa de lenguaje, ya que su reclutador le informó de que no había necesidad de tomar el examen de contabilidad. Con doce años de servicio, Samuel fue a México para coordinar la investigación del secuestro del agente de la DEA Enrique "Kiki" Camarena y para coordinar todo el trabajo del FBI dentro de los territorios del centro y noroeste de México.

Cuando Samuel llegó como Agregado Jurídico Adjunto (ALAT) a la Ciudad de México, todos los demás agentes eran mormones. La oficina del Agregado Jurídico (Legat) sirve de enlace con las agencias judiciales extranjeras, que tienen intereses en el desarrollo y la resolución de casos del FBI que se extienden más allá de las fronteras de Estados Unidos, y ayuda a los gobiernos extranjeros con sus intereses judiciales y capacitaciones. Las oficinas Legat también son responsables de la cooperación con los organismos establecidos en la Embajada o Consulados.

El FBI no tiene autoridad operativa para investigar fuera de los EEUU, por lo que debe solicitar investigaciones a entidades extranjeras para obtener datos e información para apoyar sus casos. Sin autoridad para investigar, los agentes del FBI siguen siendo responsables de mantener sus ojos y oídos abiertos para captar cualquier información que beneficie al gobierno de los Estados Unidos.

En este país, los agentes reclutan, desarrollan y trabajan con informantes. En el extranjero, el FBI no es operativo y, en algunos países, obtiene colaboradores para desarrollar y organizar información antes de presentar una solicitud oficial al gobierno. Por ejemplo, una oficina puede enviar información sobre la ubicación de un fugitivo, el colaborador verifica los datos y luego la oficina Legat envía la solicitud al gobierno extranjero para aprehender al fugitivo.

Informantes y colaboradores reciben pagos por sus servicios y gastos por parte del gobierno de Estados Unidos. Personas con información llaman o vienen a la embajada para entregarla. El término "walk-in" se refiere a una persona que llega a una oficina y entrega información. Después de que Samuel describió a la corte lo que era un "walk-in", el juez Bunton dijo: «Entonces, un "walk-in" es casi como un jugador "walk-on" de la NFL que puede integrar y abandonar el equipo».

Después de llegar a México, Samuel recibió una llamada de un ciudadano extranjero en que la información parecía demasiado importante y confidencial como para discutirla por teléfono. Esta persona entró y habló todo el día; su suministro de información parecía increíble. Samuel le dijo al "walk-in" que regresara en tres días para analizar un informe escrito para asegurar que él entendía que la información era correcta.

Cuando Samuel analizó el reporte, el "walk-in" agregó y cambió un poco de la información antes de mandar el teletipo a la FBIHQ, la DEA y la embajada de Estados Unidos. Samuel sugirió al Legat que el "walk-in" debería ir a una oficina del FBI para trabajar como informante, pero el Legat instruyó a Samuel a enviar al "walk-in" a la DEA.

Samuel le informó a la DEA de México sobre la disponibilidad del "walk-in". La DEA tenía muchas investigaciones importantes, además del secuestro de Kiki Camarena. El "walk-in" estaba escondido en un hotel. Él solo tenía contacto con Samuel y con un funcionario de aduanas mexicano que había sido su amigo por mucho tiempo. Después de un tiempo prolongado y tensiones financieras para el "walk-in", Samuel le dijo al Legat que el FBI pudo iniciar un caso sustantivo gracias a él y que merecía un pago por la información, aunque estaban esperando entregarlo a la DEA. El Legat le dijo a Samuel que dejara a la DEA manejar la situación.

El "walk-in", nervioso, contactaba repetidamente a Samuel, de hecho, el personal del Legat creía que llamaba mucho. El Legat y el "walk-in" se veían en la embajada varias veces durante las reuniones con Samuel. El "walk-in" proporcionaba información adicional durante los interrogatorios. Él estaba en una posición de ayudar al FBI y a otras oficinas con investigaciones de droga.

Con el Legat negando fondos para el "walk-in" quien temía salir del hotel y exponerse en público, y la DEA demasiado ocupada para asumir su control, Samuel le aconsejó que saliera de México. El "walk-in" no tenía dinero, pero tenía dos armas, una .357 Magnum y un AR-15, que podría vender para financiar su salida del país. Samuel contactó a una empresa de seguridad mexicana autorizada para poseer la AR-15 y confirmó su interés en las armas. El "walk-in" le dio las armas a Samuel. Al día siguiente, el Legat vio la AR-15 en el maletero del coche del FBI, y Samuel le informó de la transacción. El Legat John Walser instruyó a Samuel a que hiciera el traslado lo más rápido posible. Samuel entregó las armas esa noche, recogió el dinero y se lo entregó al "walk-in", quien finalmente pudo abandonar el país.

Después de un año, en agosto de 1986, cuando Samuel salía de la oficina del Legat para coger un vuelo con el embajador en funciones, el agregado militar y el jefe de la DEA, el Legat le preguntó a Samuel si él estaba vendiendo armas a los informantes. Samuel lo negó. A su llegada a Guadalajara, Samuel llamó al Legat mediante una línea privada y le dijo que probablemente los rumores que lo involucraban vendiendo armas a informantes vino de una desinformación relacionada con las armas del "walk-in". Walser recibió la información del jefe de la DEA en México, Ed Heath, quien lo escuchó de varias fuentes intermedias por parte de un funcionario de aduanas en la embajada.

El encargado Walser parecía desconcertado sobre qué hacer con esta información. Samuel le dijo que enviaría la información a la FBIHQ para evitar más errores y que sería mejor que el FBI escuchara la información antes que otra agencia. Walser siempre decía que había que saber cómo salvar el culo propio.

El Legat le mostró a Samuel el airtel (un comunicado interno del FBI) del 24 de septiembre de 1986, el cual Walser envió un mes después de la conversación inicial. Esto sorprendió a Samuel, porque Walser nunca discutió el incidente antes de que él preparara el informe. Contenía muchos errores sobre los detalles y omitió su conocimiento previo de la AR-15 que vio en el coche un año antes.

Samuel señaló los errores en el informe de Walser. El airtel indicaba además que Sam estaba tratando con un informante, que pagó por su hotel y comidas, que no tenía juicio en sus acciones, que había sido reprendido, que había violado las leyes mexicanas y que el Embajador interino, Morris Busby lo quería fuera de México; todo esto era falso. Samuel le pidió al Legat que corrigiera el airtel. Él se negó.

En noviembre de 1986, el Legat y Samuel fueron a la FBIHQ para hacer declaraciones en relación con el incidente. Samuel supo que el Legat había hablado mal de él, declarando que Samuel no podía pensar con claridad, que era incapaz de escribir en inglés y español, que estaba operando en arrestos cuando los Legats no deben operar en el extranjero y que él no se merecía ser supervisor. Esta información subió la escalera corporativa hasta llegar al

Subdirector Ejecutivo Oliver B. Revell, quien tenía la autoridad para sacar a Samuel de México.

En enero de 1987, Walser le dijo a Samuel que la División de Servicios Administrativos había anulado la decisión de Revell y que Samuel probablemente podría permanecer en México hasta que expirara su contrato de dos años. Samuel le pidió a Walser que le mostrara donde había deficiencias en sus reportes, donde aprobó documentos mal escritos, cuando careció de juicio y demás. Walser le dijo a Samuel que podían trabajar juntos, y agregó que la oficinista Irma Macías y el ALAT Roger Toronto aprobaban su forma de trabajar.

Samuel le dijo a Walser que había hablado con un abogado que fue juez en México y un ex embajador de México en España. Samuel le dio al juez los hechos relacionados con la venta y transferencia del arma, planteándolos como una situación hipotética sin dar nombres. Le pidió al juez que rindiera un dictamen jurídico hipotético basado en la legislación mexicana. El juez opinó que no había violación de las leyes mexicanas y que lo que estaba más acorde con la ley era eliminar las armas de la custodia de un individuo en un caso en que se desconocía si esa persona tenía la autoridad para poseer una AR-15. Walser explotó, exclamando exaltado: «¡Yo puedo vencerlo, y conozco muy bien la ley porque crecí con ella!». Walser demostró que no tenía realmente la intención de ayudar ni trabajar con Samuel.

Trabajar juntos se hizo más difícil en los tres meses siguientes, ya que Walser se negó a corregir los hechos. Levantó acusaciones adicionales contra Samuel, incluso cuando no había conexión viable en absoluto. Kathleen Horne, una empleada mormona, le dijo a Samuel que no juzgara a otros mormones por las acciones de Walser, diciendo: «Sammy, él me maltrata porque piensa que soy estúpida, pero no me trata tan mal como a ti». Otro empleado, Luis Rodríguez, dijo: «Samuel, nunca pensé que iba a verlo o que iba a decirlo, pero el hombre te odia y creo que está celoso de tu trabajo». Irma Macías, otra empleada, le dijo a Samuel: «Él está tratando de hacerte daño en todo, incluso cuando no estás involucrado». Lynn Vissers, la secretaria del Legat, le dijo a Samuel que sabía que Walser lo discriminaba. Samuel le dijo a Ann Arnold, una empleada retirada del FBI, que posiblemente la querría como testigo porque había presentado una queja a la EEO. Ann respondió: «Ya era tiempo. Siempre hay un límite a lo que un hombre puede aguantar por el bien de su dignidad».

Samuel presentó una queja a la EEO el 1 de enero de 1987, a causa del hostigamiento, la intimidación y la denegación de la prórroga de su estadía en México. Presentó una denuncia a la EEO a través de Leo Gonzales en El Paso, Texas, pidiendo anonimato para evitar nuevos actos de hostigamiento. No buscó asesoría de la EEO en México debido a que todos los agentes eran amigos mormones de Walser. Mel Jeter, el jefe de la EEO, le dijo a Samuel que no tuviera ningún contacto con Leo Gonzales y que él iba a manejar el caso de la EEO. Luego, Jeter le envió la queja por correo a Walser, quien le dijo a Samuel: «¡Te voy a vencer en esto!», y luego enumeró las acusaciones de la queja una por una.

No hubo resolución de la queja en la EEO cuando comenzó el juicio de acción colectiva. Un investigador de la EEO, Rick Copeland, le dijo a John Navarrete, un testigo en la queja, que John sólo podía mencionar información sobre lo que sabía en relación con la denegación de la prórroga en México. Limitar las investigaciones era el método usado por Jeter para resolver las quejas de la EEO a favor del FBI. Samuel no sabía de ningún agente hispano que hubiese tenido éxito en un proceso de la EEO. Él pensó que Jeter, aunque fuese un miembro de un grupo minoritario, jugaba un papel importante en la discriminación sistémica del FBI. Samuel estuvo presente en la deposición del director Webster sobre la demanda y declaró: «Siento que la discriminación es sistémica, y cuando el ex director Webster afirma en su declaración de que existe discriminación individual, pero que no creía que era institucional, puedo estar de acuerdo con eso. Sin embargo, si la institución no está haciendo nada en casos de discriminación individual, entonces la discriminación es institucional y sistémica».

El 9 de marzo de 1987, más de un año y medio después del incidente de la transferencia de armas, Samuel recibió una notificación acusándolo de actividad criminal, falta de franqueza e insubordinación. El documento señaló que Samuel tenía diez días para responder y treinta días para anticipar un aviso por escrito de cualquier consideración final de su respuesta. Tres días después y antes de los diez días para responder, el FBI anunció la posición de Samuel en México, el 12 de marzo de 1987, y lo mandaron a la FBIHQ por un período indefinido. Walser ahora afirmaba que Samuel había pedido salir de México, en contra de las declaraciones en su denuncia a la EEO.

Samuel le dijo a Walser que estaba molesto por los cargos criminales de insubordinación y que la falta de franqueza lo habían sorprendido. Samuel solicitó una prueba de polígrafo porque no tenía otra forma de resolver la acusación de insubordinación y falta de franqueza, ya que el FBI decidió escuchar la palabra de un jefe y no la de un empleado. Tom Kirk de la Oficina Federal de Responsabilidad Profesional (OPR) le dijo a Samuel que algunas declaraciones diferían de las emitidas por Walser. Kirk le dijo que no había necesidad de buscar un examinador de polígrafo, ya que su acción podría resultar sólo en una reprimenda verbal o incluso una carta de censura. La OPR y la Oficina de Enlace y Asuntos Internacionales (OLIA) negaron la petición de Samuel para un examen de polígrafo.

Samuel le pagó a Sinecio Gutiérrez, un poligráfico jubilado del FBI, por un examen, el cual arrojó que no había ninguna constatación de insubordinación a las solicitudes de Walser o cualquier falta de franqueza por su parte. Además, el polígrafo mostró que Samuel decía la verdad en relación con las acusaciones contra Walser. Después de que Samuel le dijo a Walser sobre los resultados, éste envió un memorando a la FBIHQ indicando que probablemente no hubo insubordinación por parte de Samuel y que la falta de franqueza se produjo en circunstancias extremas, ya que Samuel tenía prisa en coger un vuelo privado con el embajador. Nadie en la FBIHQ hizo caso al memorándum de Walser ni a los resultados del polígrafo.

El Dr. David Soskis un "abogado de cabecera" del FBI que conocía los detalles específicos de la venta de armas, le dijo a Samuel que si no hubiera actuado para sacar al "walk-in" de México, podría haber creado más problemas para el FBI. Más de un año había pasado cuando el "walk-in", que ahora trabajaba para la DEA y la Aduana, mencionó que Samuel le había ayudado a localizar compradores para las armas. Esa acción dio pie a falsos rumores que indicaban que Samuel había vendido ametralladoras a los informantes.

Después de un fin de semana en que Samuel regresó de un viaje fuera de la ciudad, el ALAT Roger Toronto le dio instrucciones de que escribiera todo lo que sabía en relación a una violación de seguridad que se produjo aquel fin de semana. Lo que ocurrió fue que un guardia de Marina encontró documentos clasificados en el escritorio de Walser. Samuel entrego el informe a Toronto y le informó que no le parecía nada de bien que sospecharan de él. Toronto le contestó: «Bueno, eso es lo que parece; Walser no podría haberlo hecho, ya que estaba fuera de la ciudad».

El Legat Walser había escrito un memorando a la FBIHQ, indicando que él no pudo haber cometido la violación de seguridad cuando estaba fuera de la ciudad y parecía que Samuel estaba tratando de incriminarlo. Samuel fue a la oficina de seguridad regional y descubrió una antigua violación de seguridad en que la embajada lo consideró responsable, demostrando que, en su noveno día de viaje, guardias de la Marina encontraron documentos clasificados detrás del calefactor en su oficina. Le dio el informe a Toronto para demostrarle que él aceptó la responsabilidad de la violación de seguridad y no alegó inocencia. Samuel le dijo a Toronto: «Yo no los culpé a ustedes, putos mormones, cuando estaba fuera de la ciudad por dos semanas y recibí una violación de seguridad».

La OPR envió a Samuel a la FBIHQ por tiempo indefinido para investigar la acusación de seguridad, le volvieron a tomar huellas dactilares y de sus palmas y lo aislaron de su familia. La investigación encontró a Walser responsable de la violación de seguridad, la cual finalmente admitió, pero la FBIHQ no permitió que volviera a su misión en México. Samuel esperaba represalias en su contra debido a su queja en la EEO. Las represalias en la FBIHQ operaban muy parecido a un contrato indocumentado: sin un rastro de papel.

En la FBIHQ, los agentes se mantenían lejos de Samuel, tal como si fuera un paria. Su familia estaba abandonada en un país extranjero sin que el FBI tomara en cuenta su seguridad o bienestar. Samuel pidió hablar con el EAD Buck Revell, pero éste le obligó a esperar más de un mes. Samuel le dijo a Revell que él habría tomado la misma decisión de sacar un agente de México si los únicos datos que hubiese recibido correspondiesen a aquella desinformación. Le pidió a Revell que fuese lo más objetivo posible y que investigara los documentos del caso antes que tomara una decisión final. Al final de la reunión, Revell mintió al decir que aún no había decidido nada.

En un documento de seis meses atrás, el cual recomendaba aplicar censura a Samuel, aparecían las iniciales de Revell. Con su propia letra, Revell también agregó una reducción en grado y un año de probación. El día después de la reunión de Samuel y Revell, Samuel recibió la notificación oficial de que el FBI lo había bajado de grado con órdenes a Los Ángeles. La carta decía que tenía la oportunidad de apelar a través de una entrevista oral con el EAD John Glover antes de que se dictara una sentencia definitiva. Samuel envió varias solicitudes a Glover, solicitando una revisión oral para apelar la degradación, pero Glover se negó a sus peticiones. Él de ninguna manera iba a ir contra Buck Revell.

Samuel le envió a Glover una carta recordando que, cuando se conocieron, Glover habló de tener una política de puertas abiertas. Ahora, con las puertas cerradas, la alternativa de Samuel era corregir las mentiras con una presentación ante el Consejo de Protección de los Sistemas de Mérito (MSPB).

Mientras tanto, Samuel pidió cualquier cargo, pero no en Los Ángeles, ya que el SAC de esa ciudad era un mormón que había causado numerosas quejas por parte de otros hispanos, y Samuel estaba seguro de que Bretzing tomaría represalias contra él. Samuel solicitó una asignación temporal a la Oficina de Washington (WFO) cuando estaba apelando a su degradación y su caso en la EEO. Martin V. Hale, el diputado de la Oficina de Enlace y Asuntos Internacionales (OLIA), le dijo a Samuel que tendría que aceptar una reducción voluntaria de grado para ir a WFO. Samuel le dijo a Hale que el supervisor Frank Quijada y el ASAC Leroy Teitsworth de Albuquerque le habían pedido que pidiera un traslado allí. Hale le dijo a Samuel que no iba a conseguir lo que quería. Samuel respondió que no iba a trabajar en cualquier oficina del FBI con un cargo en su expediente que lo involucraba en un crimen.

Su servicio como veterano militar estadounidense le dio a Samuel el privilegio de presentar su caso ante la MSPB. Tenía una copia de los resultados del polígrafo, el escrito legal realizado por un juez mexicano, así como una cronología de eventos y documentos del FBI. Irving Kator, su abogado, lo llamó dos días antes de la audiencia para decirle que el FBI declinó seguir la audiencia y se conformaría con una advertencia. Kator advirtió a Samuel no pedir demasiado o el FBI podría encontrar otra manera de castigarle. El MSPB reinstaló a Samuel como GS-14 con asignación a la FBIHQ y le otorgó su pago retroactivo y los honorarios del abogado. Sin embargo, Samuel no se sentía exonerado, ya que la información aún estaba en su expediente personal y se habían incurrido gastos adicionales, así que no retiró su caso de la EEO.

Basándose en la queja en la EEO de Samuel, el FBI inició una investigación administrativa sobre Walser. Martin Hale le dijo a Walser de la investigación y juntos prepararon una respuesta, algo que según Hale era normal, sin embargo, esa asistencia no fue ofrecida a Samuel cuando Walser lo acusó basándose en información falsa. Hale quería que Samuel cambiara sus denuncias para que Walser pudiese conseguir una nueva posición y una transferencia. Samuel dijo: «Me pidió que cambiara algunas palabras de mi declaración jurada, a lo que le respondí que, si lo hacía, mi declaración perdería mérito y Walser podría ser transferido, tal como el SAC Richard Schwein me había informado. Lo que quieres hacer por un agente, se lo estás negando a otro».

Entonces, Samuel se hizo el tonto, fingiendo que no entendía bien los cambios que Hale quería. Debido a esto, Hale hizo los cambios con su propia letra. Hale declaró en el juicio cinco días después de Samuel, negando que le había pedido a Sam que cambiara las acusaciones o hiciera algún cambio, pero no contaba con que Samuel mantenía fotocopias de los cambios realizados con puño y letra de Hale.

Durante el testimonio de Samuel, el Sr. Ferber dijo que, hasta que ocurrió el problema con Walser, Samuel tenía buenas valoraciones, un expediente limpio, una buena entrevista de entrada, elogios, trabajó en casos exitosos, sirvió como supervisor, y había recibido un ascenso en su primera solicitud de una promoción. El Sr. Ferber mantuvo que no había discriminación. Samuel respondió que el carácter de una persona disminuye si arma un escándalo por asuntos sin importancia, pero que sí había sido víctima de otros incidentes de discriminación.

Walser adoptó a niños hispanos, vivió en México y tenía parientes hispanos. Sin embargo, testificó:

«En el Libro de Mormón, hay frases que dicen que los Lamanitas, a quien los mormones asocian con tener la piel oscura, como los hispanos, fueron maldecidos con tal color de piel y son descritos como "oscuros y repugnantes". Hay gente en la Iglesia Mormona que creen ciertas partes de su teología. Existe una creencia de que, si usted es un Lamanita y se convierte a la religión mormona, se convierte en "blanco y deleitable" en el más allá, y Walser ha dicho que los hispanos no pueden hacer nada bien y envía informes a la

FBIHQ diciendo que son "inherentemente corruptos". Yo llamo a eso discriminación con un sesgo mormón».

Cuando se le preguntó si el EAD Revell tenía prejuicios antihispanos, Samuel respondió que le dio a Revell todas las oportunidades posibles para verificar los documentos y declaraciones y para buscar la verdad e investigar, pero Revell actúo basándose en la información y los prejuicios de Walser. Samuel añadió: «Yo no quería que me cerrara la puerta, así que sí creo que Revell era culpable de discriminación». Revell no tenía ninguna razón para decir que no había tomado una decisión sobre la degradación de Samuel, algo que él bien sabía que era falso.

John M. Walser testificó que el SAC de la DEA le hizo saber que Samuel había vendido una ametralladora en México. Afirmó que Samuel no consultó con él antes de involucrarse en aquella transferencia de armas. A raíz de la queja de la EEO y antes de salir de México, Walser le dio a Samuel una evaluación inaceptable de desempeño. Samuel le informó que las regulaciones decían que debían darle tiempo para trabajar y mejorar su calificación inaceptable. Posteriormente, Walser cambió la calificación a "mínimamente aceptable" y declaró: «Hubo unos catorce casos de insubordinación administrativa donde él ignoró mis instrucciones». Según Walser, la última evaluación de Samuel no tenía nada que ver con la queja en la EEO, aunque informó a la corte que le dio a Samuel una clasificación totalmente acertada y lo recomendó para el MAP I antes de la queja en la EEO.

Walser dijo que el jefe de la Oficina de la EEO le envió una copia de la queja después del 9 de marzo de 1987, que fue el día en que Samuel le había informado a Walser sobre ella. El 20 de marzo de 1987, Walser envió una comunicación a la FBIHQ, afirmando que Samuel no quería prolongar su estancia en la Ciudad de México como un ALAT. Walser afirmó que, a pesar de que leyó la queja de la EEO, él no sabía que ésta solicitaba que Samuel se quedara en México.

Walser testificó que él no sabía que Samuel había tomado y pasado un examen de polígrafo negando sus acusaciones. Tampoco se acordaba de haber enviado el comunicado aquel 18 de marzo de 1987 después de que Samuel le había dicho que recurriría a un examen de polígrafo para negar cualquier acusación de insubordinación y falta de franqueza en su contra. Walser envió a la FBIHQ el comunicado, indicando que sus acusaciones originales contra Sam podrían no haber sido como se registraron y que él supuso que Sam había seguido sus instrucciones.

Tony Silva le pidió a Walser que revisara la prueba documental en relación con los resultados del examen de polígrafo de Samuel, lo que demostraba que los alegatos presentados por Walser eran falsos y que las acusaciones hechas por Samuel contra Walser eran ciertas. Walser, tomándose su tiempo, dijo que no veía ninguna referencia en que se tratara de un examen de polígrafo; frustrado, un abogado del Departamento de Justicia afirmó que el documento hablaba por sí mismo. Los cargos de Walser alegando una insubordinación, falta de franqueza y falta de aptitud de supervisión se produjeron después de que Samuel presentó su queja a la EEO.

Walser testificó que él no mostraba ningún tipo de favoritismo mormón. Dijo que cuando Irma Macías y Kathleen Horne habían solicitado un puesto en la Ciudad de México, seleccionó a Irma Macías. Walser no pudo explicar cómo Kathleen no había superado a Irma, ni el por qué le dio a Irma calificaciones más bajas, o por qué él la aconsejó y recomendó que la FBIHQ la guiara y le administrara evaluación psicológica y capacitación adicional. Walser colocó una copia en el archivo personal de Irma y también recomendó asesoría para Samuel. En sus esfuerzos para demostrar cómo era "justo" con todos, Walser injustamente abusó de la mormona Kathleen Horne.

Samuel testificó que el FBI discriminaba a los hispanos de maneras sutiles. Walser discriminó a Frank Quijada, un hispano, en su solicitud de Legat en Panamá sin que él se diese cuenta. Roger

Toronto y Frank solicitaron la posición cuando ambos estaban en la Ciudad de México. Ambos hombres tenían recomendaciones similares, sin embargo, en el último párrafo de la solicitud de Frank, Walser escribió que, ya que Frank ya había servido un tiempo en México, no pudo completar el término completo en Panamá. Esa declaración fue injusta, ya que existía la misma condición para Toronto como para Frank, pero Walser no incluyó la declaración en la recomendación de su amigo mormón Toronto.

Los investigadores de la OPR, Tom Kirk y Joe Smith, dijeron a Samuel que el asunto del arma no debería haber llegado al nivel que alcanzó. David Flanders, el jefe de la OPR, se refirió a ello como un "chip shot", es decir un asunto sin relevancia. El subdirector Gary Penrith lo revisó y dijo que lo único relevante fue el hecho de que Samuel no le dijera nada a Walser. Sin embargo, en realidad, Samuel sí le informó a Walser el día de la transacción de armas en 1985, e incluso Walser vio la AR-15 en el maletero del vehículo. La OLIA, la OPR, y la división de servicios administrativos pensaron que el incidente podría elevarse sólo al nivel de una carta de censura, pero Buck Revell lo aumentó en un descenso de grado, remoción de cargo y probación por un año.

La corte presentó un documento probatorio con fecha 8 de diciembre de 1986, el cual se trataba de una carta dirigida a William Webster de parte de Bernard E. Hobson, Procurador Federal General Adjunto (AUSA) asignado en El Paso. Samuel buscó ayuda con fiscales en San Diego para seguir la persecución extraterritorial de un prófugo que le disparó a William Beaumet, un agente de Inmigración. Los fiscales de San Diego rechazaron la persecución extraterritorial debido a los extensos trámites burocráticos.

En vez de eso, Samuel encontró al AUSA, Bernard Hobson de El Paso, interesado en proceder con el caso, y sus esfuerzos tuvieron éxito. Walser puso sus iniciales en la carta del AUSA Hobson y la envió a Samuel, quien hizo una copia de la carta que solamente mostraba las iniciales de Walser. Cuando Samuel revisó los documentos de la corte, vio que Walser escribió "Buen espectáculo, muchacho". Esto fue otro ejemplo de la costumbre que tenía Walser de cubrir su propio culo.

Aunque el EAD Buck Revell ordenó descenso de grado, censura y probación por un año a Samuel, John D. Glover testificó que él era el que había tomado la decisión final de degradar a Samuel debido a su presunta actividad delictiva en la venta de dos armas en la Ciudad de México. Sin pensar en su propio incidente en que dejó su arma con una persona ilícita, Glover negó darle a Samuel la oportunidad de presentar una apelación porque consideró que la acción de éste era "atroz". La MSPB revirtió las acciones y fabricaciones "atroces" del FBI basándose en el punto de vista de Glover. Aun cuando el Departamento de Justicia dijo que las acciones de Samuel eran legales en los EEUU y no parecían ser ilegales en México, Glover se adelantó con los tres cargos contra Samuel. Glover no evaluó la documentación y el atenuante examen de polígrafo tomado por Samuel que refutaba las acusaciones de insubordinación y falta de franqueza en su contra. Glover descuidó su deber de evaluar todas las pruebas siendo un EAD y oficial de la ley. También violó procedimientos de Título V al negarle una presentación oral a Samuel. Glover se mantuvo firme: no iba a ir contra la decisión de Oliver Buck Revell.

CAPÍTULO 23

LEOPOLDO J. MONTOYA

Leopoldo J. Montoya, nació y se crio en México, donde vivió hasta que terminó sus estudios preuniversitarios. Obtuvo una licenciatura en ingeniería eléctrica en la UTEP. Leo trabajó para Stone & Webster, una compañía que construye plantas de energía nuclear. También trabajó como ingeniero industrial en Rockwell International y en la construcción del bombardero B-1. Se unió al FBI en 1976 bajo el programa de lengua española. Leo recibió órdenes de ir a la división de San Francisco, pero pasó cuatro meses en la División de El Paso por dificultades médicas.

Leo encontró extraño que, al llegar a El Paso por primera vez, el SAC C. Warren Debrueys lo usara como su chofer en diversas ocasiones. Le preguntó a uno de los agentes más experimentados si aquello era algo normal. El consejo que le dio fue que dejara la oficina temprano y se mantuviera lejos de la vista del SAC, por lo que Leo salía de la oficina con anticipación para completar sus trabajos de investigación. Esta estrategia parecía funcionar: el SAC nunca tuvo la oportunidad de pedirle a Leo que oficiara como su chofer.

En octubre de 1982, Leo postuló y se convirtió en un Agente Adiestrado en Tecnología (TTA). Los TTAs apoyan las intervenciones telefónicas en sus divisiones y manejan otros aspectos técnicos de las investigaciones. Un TTA inicialmente estudia bajo un agente calificado de formación técnica, quien le explica las operaciones y usos de los equipos, y lo capacita en el puesto laboral con constante experiencia práctica. Después de la formación inicial, los TTAs completan un entrenamiento adicional en Quántico. Alrededor de un mes después de entrar al programa de TTA, Leo recibió órdenes de monitorear un Título III donde supervisó conversaciones, revisó cintas e hizo traducciones por ocho meses. Esto afectó a su programa de entrenamiento de TTA ya que lo alejó de la experiencia práctica con el equipo, y se atrasó.

De acuerdo al asesor legal, los TTAs no deben monitorear Títulos III debido a la sensibilidad y la clasificación de la certificación. El FBI llevó a cabo la deposición que dio Leo para la demanda civil en un lugar seguro, ya que requería una autorización de seguridad. Incluso después de que el FBI certificó a Leo como TTA en 1986, la FBIHQ — de nuevo en clara violación de la política — le dio órdenes de trabajar un Título III en Atlanta.

Leo vio a hispanoparlantes no hispanos que nunca participaron en intervenciones telefónicas ser enviados a sus oficinas de preferencia; esto no sucedía con los hablantes nativos de español, quienes apoyaban a otros agentes conduciendo y traduciendo entrevistas.

Leo recibió una carta de transferencia el 22 de junio de 1984 hacia San Juan, y notó que fue su capacidad de hablar español, y no sus calificaciones de TTA, lo que dio lugar a su traslado. Su supervisor en San Francisco envió un mensaje a la FBIHQ requiriendo anular la transferencia, porque éste creía que San Francisco requería las habilidades de Leo más que San Juan. En la opinión de Leo, Puerto Rico era una oficina tediosa.

Había dos declaraciones separadas en el archivo de Leo señalando que tenía un acento, algo que él consideró insignificante y discriminatorio, ya que provenía de una agencia profesional. También anticipó una venganza por su participación en el juicio colectivo. Tener un acento podía perjudicar a una persona, bloquear su avance, crear un estereotipo sesgado o, en el caso de Leo, ser asignado como chofer personal de su jefe.

En el contrainterrogatorio, la Sra. Black declaró que Leo acababa de ayudar a un agente hispano encargado de un caso requiriendo un

Título III más reciente. Leo respondió que las circunstancias del Título III le causaron retrasos con su propio trabajo y que sus supervisores le habían ordenado tomar la asignación. Leo también indicó que las situaciones de investigación forzaban a los agentes hispanos a ayudar a los anglos en las intervenciones telefónicas debido a que su español era deficiente. Aunque la División Legal ordenaba que los TTAs no podían servir en Títulos III, la dirección le ordenó a Leo hacerlo. Mientras tanto, el otro TTA en la oficina de San Francisco — un piloto — tomó asignaciones de piloto, que, como Leo señaló, siempre son voluntarias y nunca están en violación de ninguna política. Las asignaciones de Leo a T-IIIs no eran ni voluntarias ni legales. Leo no presentó una queja a la EEO porque, cómo el testificó: «No funcionaban».

CAPÍTULO 24

LUIS ANTONIO MONSERRATE, JR.

Luis Monserrate, Jr. sirvió en el Ejército de Estados Unidos, asistió a una escuela rusa de idiomas, y trabajó con la Agencia de Seguridad del Ejército durante cuatro años en una variedad de funciones. Abandonó el ejército y terminó la universidad gracias al GI Bill. Recibió una comisión en la Fuerza Aérea a través del programa ROTC y sirvió ahí durante siete años como piloto con dos turnos en el sudeste de Asia. Luis trabajó como representante farmacéutico antes de convertirse en un agente del FBI en el marco del programa modificado. En su capacitación, tomó las pruebas de lenguaje en español y ruso, pasando ambas. Mientras aún estaba en el grupo de los agentes nuevos, la administración le confió una misión encubierta profunda en Los Ángeles, una tarea que involucraba a toda su familia y que duraría nueve meses. Sirvió en San Juan durante seis años antes de ser transferido a la división de Atlanta. Luis era un agente con formación técnica (TTA) y un piloto, y hablaba con fluidez inglés, español, alemán y ruso. Luis también trabajó en casos mayores como los asesinatos de personal naval, el bombardeo de la base de la Guardia Nacional Aérea, la emboscada terrorista de personal ROTC, corrupción policial y un importante robo de vehículos blindados.

Una misión encubierta en Los Ángeles requirió de su dominio de la lengua rusa, además de su conocimiento en electrónica. Luis comenzó de inmediato, sin entrenamiento previo a la inmersión total de él y de su familia en la misión. Él recibió un informe general en cuanto a los objetivos, pero no recibió ningún tipo de evaluación psicológica. El FBI se comprometió a darle un estilo de vida y equipo adecuado al nivel de la misión encubierta. Sin embargo, cuando surgieron problemas financieros, tuvo que pagar las cuentas médicas de su propio bolsillo ya que su seguro estaba bajo su nombre real.

La misión encubierta se terminó antes de lo previsto debido a que el FBI se enfrentó a un juicio en un caso similar en el que habían colocado a un agente en el consejo de administración de una sociedad anónima. Luis quería regresar a trabajar como agente directamente, pero su jefe, Roger Castonguay, le dijo que el FBI había gastado mucho en prepararle para su posición de papel encubierto, así que debía permanecer como tal y después esperar recibir otra asignación. En lugar de eso, el FBI le asignó a una vigilancia fija, donde estaba encargado de ver señales de televisión en circuito cerrado.

El FBI nunca llegó a darle a Luis su licencia de piloto bajo su nombre encubierto y se vio involucrado en un accidente menor de aviación. Cuando completó el informe del accidente de la Administración Federal de Aviación (FAA), dio su nombre real y dio como su empleador al FBI. Castonguay lo amonestó por su falta de juicio al revelar su identidad. Castigado, volvió a ser un agente. Mientras tanto, bajo la presión de sus tareas encubiertas y las preocupaciones financieras relacionadas, su matrimonio se acabó.

CAPÍTULO 25

SANDRA I. CHINCHILLA

Sandy Chinchilla se graduó de la Universidad de Puerto Rico en 1972 con un BBA concentrado en contabilidad, administración y mercadeo. Contratada por el FBI en abril de 1976, se desempeñó en la división de San Juan durante dos años y medio, y luego con la división de Boston durante los nueve años anteriores a la demanda civil. Ingresó al FBI bajo el programa de contabilidad. Más tarde, tomó el examen de lengua española y recibió una clasificación de nivel 5. Ella trabajó el "Circuito Taco" en veinte casos especiales de idioma español, que duraron de treinta a noventa días.

Sandy testificó que había numerosas desventajas al trabajar en T–IIIs, ya que a veces los agentes debían dirigirse a lugares difíciles y permanecer sentados por un período de ocho a doce horas, cinco o más días a la semana. A menudo, no había instalaciones de baño cercanas, y cuando los agentes están solos, no pueden abandonar su puesto. Una cantidad desproporcionada de las asignaciones de T-III son discriminatorias, porque no permiten que los agentes completen otro trabajo asignado a ellos, y porque la administración no obligaba a los hablantes de español anglos a cubrir las asignaciones de habla española de la misma forma que a los hispanos.

Sandy trabajó como encubierta y asistió a otros agentes con tareas de habla hispana, pero no recibió ningún entrenamiento o evaluación de su trabajo como agente encubierto, ni obtuvo reconocimiento ni crédito por hacerlo. Sandy solicitó un traslado fuera de Boston, pero el FBI le dijo que necesitaban a alguien que hablase español y rechazaron su petición. Mientras tanto, ella vio cómo los agentes anglos que hablaban español eran transferidos fuera de Boston y un agente anglo, en proceso de aprender español, fue transferido de Boston a San Juan, donde necesitaban hablantes de esta lengua.

Sandy se convirtió en supervisora asistente en 1978, pero su supervisor le dijo que, ya que ella no tenía experiencia trabajando en tal puesto, no podía ser supervisor principal. Agentes que no eran hispanos y con menos tiempo a menudo recibían nombramientos como supervisores asistentes. Sandy carecía de experiencia en el puesto debido a su carga de trabajo y porque estaba ocupada ayudando a otros agentes en trabajos encubiertos. Ella pidió muchas veces asistir al MAP, pero la dirección se negó a concederle sus peticiones. Recibió excelentes y superiores evaluaciones de desempeño que no le ayudaron a conseguir un traslado a San Juan, su oficina de preferencia (OP). Sandy solicitó un puesto de supervisión en San Juan y luego una posición como ALAT, pero no consiguió ninguno de ellos. También pidió entrenamiento para misiones encubiertas y capacitación para el reclutamiento y desarrollo de informantes, pero la dirección del FBI la rechazó. Ella nunca presentó una denuncia porque temía represalias del FBI, sabiendo que es una organización grande y poderosa.

En el contrainterrogatorio, el Departamento de Justicia informó que la división de Boston contaba con los hablantes de italiano y chino necesarios para trabajar Títulos IIIs en esos idiomas. Ninguna otra mujer hispana en su área realizó trabajos encubiertos sobre casos de drogas ni trató con colombianos, cubanos y otros. Mientras tanto, las agentes femeninas no hispanas trabajaban en escuadrones de solicitantes y delincuencia de cuello blanco, que eran asignaturas mucho menos peligrosas. El Departamento de Justicia mencionó que le costaba a la oficina más de $40,000 en ese entonces mover un agente especial de una oficina a otra, y luego sustituir tal agente incurriría en un gasto adicional de otros $40,000. Sandy informó que su trabajo encubierto, a pesar de que no era de cobertura profunda, todavía le requería estar disponible las veinticuatro horas del día, ya que: «Se trata de estar completamente encubierta con personas que no saben quién soy».

Sobre la redirección, Tony Silva preguntó si había alguna diferencia en el gasto de los $40,000 que el FBI afirmaba invertir en una transferencia para un hispano en comparación con un anglo. Era relevante si la transferencia de un agente anglo a San Juan costaría exactamente la misma cantidad que habría costado si Sandy hubiera recibido la transferencia. San Juan y el FBI reconocieron que había una necesidad crítica de hablantes de español con experiencia en Puerto Rico. Frecuentemente, en tareas encubiertas en Boston, algunas situaciones investigativas obligaron al FBI a usar policías de la Policía Estatal de Massachusetts para monitorear conversaciones, ya que los agentes compañeros de Sandy del FBI no podían entender español y no podían decir lo que estaba pasando con las operaciones encubiertas de ella. Si Sandy necesitaba ayuda, en esas condiciones, estaría forzada a hablar inglés y revelar su rol de encubierta.

Larry Potts servía como ASAC en Boston cuando Sandy Chinchilla buscó ser asignada a la oficina de San Juan en 1987. Sandy informó que su padre estaba enfermo, y ella solicitó su traslado por dificultad a San Juan. Potts pidió que Sandy se comprometiera a una transferencia de cinco años para obtener su OP, a lo cual ella estaba dispuesta, pero una vez más la FBIHQ le negó la transferencia. Potts reconoció que tanto Kevin Klemm y Sandra eran contadores, pero que Klemm había sido trasladado de Boston a San Juan, a pesar de su limitado conocimiento de español. James Esposito, el SAC de San Juan, testificó que él eligió a Kevin Klemm como contador en vez de a Sandy.

Larry J. McCormick, que sirvió en la Unidad de Transferencias en la FBIHQ, testificó que Sandy no podía ser transferida a San Juan debido a que Boston necesitaba un hispanoparlante y ella era su único recurso. A pesar de que había más de ochocientos hispanoparlantes en el FBI, por alguna razón desconocida el FBI no podría incentivar u obligar ni siquiera a uno de ellos para ser transferido a Boston.

CAPÍTULO 26

DAVID MARTÍNEZ

D avid Martínez, nacido en Marfa, Texas, estudió en la Universidad Estatal Sul Ross, donde obtuvo una Licenciatura en Ciencias en Biología con una asignatura secundaria en educación física. Trabajó en El Paso durante tres años antes de unirse al FBI en 1975. Ya como agente, trabajó en la ciudad de Nueva York durante doce años y medio, y fue instructor de armas de fuego en la Academia del FBI en Quántico, Virginia, durante los siete meses antes del juicio. El Juez Bunton reconoció que conocía a los padres de David y que, como abogado, una vez representó a su familia.

David entró en el FBI bajo tres programas: el programa de lenguaje, el programa de ciencia y el programa modificado. Sus antecedentes científicos no aparecían en su archivo, pero mostró una clasificación de nivel 4 en el marco del programa de lengua española. Él no se consideraba un buen hablante de español porque su familia no hablaba español en casa, y sólo aprendió esta lengua tomando clases en la escuela segundaria y después en la universidad.

David recibió órdenes de ser transferido desde Nueva York a San Antonio, Texas. Él pidió la sub-oficina regional de Austin, pero el SAC le negó la oportunidad de ir a Austin o San Antonio. «Después, oí del Agente Especial Encargado que tenía una opción de tres sub-oficinas regionales. Podría ir a McAllen, Brownsville o Laredo. Ninguna me gustaba. Esas oficinas son consideradas por muchos como complicadas, y son evitadas por muchos agentes». Él recibió la orden de ir a Laredo, Texas, y se negó. El asistente del director adjunto a cargo de las transferencias le dijo a David que, a causa de su falta por no aceptar la transferencia, la oficina lo castigaría y diferiría su opción de ir a su oficina de preferencia por dos años y que permanecería en Nueva York. David pensó que esto era injusto porque, poco después, la división de San Antonio envió al nuevo agente John Wright, un hablante anglo de español, directamente desde Quántico a la sub-oficina regional de Austin. Después de trece años en el FBI, David había visto a los hispanos ser estereotipados y restringidos a ciertos tipos de trabajos, como intervenciones telefónicas y vigilancias.

Un hablante nativo de español se cría en un hogar de habla hispana en la que el español es el idioma principal y el inglés es el segundo idioma. Un hablante nativo se cría en la cultura nativa. David no. Los hispanos trabajaban en muchas intervenciones telefónicas donde los turnos eran de doce horas de trabajo y doce horas de descanso, y a menudo los siete días a la semana. Los administradores esperaban que los hispanos ayudaran a otros agentes con su carga laboral y aun así que completaran su propio trabajo. David discutió con su supervisor el hecho de que el idioma español era más un estorbo que una ayuda para él: «Y en muchos casos la respuesta que me daban eran sólo carcajadas». Desalentado, sintió que llevar el asunto más lejos habría sido simplemente inútil. David sabía de agentes de habla hispana anglosajones que se habían apartado del programa de lenguaje a su propia petición. Dorothy Shaffler era una hispanoparlante calificada del FBI que sabía el idioma tan bien que incluso lo había enseñado antes de entrar a la Organización. Sin embargo, el FBI permitió que removiera su nombre de la lista de hispanoparlantes.

David entendió que, si un agente asistía a la escuela de idiomas, tendría un compromiso de tres años de usar y recibir tareas relacionadas con el trabajo en la lengua estudiada. Si una persona tenía una habilidad de lenguaje y la oficina necesitaba ayuda con ello, el agente podía ascender en la lista de OP, pero como David dijo: «El FBI muy a menudo se esconde detrás de estas cuatro palabras: "las necesidades del FBI"». David trabajó doce T-IIIs en español y, aunque especialistas en español y empleados contratados también trabajaban como traductores, David no vio a ningún traductor en los T-IIIs que él trabajó.

Ed Guevara era un agente de la oficina de Nueva York a quien David conoció por primera vez en una asignatura en TDY del "Circuito Taco" en Miami en 1979. Ed se acercó a David para pedir su consejo sobre una queja a la EEO que Ed contemplaba presentar. David dijo:

«Discutimos las ramificaciones a seguir si él presentaba una queja formal, ¿cuál sería el procedimiento? Me puse en contacto con Helen Burgosa, que estaba más o menos a cargo del programa de la EEO en Nueva York. Él escribió un memorando, el cual le di a Helen. Ed no presentó una queja formal por temor a venganza y represalias. He visto al FBI sutilmente ser muy vengativo, cruel y malo. En muchos sentidos, el FBI puede hacer la vida más difícil para un individuo y su carrera: puede darte los peores trabajos con los peores horarios, enviarte a trabajar TDYs y fuera del distrito para interrumpir tu vida familiar y personal, donde literalmente te empujan hasta el punto de retirarte o seriamente pensarlo; yo lo sé bien porque yo he estado allí».

En el contrainterrogatorio, David testificó que sus habilidades en el idioma español nunca le ayudaron a obtener alguna posición. El español no tenía nada que ver con su puesto de supervisor asistente ni con que fuera un instructor de armas de fuego. El abogado del Departamento de Justicia le pidió a David que leyera en la corte un memorando que había escrito, el cual decía lo siguiente:

«Aunque hay negociadores de rehenes en la oficina de New Rochelle, ninguno de ellos, que yo sepa, habla español. Puesto que tenemos responsabilidad por el Bronx, donde el español es un idioma principal para muchos, puede resultar beneficioso para el FBI y para la oficina de New Rochelle tener a un agente hispanoparlante». Aun así, David no recibió el puesto para el cual había postulado.

Charlie Parsons, testificando en el octavo día, dijo que había identificado un problema de personal en las oficinas regionales fronterizas de San Antonio y, con la aprobación del director, añadió diez agentes. Casi al mismo tiempo, el director otorgó transferencias a sus oficinas de preferencia (OPs) a agentes primerizos en la ciudad de Nueva York, después de haber servido durante un periodo prolongado. Parsons le negó a David Martínez la Oficina Regional de Austin y la División de San Antonio, pero en cambio le ofreció Laredo o McAllen. Mientras tanto, Michael T. Hanley, que trabajaba en la ciudad de Nueva York con David Martínez, fue transferido directamente a la oficina regional de Austin, al igual que Jerry Adams.

Parsons afirmó que la experiencia en la escuadra de narcóticos que David tenía era importante para las transferencias a las oficinas regionales fronterizas. El Agente Leo Martínez y John Wright asistieron a las mismas clases de agentes nuevos. Hugo Rodríguez cuestionó a Charlie Parsons:

RODRIGUEZ: «Así que tenemos al Sr. Wright con cinco años de experiencia policiaca, y al Sr. Leo Martínez sin ninguna experiencia. Ambos hablan el idioma español según el FBI. El Sr. Martínez es hispano. El Sr. Wright es anglo. El Sr. Wright es mormón y el Sr. Martínez no es mormón. Por favor informe a la corte hacia donde asignaron al señor Martínez».

PARSONS: "Él está programado para ir a McAllen».

RODRIGUEZ: «¿McAllen? ¿Dónde se le asignó al señor Wright?».

PARSONS: «Él está programado, y tal vez ya se haya reportado, para ir a Austin».

CAPÍTULO 27

LIONEL ANTHONY CHÁVEZ

Lionel Chávez, nacido en Manhattan, Nueva York, y criado en Miami, Florida, recibió su título de licenciatura en educación de la Universidad de Bethany, West Virginia, y su maestría en justicia criminal del Colegio Rollins en Winter Park, Florida. Enseñó durante tres años y luego comenzó una carrera policiaca convirtiéndose en un sheriff adjunto. Se unió al FBI el 7 de noviembre de 1979, bajo el programa modificado, teniendo su primera asignación en la oficina de Los Ángeles. Lionel rindió la prueba de español, pero no la aprobó.

Lionel recibió una asignación de habla española y le dijo a su supervisor que no hablaba esta lengua, sin saber que esta información desagradaría a su jefe. Asignado a la escuadra de fugitivos, no le agradaba su agente de formación, Wayne Cassidy, quien le decía "el cubano simbólico". También recordó a los agentes Ralph DiFonzo y Wayne Cassidy diciendo que Luis Monserrate era "un gordo y estúpido spic" (un término despectivo hacia los latinos). Consideró regresar al departamento del sheriff, pero después de encontrar el éxito localizando a varios fugitivos "perro viejo" (casos que habían existido durante años) decidió quedarse en el FBI.

En una ocasión que su supervisor Cassidy no estaba disponible, Lionel informo a la oficina que iba tomar el mando de una pista de un fugitivo. Concluyó la entrevista y, para su sorpresa, descubrió que Cassidy y otros agentes estaban esperando afuera. Cassidy regañó a Lionel y le dijo que, si no enmendaba su camino, se desharía de él. Después de eso, todo parecía ir cuesta abajo para Lionel. Su trabajo en casos pasó de seguir a fugitivos a seguir pistas y solicitar información de suscriptores telefónicos. En un caso en el cual él fue quien desarrolló toda la información de la pista para localizar a un fugitivo, cuando llegó el momento de la detención, los otros agentes ni siquiera lo incluyeron a él. Cuando estaba trabajando un caso relacionado con el transporte interestatal de propiedad robada, el supervisor Tyrone Miller le informo que, como tenía antecedentes cubanos, debería hablar español e investigar casos de inmigraciones falsas de "tarjetas verdes".

Lionel se convirtió en un instructor policiaco y de armas de fuego. Él intentó ser parte del equipo SWAT de LA del FBI bajo órdenes de Myron Hitch, pero averiguó que Tyrone Miller le informo que Lionel, que tenía excelentes evaluaciones, era incompetente y no era un buen trabajador. Lionel intentó y quedó entre los cinco primeros, pero Hitch lo rechazó. Postuló para una escuela de tácticas de defensa, pero al ser aceptado, Hitch le impidió ir a Quántico para su entrenamiento. Volvió a postularse para el equipo SWAT con excelentes recomendaciones.

Hitch le dijo que bien podría estar en el equipo SWAT o podría ser un instructor de tácticas de defensa, pero no podía hacer ambas cosas. Esto sorprendió a Lionel, debido a que dos miembros del equipo SWAT no hispanos si las hacían. Posteriormente, Lionel se unió al equipo SWAT y, en preparación para los Juegos Olímpicos de 1984, Hitch le pidió que cubriera algunos eventos, lo que significaba que iba a tomar fotos y obtener información acerca de dónde se hospedarían los atletas. Se negó y le dijo a Hitch que tenía alrededor de cuarenta agentes asignados al equipo SWAT, y que no quería quitarles nada a ellos.

Lionel, que tenía un entrenamiento programado en Quántico, no respondió a un incidente de SWAT que ocurrió un día domingo, ya que debía viajar fuera de la ciudad al día siguiente. Otros miembros tampoco se presentaron. Hitch les dijo a otros agentes que había planeado remover a Lionel para hacer de él un ejemplo por negarse a cubrir eventos. Ron Frigulti, un no-hispano, también se negó a participar en asignaciones. Hitch removió a Lionel, pero no a Frigulti del equipo SWAT, sin que el ASAC Jim Nelson llevara a cabo ningún tipo de revisión.

Luego, George Vinson se convirtió en el coordinador de entrenamiento en Los Ángeles. Cuando Lionel estaba entrenando a policías locales, la secretaria de su escuadra le dijo que se cuidara la espalda, ya que ella había oído a Hitch y Vinson hablando de transferirlo. Poco después, Vinson le dijo a Lionel que necesitaba ver al ASAC debido a informes que decían que Lionel no se estaba llevando con bien con los agentes de policía y que no trabajaba bien en equipo, que tenía una mala actitud, y que, contrario con lo que se podría creer, Myron Hitch no tenía nada que ver con la eliminación de su puesto en el SWAT.

Don Kinder, un instructor de tácticas de defensa, trató de intervenir, pero Vinson le dijo que se callara o él también sufriría. Lionel fue transferido a un equipo de trabajo de la FCI encargado de asuntos del Medio Oriente, y sus compañeros miembros de la escuadra averiguaron que Lionel tenía una "mala chaqueta", lo que significaba que era alguien problemático y poco fiable. Debido a que Kinder vino a la asistencia de Lionel, los agentes también lo evitaban, y Kinder sufrió en sus tareas y pronto se sintió deprimido.

Lionel encontró varias cartas de recomendación que Vinson no incluyó en su archivo personal. La carta de Hitch en la cual lo criticó por no trabajar bien en equipo y causó su expulsión del SWAT tampoco apareció en su archivo. Sin embargo, Lionel tenía copias, las cuales presentó como evidencia ante el tribunal.

En el contrainterrogatorio, Lionel testificó que, cuando trabajó para Don Leighton, estaba impedido de trabajar en labores principales. Leighton le dijo a un miembro del equipo, Greg Hoeschen, que Lionel tenía una "mala chaqueta". De acuerdo a Lionel, otros miembros del SWAT habían faltado a asignaciones, y él debió ausentarse de algunas ya que estaba ocupado proporcionando instrucciones en varias agencias policíacas. Lionel no presentó una queja a la EEO porque creía que los testigos como Don Kinder y los que apoyaban a Mat sufrirían.

Myron Hitch testificó que, en enero de 1985, había preparado un memorándum con una lista de razones para la eliminación de Lionel del equipo SWAT. Los Juegos Olímpicos de 1984 requerían que la FBIHQ hiciera estudios a veinticinco sitios de instalaciones olímpicas. Lionel no participó en esas encuestas ni ayudó, indicando que tenía otras prioridades. Tampoco había respondido a las convocatorias a incidentes. Hitch testificó que jamás se había referido a Lionel como un "cubano simbólico", pero admitió que había usado la palabra "beaner" cuando habló con un compañero agente. Verificó que Frigulti, un miembro del equipo SWAT no hispano, nunca trabajó en sitios o llamadas de socorro, pero se mantuvo en el equipo.

George Vinson testificó que el capitán James Faranato de la Oficina del Sheriff de San Bernardino (SBSO) le dijo que Lionel enseñó una clase de tácticas de defensa y que no estaba contento con un estudiante, y que de ese incidente resultó en que dejara de enseñar en la SBSO.

Vinson recomendó que Lionel fuera transferido a un equipo de investigación porque se presentó tarde a las clases de instrucción policial. Vinson mantuvo que él había remitido todas las cartas de felicitación al supervisor apropiado, pero leyó una carta de felicitación en la corte que de alguna manera no había llegado al archivo de Lionel.

CAPÍTULO 28

ELIZABETH RODRÍGUEZ

Elizabeth "Liz" Rodríguez recibió su licenciatura, B. A. y maestría M.A. en enseñanza de inglés como segundo idioma. Ella entró al FBI bajo el programa de lengua española, sirviendo en las divisiones de Nueva York y Tampa. Una semana después de la llegada a su primera oficina, el FBI la envió a San Juan, Puerto Rico, en una asignación especial. Las normas de viaje permiten que los agentes tengan de treinta hasta noventa días para poner sus asuntos personales en orden cuando llegan a una nueva oficina.

Cuando Liz volvió de su primera asignación en TDY, el FBI la envió a Tampa, donde necesitaban un hispanoparlante. Ella solicitó una prórroga de treinta días, pero el ASAC en Tampa negó su solicitud, ya que quería que ella trabajara un Título III en Orlando. Ella trabajó en Ocala durante setenta y cinco días antes de que se cerrara el Titulo III.

Ya que nunca tuvo la oportunidad de buscar casa, suponía que, una vez que dejara de trabajar en la intervención, comenzaría su tiempo de reubicación. Su supervisor le informó que su tiempo asignado ahora había expirado, y que tendría que buscar una casa en su propio tiempo libre. Durante el año y medio que pasó en Tampa, trabajó todos los casos especiales de habla española, tanto en casa como fuera de la división. Ella no sabía de ningún otro agente de su clase al que se le hubiese negado el tiempo para buscar un lugar para vivir.

El supervisor de Liz la asignó a un caso de fugitivos, pero luego la envió a un caso especial en San Juan. Cuando volvió, la oficina la reasignó a la escuadra contra la delincuencia de cuello blanco.

Alrededor de un mes y medio después de esa asignación, su oficina la envió a otro caso especial y, habiendo recibido pistas que investigar, ella recordó sólo un caso de crimen de cuello blanco que le habían asignado. Mientras estaba en TDY en San Juan, no utilizó su español ya que estaba en vigilancia la mayoría del tiempo. Ella creía que había sido enviada a San Juan por su aspecto y por ser de Puerto Rico.

Cuando Liz recibió su primera evaluación de trabajo en Tampa, su supervisor le dio una calificación de "mínimamente aceptable" en el área de reclutamiento y desarrollo de informantes porque no tenía casos activos ni informantes. Liz respondió que era difícil desarrollar informantes al estar a cargo de TDYs y sin casos asignados. Le pidió a su supervisor que la evaluara en sus asignaciones especiales de TDY, pero él dijo que no tenía otra opción y la calificación no cambiaría.

El reclutador de solicitantes le dijo que las calificaciones se aplican en los mismos elementos para todos los agentes, pero si ella se había ido a especiales, entonces merecía calificaciones en esa categoría. Ella redactó un memorándum y lo envió al SAC en lugar de a su supervisor. El SAC instruyó al supervisor de Liz a que eliminara ese elemento de su evaluación para ese período. Su supervisor entonces le advirtió que ella no debía discutir el asunto con ningún otro agente hispano en la oficina.

Al no tener casos, Liz ayudo a otros agentes y sub-oficinas regionales con entrevistas y vigilancias. Su supervisor parecía molesto cuando su nombre apareció en los informes oficiales de las entrevistas, como FD-302, pero no le asignó ningún caso. Ella testificó que más a menudo trabajaba con agentes femeninos, ya que los agentes masculinos parecían desinteresados en trabajar con agentes mujeres.

En la división de Nueva York, había agentes anglos de habla hispana que nunca habían estado en asignaciones especiales de TDY o Título IIIs de lenguaje. Liz se topó con el mismo grupo de agentes que trabajaban intervenciones de habla española. Tampa consideró a Liz como una agente primeriza de oficina, a pesar de que sirvió en la oficina de Nueva York por seis meses.

En el noveno día del juicio, Richard Ross, un ex ASAC en Tampa, testificó que la asignación de un agente experimentado como Liz a su llegada a Tampa por veinte días habría sido una política estándar. Ross dijo que, como había asignado a Liz a una intervención de comunicación telefónica, su período de entrenamiento había comenzado después de completar tal asignación, pero no podía recordar si la había asignado a algún agente luego de ello.

Ross estaba de acuerdo en que todos los agentes debían tener derecho a una licencia administrativa para propósitos de buscar casa, y él no sabía por qué su oficina le negó a Liz este derecho y le exigió tomar sus vacaciones anuales para encontrar vivienda en Tampa.

Hubo un tiempo en que los supervisores llamaban a la FBIHQ y hacían todo lo posible para defender los derechos de su personal. Si la FBIHQ negaba una solicitud, entonces el supervisor podía "arreglar" o proporcionar un "arreglo" para la situación. El dicho era "no hay daño, no hay falta." Las tropas venían primero. Parecía que hubo mezquindad e insensibilidad en la falta de voluntad para concederle a Liz la licencia administrativa que necesitaba para la búsqueda de su casa.

CAPÍTULO 29

FEDERICO VILLALOBOS

Federico "Fred" Villalobos, nacido y criado en Kenosha, Wisconsin, consiguió trabajo como oficial en la Oficina de Aduanas y Protección Fronteriza de Estados Unidos el 1 de febrero de 1987. Se desempeñó como oficial de policía y al mismo tiempo se recibió con un título de justicia criminal. Ingresó por primera vez al FBI el 19 de mayo de 1975, antes de ir a Miami, y a continuación, a la oficina de Nueva York, donde permaneció hasta su partida en 1987. Fred pasó trece años como agente del FBI y recibió evaluaciones sobresalientes. Fracasó en el examen de idiomas a su entrada, pero en 1978, el FBI le ordenó tomar otra prueba de lengua española. Él recibió órdenes de presentarse a una asignación en TDY en Peoria, Illinois, para un Título III. Fred tomó una supuesta "prueba" de tres minutos, después de la cual el FBI le informó que ahora tenía fluidez en el idioma, estaba certificado y ya podía comenzar a trabajar. Las necesidades del "Circuito Taco" estaban llamando.

El apodo "Circuito Taco" hacía referencia a cuando el FBI desproporcionalmente asignaba agentes hispanos en comparación a anglos de habla hispana a tareas temporales, lo cual afectaba sus casos y logros estadísticos. Fred trabajó en más de dos docenas de "especiales", que tenían una duración de treinta a noventa días cada una, por dos años consecutivos mientras estuvo en el FBI. La frustración de Fred con el FBI se incrementó, ya que no podía ascender en los niveles de agente para lograr un puesto administrativo; inclusive tuvo problemas tratando de recibir una transferencia fuera de la ciudad de Nueva York.

Cuando los agentes anglos-hispanoparlantes querían retirar sus nombres de la lista de agentes que hablaban español, sólo tenían que pedirlo e inmediato su compromiso con las tareas de habla hispana se daba por finalizado. Esa política no se aplicaba a Fred ni a los demás agentes de apellido hispano. Cuando Fred llegó a Miami, todos los agentes de habla hispana, o agentes con apellidos hispanos, terminaron en un escuadrón conocido en la oficina como el "Escuadrón Tamal." Fred no pudo salir de este escuadrón durante los tres años que estuvo en Miami. Testificó que sólo un agente femenino de ascendencia mexicana, Alice, cuyo apellido de casada era Days, no fue asignada a las especiales de habla hispana.

El FBI nunca hizo un buen trabajo identificando y utilizando a todos los hablantes de español que tenían apellidos no hispanos, y esto forzó a que los agentes que sí llevaban apellidos hispanos tuvieran que sobrellevar una gran carga. Fred contó una historia sobre el agente Don Valdez, que fue transferido a Newark porque la administración del FBI asumió, por su apellido, que hablaba español. Sin embargo, cuando le informó a la FBIHQ que no era así, mantuvieron activa su orden de transferencia. Cuando Don llegó, el supervisor de Newark descubrió que quien llegó no era un agente de habla hispana, sino un filipino.

Aunque Fred se desempeñó como supervisor asistente principal para el "Escuadrón Tamal", nunca tuvo acceso al proceso de MAP para asesoramiento. Fred solicitó un puesto como asistente del agregado legal en la Ciudad de México, pero nuevamente fue rechazado. Una vez, un funcionario de la FBIHQ lo entrevistó para una crucial y profunda misión encubierta en un país extranjero no identificado y también le informó que se preparara para una transferencia inmediata. Sin embargo, esto nunca sucedió.

Fred testificó que ser un hispanoparlante fue perjudicial para su carrera profesional: «Fue difícil renunciar al FBI, ya que hay un cierto prestigio al ser un miembro de lo que se considera la fuerza de seguridad número uno en este país. El FBI tiene una reputación alta en todo el mundo. Por lo tanto, fue una decisión muy difícil de tomar. Pero, no me arrepiento de ello». Fred aceptó una reducción en su grado para poder trabajar en un entorno más agradable en el

Servicio de Aduanas de los Estados Unidos, una organización que siempre lo trató con respeto y dignidad, no con hostilidad como en la que había trabajado previamente.

La Sra. Gulyassy redactó un documento del Departamento de Policía de Kenosha para contrarrestar el testimonio de que a Fred le faltaban capacidades para hablar español. El documento indicaba que Fred "a menudo" oficiaba como intérprete. Dado que ningún otro hispanoparlante trabajaba para la Policía de Kenosha, sería difícil o imposible que alguien evaluara y asesorara el nivel y habilidad del español hablado ahí. Fred explicó que tal vez los hispanoparlantes lo podrían considerar competente en algunas áreas, pero no en otras. Agregó que no pasó el examen de español durante la admisión y que se esforzó para pasarlo ya que tenía muchas ganas de ser un agente del FBI.

Fred aceptó una reducción en su grado para dejar una organización que no le ofreció oportunidad alguna para ser promovido, y le dejó malos recuerdos por su tiempo pasado en el "Circuito Taco" y el "Escuadrón Tamal". Una vez que encontró apoyo en el departamento de Aduanas de Estados Unidos, se liberó de los T-III.

CAPÍTULO 30

GILBERT MIRELES

G ilbert "Gil" Mireles, graduado de la Universidad Estatal de Nuevo México con una licenciatura en Ciencias (B.A.), ingresó al FBI el 16 de octubre de 1972. En su primera oficina, en San Diego, trabajó en casos de fugitivos y sobornos. Un caso especial de sobornos involucraba la corrupción de los funcionarios públicos a lo largo de la frontera con México. Durante su asignación en San Diego, recibió órdenes de transferencia en dos ocasiones, sin embargo, su ASAC las canceló. Al final del caso especial de corrupción, se trasladó a San Juan, Puerto Rico, donde trabajó en casos de bombardeos y terrorismo. Ofició en San Juan durante dos años antes de ser transferido a Miami en 1977, donde trabajó en delitos de cuello blanco y contrainteligencia extranjera. Se desempeñó como supervisor durante tres meses en un nuevo equipo de contrainteligencia extranjera, y luego como el supervisor suplente principal.

Gil se ofreció como voluntario para una misión encubierta en San Antonio, Texas, que se prolongó durante dos años, pero tardó más de un año en finalizar los trámites para su asignación oficial. El supervisor Joe Gannon le informó que el otro agente no hispano trabajando como encubierto recibió sus órdenes dentro de un mes. Gil no recibió el entrenamiento ni la evaluación psicológica indicada en las políticas del FBI antes de su misión encubierta en San Antonio. Nadie supervisó sus actividades encubiertas, ni nadie se presentó para proveerle asesoramiento para su reingreso a su trabajo normal.

Asistió al MAP I en 1981, donde tuvo una deficiencia. No recibió ninguna ayuda para corregirla, y la consideraba incompatible con sus evaluaciones y reconocimientos de desempeño, los cuales declaraban que poseía una capacidad ejemplar como administrador.

Gil no recibió entrenamiento previo a sus asignaciones de Contrainteligencia Extranjera (FCI). El entrenamiento de FCI es crítico, ya que los agentes se enfrentan a profesionales de otros países cuya misión es subvertir a nuestro gobierno, lo cual merece investigaciones profesionales y profundas. Jim Freeman le proporcionó alrededor de cinco minutos de entrenamiento como supervisor suplente enseñándole dónde firmar teletipos y airtels. El SAC le dijo que él era uno de los dos agentes en consideración para ser el próximo supervisor de FCI, pero Gil no consiguió el ascenso. Postuló a otros puestos, pero nunca tuvo éxito. Gil se dio cuenta de que había otros agentes anglos que habían sido admitidos en el Programa de Desarrollo Profesional (CDP) pocos meses antes del anuncio de las posiciones, las cuales habían obtenido sin nunca haber actuado como supervisores principales o asistentes.

En 1987, el ASAC Julián De la Rosa, que había estado en el FBI por veinticinco años, le preguntó a Gil en tres ocasiones si quería convertirse en un asesor de la EEO. Gil rechazó la proposición por temor a las repercusiones que pudiera haber más adelante. De La Rosa convenció a Gil que él era el tipo de persona que la EEO necesitaba: un tipo concienzudo y serio, alguien en quien los empleados podían confiar sus temores. Halagado, Gil aceptó y asistió a una capacitación de la EEO de tres días. La semana siguiente, el SAC John W. "Bill" Dalseg de San Antonio llamó a Gil a su despacho. Mel Jeter, jefe del programa de la EEO, quería que un agente mexicano-estadounidense con experiencia viajara a El Paso por un asunto del FBI. Jeter le dio la autorización a Gil para viajar a El Paso para conducir la entrevista, pero le prohibió entrevistar a otros individuos y viajar a cualquier lugar que no fuese El Paso. Posteriormente, Gil se enteró que iba a entrevistar al ASAC Mat Pérez, de El Paso.

Gil nunca se había encontrado con Mat hasta que llegó a El Paso. Le dijo que estaba allí para aconsejarlo con respecto a su queja de la EEO. Mat, sabiendo que el FBI tomaba represalias contra los consejeros afines a las víctimas de la EEO, le dijo: «Lamento lo que esto va a hacerle a tu carrera». Luego, Mat le preguntó a Gil cuál de sus quejas planeaba investigar. Gil llamo a Jeter y le preguntó qué quejas debía discutir con Mat, y Jeter le dijo que las investigara todas.

Más tarde, cuando Dalseg se preparaba para ser transferido de San Antonio a Savannah, éste le dijo a Gil que, si hubiera sabido de antemano que Mat Pérez, un GS-16, era el demandante en el caso de la EEO en El Paso, le hubiera impedido a Gil que se involucrara. Mat y Gil pasaron todo el primer día discutiendo una sola queja. Al día siguiente, continuaron con la segunda, no pudiendo concluir ya que ambos tenían problemas de agenda. Acordaron reunirse de nuevo otro día, cuando ambos tuvieran horarios abiertos para analizar la tercera.

Cuando Gil volvió a San Antonio, el ASAC Dodge Frederick lo asignó a un puesto temporal como oyente de un T-III en McAllen. Gil lo consideró extraño, porque tanto en Miami como en San Antonio, cuando él había solicitado asignaciones en TDY, la administración le había informado que él no era prescindible. Le informó a Frederick de la investigación pendiente de la EEO y que ésta tenía plazos estipulados. Frederick, sin preocuparse de los plazos de la investigación de la EEO, le ordenó con severidad que se reportara al Título III.

Más tarde, Frederick vio a Gil en su escritorio, mientras éste estaba hablando por teléfono con un informante en español. Frederick le dejó una nota que decía que quería verlo después de la conversación telefónica. Cuando Gil se reportó a su oficina, Frederick le indicó que iba a poner un cartel como el que tenía en su oficina de supervisión en Los Ángeles, en donde sólo tenía hablantes de español en su escuadrón. El cartel decía "Aquí No Se Habla Español, Cabrón". Frederick repitió la frase. Gil le explico a

Frederick, que no apreciaba sus comentarios mientras le explicaba que la palabra cabrón significa "hijo de puta". Gil le dijo a Frederick que estaría feliz de cumplir con sus deseos y no hablar español en el trabajo, por tanto, no habría ninguna necesidad de ir a McAllen por el Titulo III.

A partir de ese momento, Frederick y sus secuaces en la oficina etiquetaron a Gil como "un mexicano amargado" por orientar a Mat y por ser arrogante. Frederick le informó a Gil que, como su supervisor, tenía derecho a saber cuáles eran las quejas que Mat pensaba desarrollar su queja de la EEO. Gil se negó a informarle. Él observó la animosidad de Frederick hacia Mat. Frederick incluso tuvo la audacia de llamar a Mat y preguntarle acerca de las quejas de su caso de la EEO. Mat le dijo a Frederick que estaba familiarizado con la política de la EEO y le sugirió que no interfiriera. Frederick le dijo a Gil: «Supongo que tienes que ir a El Paso, y supongo que ahora voy a ser objeto de una queja de la EEO porque Pérez dirá que yo intervine».

Mike Appleby hizo circular una petición en la oficina para los interventores judiciales, (agentes que intentaron impedir la divulgación de registros de personal del FBI a través del descubrimiento judicial). También les pidió a los agentes que firmaran el documento. Gil se negó a hacerlo. Appleby se oponía al juicio, pero creía que los hispanos podían ganar, aunque no por causa de alguna discriminación contra los mexicanos. En ese punto, se negó a dar más detalles. Appleby dijo que los agentes hispanos avergonzaron al FBI debido a su asociación con grupos como la Liga de Ciudadanos Latinoamericanos Unidos (LULAC), que él comparaba con el Partido Pantera Negra.

Después de su deposición, Gil tuvo una acalorada discusión con Appleby, porque exigió saber lo que Gil había dicho sobre él. Gil explicó:

«Así que, le dije que levanté mi mano derecha y juré decir la verdad, y eso es lo que hice. Le atribuí un comentario despectivo, cuando dijo que incluso los monos podían hacer lo que yo estaba haciendo en mis trabajos encubiertos». Appleby dijo que lo sabía porque la FBIHQ le había dicho. Él dijo, «No me gustó que mencionaras mi nombre en esta audiencia de la EEO. Tú me has conocido hace mucho tiempo; sabes que no discrimino». Gil añadió: «Estábamos discutiendo, y el utilizó muchos adjetivos obscenos que no debería repetir aquí».

En los dieciséis años de servicio de Gil, comúnmente escuchaba referencias despectivas hacia los hispanos. Oyó al SAC Dalseg referirse a los agentes hispanos como "mexicanos putos". También oyó al ASAC Dodge Frederick hacer bromas sobre los mexicanos, hasta el punto en que un empleado le dijo que: «Ya las bromas son obsoletas y están cansando». Dalseg solía decir a su ASAC hispano: «Trae tu culo mexicano acá».

Gene O'Leary era el supervisor inmediato de Gil. Gene le pidió a éste que se viniera a su escuadra debido a su historial de trabajo; veía a Gil como un buen elemento. Gil testificó, mediante una declaración verbal hecha ante un juez, que cuando él y otros agentes hispanos regresaron de sus deposiciones y presentaron sus vales de reembolso por viajes: «Él (Gene) los hizo pedazos, y nos ordenó reenviarlos a la FBIHQ porque iban a ser manejados de manera diferente». Gil vio esto como una represalia, porque la FBIHQ tenía previsto procesar los vales fuera de los canales normales y crear retrasos.

En el contrainterrogatorio, la señora Simon presentó la última evaluación sobre el desempeño de Gil, la cual fue negativa debido a que no tenía informantes. Gil y su supervisor discutieron su desempeño dos meses antes de la evaluación, y O'Leary le dijo que iba a obtener una calificación superior si él reclutaba un informante antes de la calificación programada. Gil volvió a abrir un caso de informante productivo, al cual O'Leary había aceptado con su firma y enviado el papeleo correspondiente a la FBIHQ para su aprobación. Sin embargo, en la evaluación, Gil no obtuvo una calificación superior por ese elemento.

Gil señaló que, en sus dieciséis años de experiencia, había visto cómo algunos agentes no tenían que postularse para un puesto específico porque tenían un "gancho". Antes del juicio, Mickey Drake recibió un ascenso a GS -14 desde la División de San Antonio. Drake le dijo a Gil que nunca había solicitado la posición, sino que recibió una llamada inesperada de la FBIHQ.

Gil nunca presentó una denuncia a la EEO por sí mismo ya que vio la injusticia y la ineptitud inherente en la forma en que el FBI investigaba dichas quejas, sobre todo en el caso del asesor de la EEO Arnie Gerardo. O'Leary le dijo a Gil: «El único error que Arnie cometió en la oficina fue involucrarse con Mat Pérez», añadiendo que el problema de Arnie era insignificante y ciertamente no merecía la degradación de un puesto de supervisión. Gil le dijo a O'Leary que los agentes y personal de apoyo tenían miedo de involucrarse en el proceso de la EEO. La última pregunta de la señora Simon fue: «Pero ellos no han sufrido nada porque no han presentado nada, ¿verdad?».

CAPÍTULO 31

J. ANTONIO FALCÓN, JR.

J. Antonio "Tony" Falcón, nacido y criado en Puerto Rico, asistió a la Universidad de Puerto Rico, donde se especializó en contabilidad y finanzas. Se unió al FBI el 12 de enero de 1976, y sirvió en San Juan hasta 1982, trabajando en una variedad de casos. Se trasladó a San Diego, donde fue miembro del equipo SWAT, instructor principal de armas de fuego y agente de enlace principal con México. Tony trabajó en casos de derechos civiles y de prófugos y en todos los casos más importantes que tenían que ver con sujetos hispanoparlantes. Era el líder del SWAT, pero siempre debía quedarse más tiempo después de las operaciones si se requerían entrevistas en español.

Tony recibió la cinta de video creada por los demandantes. Dicho video contenía un preámbulo con uno de los abogados, el cual hacía alusión al privilegio entre abogado y cliente. Él compartió el video con otros agentes hispanos. Tony descubrió que después de haber facilitado una copia al agente Ronald Orrantia, éste aparentemente había dado la cinta de vídeo al SAC Tom Kuker o al ASAC Tom Hughes. Uno de ellos hizo una copia de la cinta y la envió a Ed Sharp, Jefe de División de Servicios Administrativos.

En este punto, durante el testimonio de Tony, la señora Simon se opuso a las preguntas que conducían a la audiencia de la intervención, en la que un grupo de agentes y la Asociación de Agentes del FBI (FBIAA) habían tratado de bloquear archivos de personal para el proceso de descubrimiento. Ella declaró que la intervención no tenía nada que ver con los méritos de la queja de Título VII. Luego de esto, Hugo se dirigió a la corte:

RODRIQUEZ: «Su Señoría, el esfuerzo de la intervención fue instigado en Washington, DC, en la División de Servicios Administrativos, después de que el director Sessions le dijo a cada agente del FBI que no apelarían a su decisión sobre la liberación de registros. Luego de esto, todo fue instigado en Washington, DC a través del Sr. Hughes y el Sr. Kuker. Ellos le pidieron a la División de Servicios Administrativos que llevasen a cabo investigaciones sobre todos los miembros demandantes y nosotros. Esto fue hecho en represalia y venganza, para estigmatizar a estas personas y para involucrarnos en un tema colateral sólo por causa de origen étnico. Indicaremos eso a la corte».

SIMON: «Su Señoría, el Sr. Rodríguez ha estado haciendo estas mismas denuncias por varios meses. Él no ha presentado ninguna prueba. Vamos a solicitar un acuerdo antes de seguir adelante con esta línea de preguntas y quedarnos aquí más tiempo».

RODRIQUEZ: «Su Señoría, no hay nada en las reglas que indique que debo aceptar una oferta. Se trata de represalia y venganza por etnicidad».

LA CORTE: «Voy a anular. Ya revisé esa intervención una vez. No quiero perder más tiempo nuevamente con ella».

RODRIQUEZ: «No nos concierne el tema de la intervención, Su Señoría. Nos preocupa cómo la intervención originó y cómo ha afectado sus vidas».

Tony testificó que, en abril de 1987, Kuker y Hughes se reunieron con todos los agentes de San Diego para informarles acerca de la demanda colectiva por parte de los agentes hispanos y afirmar que datos privados, tal como direcciones y domicilios e historiales de archivos personales, indudablemente se convertirían en información pública. Sostuvieron que la Unión Soviética y cualquier otro país hostil o grupo criminal sometidos a investigación por parte de los agentes tendrían acceso a esta información. Ningún agente deseaba que tal información fuese proporcionada al público o a grupos terroristas como Los Macheteros, un violento grupo terrorista puertorriqueño involucrado en bombardeos y asesinatos.

Tanto Kuker como Hughes le preguntaron a Tony si estaba interesado en hablar a favor de la intervención judicial por parte de los demandantes para bloquear las solicitudes de descubrimiento de éstos. Tony, y muchos otros, no sabían que el juez había emitido una orden de protección para los archivos del personal de agentes del FBI y los detalles necesarios para proteger los archivos proporcionados a los abogados de los demandantes. Los agentes firmaron y circularon la intervención en la oficina durante horas laborales. En su pánico, los desconfiados agentes no entendieron que los agentes hispanos, sus abogados, y la corte tenían autorizaciones de seguridad del más alto nivel.

El FBI, a expensas del gobierno, autorizó que Tony y los otros agentes viajaran a El Paso a declarar para los interventores judiciales. Más tarde, el FBI informó a Tony que tendría que reembolsar al gobierno de Estados Unidos por ese viaje, a pesar de que había recibido una autorización previa tanto por parte de su SAC como de su ASAC. Hughes le dijo a Tony que la FBIHQ había examinado la intervención y había anulado los viajes a expensas del gobierno. Tony y todos los demás que habían viajado a El Paso recibieron reembolsos de la Asociación de Agentes del FBI (FBIAA), la cual había establecido un fondo fiduciario para la intervención en contra de la demanda colectiva. Tony, a pesar de ser un miembro de la demanda colectiva, fue a la intervención porque la administración le pidió que fuera, y no quería contradecir sus instrucciones.

Fundada en abril de 1981 y en respuesta al creciente reconocimiento de que la administración del FBI no había apoyado a los agentes y los había castigado, la FBIAA unió a los agentes para proteger y promover sus intereses y profesiones a través de la lógica y argumentos convincentes. Irónicamente, su propósito, misión, lógica y argumentos desaparecieron cuando la desorientada FBIAA no apoyó a los agentes hispanos e hizo su primer error registrado al ponerse del lado de la administración.

El EAD John Glover declaró que había revisado la cinta de video enviada a la FBIHQ, a pesar de su preámbulo y etiqueta de privilegio abogado-cliente. Dijo que la había revisado de todos modos para determinar el contenido de la cinta y decidir qué acción tomar.

Los agentes que no eran demandantes creían que una intervención era necesaria para prevenir la posible injusticia creada por la difusión de sus datos personales, lo que permitiría que tal información cayese en manos equivocadas. Ellos querían restringir el suministro de información privilegiada a los demandantes, y tenían la intención de interponer un reclamo por los gastos relacionados. Los agentes hispanos habían invertido su propio dinero en los gastos del pleito sin expectativas de que fueran reembolsados, pero lo gastaron por los principios en los que ellos creían —hacer un FBI más fuerte y justo.

Los agentes que hacen el juramento del FBI son ciudadanos respetables que entienden y apoyan los conceptos y responsabilidades en las que están a punto de embarcarse. El juramento del FBI también implica que se es parte de un equipo — una manada — y qué mejor equipo al cual unirse que una agencia federal responsable del dogma de las leyes federales y la credibilidad de la Constitución de los Estados Unidos. Sin embargo, el juramento no es implícito, sino explícito, cuando quien jura "sin reserva mental o propósito de evasión" afirma no cometer ninguna desviación de la constitución o de las leyes de los Estados Unidos, incluso hasta el punto de ser independiente del resto de la manada si se aleja de los postulados de la Constitución de nuestro país. Todo material marcado e identificado como privilegio abogado-cliente, según la ley estadounidense, es merecedor de respeto y de su propio debido proceso — ningún oficial jurado debe deshonrar y violar la santidad del juramento hecho de defender la ley a toda costa. No había ninguna causa noble involucrada en la falta de respeto de la confidencialidad del privilegio abogado-cliente, teniendo en cuenta que el abogado José Silva afirmó en la cinta de vídeo que el FBI, a su debido tiempo, podría revisar tal material a través del descubrimiento legal. El público americano merece una ética inquebrantable por parte de sus oficiales que hacen un juramento.

CAPÍTULO 32

LOUIS EDWARD BARRAGÁN

Louis Barragán obtuvo un B.B.A. en la Universidad de Texas en El Paso y sirvió como oficial del Departamento de Policía de esa localidad durante cuatro años antes de trabajar para la Patrulla Fronteriza como agente durante siete años. Se unió al FBI en 1985 y se trasladó a Tampa después de graduarse de la academia.

Louis optó por no ser un demandante porque pensó que la discriminación que él había atestiguado no llegaba al nivel de las experiencias de discriminación que había oído de otros hispanos. Entre la certificación y antes del juicio, cambió de opinión y se unió a la demanda, ya que recibió terribles insultos étnicos y raciales, cuando otros agentes le decían a él y a otros "spic", "flojo spic", "mexicano sucio," "mexicano perezoso y "espalda mojada", entre otros epítetos.

Louis había completado entre sesenta a ochenta horas de entrenamiento en el área de Igualdad de Oportunidades en el Empleo (EEO) cuando estaba con la Patrulla Fronteriza y sabía cómo identificar la discriminación. Declaró: "Doy fe de que lo que me ocurrió fue, exactamente, racismo étnico». No fue fácil para él unirse a la demanda y declarar. Louis aún tenía toda su carrera por delante, y muchas esperanzas en el FBI.

Louis decidió trabajar para el FBI porque pensó que se trataba de un grupo de profesionales de elite. Ahora, no sabía hacia donde se dirigiría su carrera a raíz de su testimonio. Nunca había esperado este tipo de actitudes racistas de un grupo de supuestos profesionales, tales como los del FBI. Louis esperaba encontrar profesionales capacitados con un alto nivel de decoro en el lugar de trabajo. Bajo ningún motivo esperaba lo que iba a encontrar.

Louis no reportó los insultos que escuchó de otros agentes del FBI y nunca presentó una denuncia. La Patrulla Fronteriza exige entre sesenta a ochenta horas de entrenamiento en Igualdad de Oportunidades en el Empleo para todos sus agentes, con el objetivo de ayudarles en la comprensión de las interacciones laborales y en el trato con los trabajadores indocumentados. Esta cantidad de entrenamiento de EEO no debería haber parecido como excesiva al FBI después de tantos incidentes documentados de agentes que cruzaban ilegalmente la frontera hacia la calumnia. Taparse los oídos no era la solución.

CAPÍTULO 33

GREGORIO RODRÍGUEZ

Greg Rodríguez se graduó de la Universidad Panamericana en 1968 y recibió un título de Maestría en Educación de la Universidad de Western Illinois. Fue profesor en el Colegio Highland Community en Freeport, Illinois. Greg ingresó al FBI en 1974, sirviendo en la división de Chicago, una de las doce oficinas de más alto prestigio. Greg fue transferido a San Juan, sirviendo allí de enero de 1978 a diciembre de 1980. Se trasladó de nuevo a Chicago por siete años antes de su traslado a San Antonio en marzo de 1987 para una asignación encubierta.

En su asignación a San Juan, Greg trabajó en la oficina regional de Ponce, situada unas cincuenta millas al sur de San Juan. Greg solicitó el traslado a un área regional en Texas para estar cerca de su suegra, pero la FBIHQ se lo negó. Unos dieciocho meses después de su asignación a Puerto Rico, Greg le informo al SAC John J. Hinchcliffe que quería permanecer más de lo que indicaba su contrato de dos años ya que disfrutaba su trabajo, le gustaba su calidad de vida, la práctica del golf y se había hecho amigo de Chi Chi Rodríguez. Hinchcliffe le informó que tenía previsto cerrar la oficina de Ponce y transferirlo de nuevo a la división de San Juan. Greg decidió que, si él tenía que vender su casa en Ponce y mudarse, sería mejor no optar por extender su asignación en San Juan. Hinchcliffe le dijo: «Bueno, simplemente no me vengas llorando cuando no obtengas lo que deseas». Greg quería ir a Nueva York o Miami si no podía conseguir su oficina de preferencia, la cual era San Antonio.

Cuando Greg recibió su carta de transferencia, el SAC le dijo: «No te va a gustar lo que te dieron». Greg pensó que su traslado de regreso a Chicago y su asignación previa a Puerto Rico eran injustas porque a otros agentes anglos no los hicieron regresar a las oficinas previas a San Juan y especialmente a una de las doce oficinas más grandes. Viviendas similares a la que él había vendido en Chicago por $52,000 ahora se vendían por alrededor de $90,000. Escribió una carta al director Webster solicitando una reconsideración. El Director Asistente Richard Long le dijo que su traslado de regreso a Chicago era debido a su experiencia y lo que necesitaba el FBI para investigar a las Fuerzas Armadas de Liberación Nacional (FALN), una organización terrorista. Sin embargo, la FBIHQ y la División de Chicago no coordinaron sus respuestas, ya que Greg recibió una carta del SAC de Chicago, James O. Ingram, dándole la bienvenida a su nueva asignación en casos de robos de vehículos. Greg sospechaba que Hinchcliffe había hecho algo maquiavélico en represalia por su transferencia.

A su regreso a Chicago, Greg pronto desarrolló un caso de drogas provenientes de Colombia a raíz de una intervención telefónica de treinta y ocho días. Su investigación dio como resultado la condena de dieciséis responsables, la incautación de noventa libras de cocaína y la recuperación de más de un millón de dólares en activos. Parecía como si el futuro de Greg incluiría una carta de elogio con un premio de incentivo —supo que el fiscal (AUSA) recibió $1,800 dólares después del juicio— pero Greg no recibió nada. Él también vio como otros agentes recibieron grandes premios como incentivos relacionados en casos con resultados estadísticos de menor importancia, mientras que él sólo recibió muchos elogios y fue toda una noticia en Chicago.

Greg fue transferido a San Antonio para trabajar en una misión encubierta durante la cual se vio involucrado en un accidente automovilístico. Al llamar al agente encargado del caso, recibió instrucciones de utilizar su licencia de conducir encubierta. En el momento del accidente, Greg acababa de recoger a su esposa de un consultorio médico. Ella le había comunicado que había recibido tratamientos médicos con instrucciones de no conducir, por lo tanto, no tenía manera de transportarse a su casa. Greg consideró que esto era una emergencia. De manera estrictamente confidencial, Greg informó al policía atendiendo el accidente que estaba trabajando en una misión encubierta y que su esposa no tenía identificación de este tipo.

Cinco meses después, el FBI le impuso una suspensión de treinta días sin sueldo. Mientras tanto, un agente novato llamado Jim Fogel, de la división de San Antonio, se estrelló un sábado por la noche mientras conducía un vehículo de alquiler del FBI, un coche deportivo Nissan 300ZX. Su esposa también iba en el vehículo. Fogel afirmó que se dirigían a la gasolinera la noche del sábado, aunque el vehículo de alquiler no tenía que ser devuelto a la agencia hasta el lunes. Fogel causó $18,500 dólares por daños al coche. El accidente de Greg ocurrió a última hora el viernes por la tarde. Greg presentó su reporte cuando recibió el informe de la policía. A pesar de las similitudes entre ambos accidentes, el agente Fogel sólo recibió una carta de censura.

Cuando Greg volvió de su deposición por el juicio en El Paso, la política de pago de la división de San Antonio para vales inferiores a $500 fue modificada abruptamente. Su vale de $300 dólares, así como de otros agentes hispanos, se fueron a la FBIHQ y, con este cambio, se requería de tres a cuatro meses para procesar sus pagos antes de que recibieran sus reembolsos correspondientes a gastos.

Jerry Donahoe, Jefe de la Unidad de Sumario Administrativo (ASU), presentó su declaración tres días después de Greg y afirmó que el estatuto de Título 31 confirmaba la restricción de un coche perteneciente a o rentado por el gobierno estrictamente para uso oficial. Dijo que el agente Fogel no había incurrido en una violación de la política del Título 31, pero que Greg Rodríguez sí lo había hecho.

RODRIGUEZ: «El Sr. Greg Rodríguez se encontraba encubierto, ¿no?».

DONAHOE: «Sí».

RODRIGUEZ: «El Sr. Fogel estaba fuera de servicio un sábado por la noche a las 19:30 con su esposa, ¿verdad?».

DONAHOE: «Estaba con su esposa. No recuerdo la hora».

LA CORTE: «Entonces, que el expediente refleje que es mejor salir a las 7:30 p.m. un sábado por la noche con su esposa que con la mujer de otro».

RODRIGUEZ: «Debido a que el SAC dijo que decidió salir para llenar el coche de gasolina es la razón por la cual decidió no sancionarlo, ¿correcto?».

DONAHOE: «No, porque esa fue su declaración y le creímos».

RODRIGUEZ: «¿Y no había recibos de gasolina indicando que había llenado el estanque, correcto?».

DONAHOE: «Creo que sí los había».

RODRIGUEZ: «Posteriormente al accidente, ¿correcto?».

Greg no tenía derecho a una apelación externa, ya que no era un veterano militar con derecho a una audiencia del MSPB. Las peticiones de acciones adversas contra un agente de la Unidad de Sumario Administrativo son internas. Los registros reflejan que el MSPB regularmente reversaba las decisiones del FBI.

CAPÍTULO 34

JAMES GARAY

James "Jim" Garay, nacido en Los Ángeles y criado en el Valle de Hatch en Nuevo México, obtuvo su licenciatura en contabilidad en la Universidad de Western New México en Silver City. Después de terminar el servicio militar, ingresó al FBI y sirvió en San Diego, San Juan y Albuquerque. Jim sirvió como asesor de la EEO, pero decidió abandonarla porque pensaba que el proceso de la EEO era una farsa en la que el FBI se mostraba incapaz de investigarse a sí mismo. Se desempeñó como representante para los medios de comunicación e interactuaba con la televisión, la radio, los periódicos y los periodistas. También se desempeñó como copiloto de la oficina del FBI en la oficina de Albuquerque y facilitó apoyo aéreo.

Estando en San Diego, asignado a la escuadra de contabilidad, su supervisor le dijo que completara un curso de contabilidad por correspondencia. Lo hizo, pero Jim parafraseó lo que la FBIHQ dijo: «Esencialmente usted ya no es un contador, sólo un hispanoparlante». Jim, quien tenía un título universitario de cuatro años y dos años de experiencia en contabilidad, no conocía a ningún otro hispano al que se le hubiera permitido ingresar al FBI con un título de dos años. Sin embargo, el FBI a menudo reclutaba a contadores anglosajones que tenían grados asociados de dos años y la misma cantidad de experiencia laboral.

Jim era uno de los demandantes que participaron en la presentación de la cinta de video que asesoró a los agentes en cuanto a la Organización de la demanda en el otoño de 1987. En 1988, apareció en la corte de la jueza Ruesch a testificar para la ratificación de dicha demanda. Esto causó que sus evaluaciones de desempeño se fueran derrumbando lentamente.

Jim se convirtió en piloto a sus propias expensas y nunca solicitó el reembolso del FBI. Creía que la dirección superior instruyó al ASAC Leroy M. Teitsworth y al supervisor Patrick McCormick a la remoción de Jim de su posición de representante de prensa, de copiloto y coordinador de solicitantes, pero la dirección nunca lo removió de sus funciones de habla hispana, intervenciones electrónicas ni asignaciones especiales en TDY.

Durante una prueba con armas de fuego, McCormick se apresuró al blanco de puntuación de Jim cuando éste terminó de disparar para asegurarse que no había hecho trampa, esperando que no calificara. Sólo instructores de armas de fuego habían registrado la puntuación de Jim. Él sintió que esta acción era una ofensa personal a su integridad, iniciada por su participación de la demanda.

Después de unirse a la demanda, Jim comentó: «De repente me convertí en un indeseable. Los inspectores estaban detrás de mí, mi supervisor estaba detrás de mí y me entregaron una calificación desfavorable. Me pusieron en DR's [informes diarios] donde cada quince minutos debía dar cuenta de lo que hacía en mi día laboral». Su última evaluación de desempeño mostró una calificación inaceptable.

Jim recibió un importante informe de deficiencia tras la inspección de la oficina de Albuquerque en 1986. La administración lo censuró y lo puso en un periodo de prueba. Teitsworth lo alejó del periodo de prueba después de ser reevaluado, pero lo regañó por informes retrasados y la falta de administración en sus deberes. Teitsworth calificó a Jim como mínimamente aceptable, pero más tarde lo rebajó a inaceptable y lo colocó en los informes diarios. Jim consideró que esto era en venganza, ya que Teitsworth bien sabía que Jim había participado en la demanda colectiva.

Teitsworth declaró que no era un miembro de la demanda colectiva, pero la base de datos PINS del FBI lo incluía como un agente hispano. Nunca tomó un examen de español y, aunque hablaba esa lengua, admitió que nunca había trabajado en asignaciones de habla hispana. Él no sabía si su apellido tenía algo que ver con ello. Teitsworth testificó que no recordaba haberle dicho a Joe Hisquierdo que no quería que el FBI supiera que era un hispano que hablaba español.

Hugo le pidió a Teitsworth que leyera un documento probatorio:

«En marzo de 1987, el agente especial supervisor Stuart Senneff se jubiló, y le dio a Armand Lara la responsabilidad de supervisor suplente mientras esperaban al nuevo supervisor. El SAC William Brannon indicó que tanto el ex supervisor Senneff como el SA Lara le habían informado que el SA Garay tenía un buen desempeño, reconocía actividades deficientes y trabajaba noches y fines de semana para cumplir con los plazos que le habían asignado. El SA Lara confirmó que el SA Garay estaba cumpliendo adecuadamente con sus funciones. El 12 de mayo de 1987, el SSA Teitsworth llegó a la División de Albuquerque y asumió la responsabilidad de supervisión para la escuadra 4. El 15 de junio de 1987, la responsabilidad de la investigación de delitos de cuello blanco pasó de la escuadra 2 a la escuadra 4. Esto debido a que el SA Garay estaba manejando asuntos de los solicitantes, y que el programa contra el delito de cuello blanco estaba en necesidad de un agente especial que fuera un contador con experiencia. El SAC Brannon removió al SA Garay de las investigaciones de solicitantes y lo asignó a la delincuencia de cuello blanco bajo la supervisión del SSA Teitsworth. El SSA Teitsworth ascendió a ASAC el 7 de diciembre de 1987, asumiendo las responsabilidades de supervisión de la escuadra 2. El ASAC Teitsworth llevó los asuntos de delincuencia de cuello blanco con él a la escuadra 2, y el SA Garay fue transferido de la escuadra 4 al número 2 el 11 de enero de 1988».

El tribunal señaló que el registro hablaba por sí mismo.

Teitsworth no dio razón alguna del porqué los inspectores no registraron los deberes auxiliares de habla hispana de Jim en el informe de inspección. Mientras formó parte del personal de inspección, Teitsworth asistió a Gary Hart, el agente que ilegalmente había obtenido una citación del Gran Jurado para la investigación administrativa de Mat. El FBI ascendió a Teitsworth a la posición de ASAC en Albuquerque en diciembre de 1987, a raíz de una carta con fecha de octubre 1987 que había enviado a la FBIHQ expresando su desaprobación, como hispano, a la demanda colectiva.

CAPÍTULO 35

MICHAEL A. RODRÍGUEZ

Mike Rodríguez ingresó al FBI el 13 de noviembre de 1983. Antes de su ingreso, fue Director Internacional de Promoción para la corporación Westinghouse Electric y estuvo a cargo del área de América Latina. Monitoreó a un grupo de cien empleados. Mike se unió al FBI a través de la oficina de Pittsburgh, recibiendo asignaciones a San Antonio y una operación encubierta profunda en Washington, DC, y después dirigió a Quántico como consejero en las clases de agentes novatos antes de ir a San Juan. Tomó el examen del idioma español y recibió una calificación de 4+ de un máximo de cinco.

Mike sintió que su asignación encubierta (UCA) había sido discriminatoria debido al método que se utilizó en su selección. La FBIHQ le dio dos opciones: podía elegir trabajar de incógnito en el área de Washington DC o ser trasladado a la ciudad de Nueva York. En lugar de aceptar las órdenes de transferencia a la ciudad de Nueva York, aceptó la misión encubierta. Al terminar la UCA, que tuvo una duración de diecinueve meses, la FBIHQ le dijo que ya no podía permanecer en Washington y trabajar en casos criminales. No quería trabajar en asuntos de inteligencia o UCA, así que decidió trasladarse a San Juan.

En Puerto Rico, el SAC Harry B. "Skip" Brandon III lo asignó a Contra Inteligencia Extranjera (FCI), aunque Mike le informó de su interés de trabajar en casos criminales. San Juan recibió un comunicado y una llamada telefónica para recomendar a Mike para efectuar trabajos penales, pero entendió que los SACs hacen lo que quieren. Mike le dijo a Brandon que, si hubiese querido trabajar en FCI, se podría haber quedado en la Oficina Regional de Washington (WFO). Mike y su esposa esperaban un bebé, eran dueños de una casa, y eran felices allí. Su esposa, que en 1988 ganaba $35,000 al año, había estado dispuesta a renunciar a su trabajo porque sabía que Mike quería trabajar en casos criminales. Brandon le dijo que tendría que demostrar que era capaz, hacer bien su trabajo y entonces analizarían su situación.

Cuando Mike era consejero en Quántico, justo antes de la graduación, su esposa, embarazada de cinco meses, comenzó a sangrar profusamente. Mike recibió órdenes de ir a San Juan, pero el médico de su esposa recomendó que se abstuviera de viajar. Mike llamó al ASAC John Phillips para solicitar una extensión debido a la dificultad en el embarazo de su esposa. Mientras tanto, Quántico ya había accedido a asignarle otra clase para aconsejar, sin embargo, Phillips le dijo a Mike que el SAC en San Juan se negaba a concederle una extensión. Mike siguió las órdenes y voló a San Juan mientras que su esposa sangró y vomitó durante todo el vuelo.

Mike no se quejó y mantuvo la calma. Lynn Bedford, un agente mormón asignado a San Juan, veraneaba en Phoenix cuando su esposa tenía cuatro meses de embarazo y comenzó a tener síntomas similares a los de la esposa de Mike. Brandon, sin embargo, le dio a Bedford una asignación temporal en Phoenix por cuatro meses y reasignó todos sus casos. Mike le dijo al Supervisor John Williamson que consideraba que este era un trato injusto y desigual, y Williamson se lo informó a Brandon.

Brandon le preguntó a Mike si estaba enojado de que él le hubiese concedido tiempo a Bedford en Phoenix. Mike le respondió:

«No, al contrario, sé lo que está pasando. Mi problema no es con él, sin embargo, sólo creo que, probablemente, está recibiendo favoritismo porque es mormón, y yo no». El SAC preguntó qué era lo que estaba tratando de decir y él le contesto: «Sólo pensé que era injusto. Él me pregunto cuatro veces más, que era lo que estaba tratando de decir». La conversación terminó cuando él dijo: «Joven, la próxima vez que usted venga aquí con una queja, asegúrese de que tenga buenos fundamentos. ¡Voy a revisar su historial con el ASAC Phillips!». Luego le dijo que se fuera. Mike nunca oyó una palabra más.

Cuando Mike postuló al Programa de Desarrollo Profesional, la administración le dijo que carecía de experiencia como administrador, aunque había manejado exitosamente a un centenar de empleados en Westinghouse. La segunda vez que postuló, la administración le dijo que no tenía suficiente experiencia laboral, aun cuando había entrenado a una clase de nuevos agentes en Quántico. Cuando solicitó un puesto en San Juan, el Consejo de Ascensos de esa localidad se reunió y todos los supervisores aprobaron y eligieron a Mike, pero Phillips les informó que se negaba a llevar el nombre de Mike al SAC para su firma.

Mike testificó: «No me han dado las oportunidades para las que creo que estoy calificado para recibir. Hay muchas personas calificadas en el FBI, no todos son hispanos, tal vez no todos sean mormones, pero yo soy mejor o igual que ellos, y tengo la experiencia necesaria». En referencia a su temor por sufrir represalias, Mike respondió: «Bueno, hay una pequeña broma circulando en mi escuadra cuestionando por qué estoy recibiendo la revista National Business Employment Weekly cada semana y mandando currículos».

Mike pensó que su trabajo como consejero sería un trampolín hacia mejores puestos en el FBI. Fue uno de los consejeros de clase más jóvenes nunca antes seleccionado, debido a su experiencia anterior como administrador y sus aptitudes. Mike obtuvo dos premios de incentivos por logros estadísticos cuando manejó su equipo por dos años consecutivos, y recibió un premio de incentivo adicional por su trabajo encubierto. Sin embargo, cuando se postuló para ser un supervisor suplente, compitió contra un agente mormón, Jerry McDonald, y perdió, a pesar de que tenía más experiencia.

Larry J. McCormick declaró que no estaba consciente de que Mike Rodríguez había solicitado postergar su traslado a San Juan.

Informó que la FBIHQ invariablemente aprobaba dificultades temporales basadas en embarazos.

En su testimonio, Julián De La Rosa negó haberle dicho a Mike que tenía un buen caso de discriminación y que debía seguir con su queja con la Igualdad de Oportunidades en el Empleo. También afirmó no recordar decirle a Mike: «No estoy en desacuerdo con todos los aspectos de esta demanda». De La Rosa no recordó haberle dicho a Bill Carlson que nunca sería promovido porque era hispano o que nunca pusiera una queja a la EEO porque no le serviría de nada.

De La Rosa, con veinticinco años de servicio, recibió su ascenso a SAC después de que los agentes hispanos presentaron la demanda. Él no era un miembro de la demanda colectiva, ya que declaró que el FBI no discriminaba. Sin embargo, en su declaración, admitió que había observado en diferentes lugares del FBI caricaturas despectivas o comentarios degradantes publicados en contra de los hispanos. De la Rosa afirmó que había aprendido a hablar español después de asistir a la escuela de idiomas del FBI. Sin embargo, la base de datos de información personal del FBI indicaba "Julián De La Rosa - hispano, 06/24/63, cero habilidades en español".

Hubo risas en la sala del tribunal cuando el juez se dirigió a De La Rosa, quien, después de su testimonio, abrió la puerta del armario detrás de la sala de audiencias, entró por la puerta, y luego reapareció tímidamente. El Juez Bunton le dijo que no se preocupara por "salir del armario".

CAPÍTULO 36

ANTONIO FRANCO

Tony Franco recibió una Licenciatura en Ciencias de la Universidad de Texas en El Paso (UTEP) y en el momento de su testimonio, tenía veinticuatro años de experiencia legal y como instructor de armas de fuego con la Policía Militar del Ejército de EE.UU., el Departamento de Policía de El Paso y el FBI. Ingresó al FBI el 17 de octubre de 1977.

A los pocos meses de unirse al FBI, Tony trabajó en una intensa investigación criminal encubierta. Él no se ofreció como voluntario en este caso que le tomó dos años de su vida para resolverlo. No recibió ningún entrenamiento de UC, ni llegó a recibir ningún tipo de evaluación psicológica antes de incorporarse a esta delicada operación encubierta. Debido a su asignación a la misión UC, los criminales pusieron un precio por la vida de Tony, y su familia vivió en peligro. La operación tuvo éxito, y varios otros agentes viajaron por todo el país tomando el crédito en su lugar y dando conferencias sobre el tema, a pesar de que Tony era el agente responsable del éxito de la misión. Después de finalizar la asignación encubierta, el FBI trasladó a Tony y a su familia.

Los agentes que prestan servicio en asignaciones encubiertas reciben una consideración especial para ser transferidos a sus oficinas de preferencia. Sin embargo, la FBIHQ le informó a Tony que no tenía derecho a esa consideración especial, ya que la oficina donde estaba fue su primera asignación. Tras la transferencia a la División de San Antonio, el pidió la Sub-oficina Regional del FBI en Austin (RA), donde existía una vacante. La FBIHQ le dijo otra vez que no, que la RA de Austin era para individuos universitarios. La tiranía del FBI no tenía sentido. El SAC Charlie Parsons testificó que Jerry Adams tenía veinte años en el FBI antes de su traslado a

Austin, o sea tenía al menos cuarenta y tres años de edad en ese momento. Tony era más joven, por lo que estaba más cercano a la edad universitaria, sin embargo, él era hispano.

Tony sirvió durante cinco años en la RA de McAllen, con su población hispana. Allí se desempeñó en varias operaciones encubiertas. Para regresar a El Paso, la gerencia lo obligó a trabajar en otra misión encubierta. Cuando recibió las órdenes para ir a El Paso, hubo una advertencia que el cambio sería efectivo hasta después de que la operación UC terminara. Cuando Tony llegó a El Paso, se dio cuenta que por lo menos un individuo no hispano con menos tiempo en la lista de antigüedad había logrado una transferencia de preferencia (OP) a El Paso.

Tony pidió unirse al equipo de SWAT, por su experiencia militar, legal, y habilidades de puntería, después de lograr una puntuación perfecta conocida como "posible". El líder del equipo SWAT no quería a Tony porque era un agente novato, aunque varios agentes novatos no hispanos servían en el equipo SWAT. No presentó una queja a la EEO porque no quería llevar la etiqueta de alborotador o problemático.

Una puntuación perfecta en el manejo de armas de fuego "posible" es difícil de alcanzar. Los nombres de los agentes que logran una "posible" reciben honores en un tablero de reconocimientos permanente en Quántico. Cuando Tony logró una puntación "posible", logrando al 100% de sus tiros, el instructor de armas de fuego se acercó a ver el tiro en el blanco, entonces miró a Tony y le dijo: «Nadie logra una "posible" en mi rango». Luego, bajó la puntuación de Tony a un 98%.

En el sexto día del juicio, el Director Ejecutivo Adjunto John Glover declaró que todas las asignaciones encubiertas eran voluntarias y por petición especial del agente. Joaquín García, Tony Franco, y Mike Rodríguez habían testificado que no se habían ofrecido como voluntarios para sus asignaciones encubiertas.

Larry J. McCormick declaró que el manual del FBI indicaba que la asignación a una operación encubierta no garantizaba una transferencia a una oficina de preferencia. El FBI sólo consideraba tales transferencias cuando un individuo se encuentra en el número uno en la lista de antigüedad de esa oficina. Él no sabía que los SACs prometían a los agentes su OP si servían de incógnitos. McCormick afirmó que Tony no tenía que haber cumplido dos encubiertas para conseguir su OP, pero que Tony había tenido dos traslados encubiertos. Tony fue transferido de la RA de McAllen a El Paso después de su segunda misión encubierta. McCormick pensó que la transferencia de Tony había sido contraproducente, ya que San Antonio tenía necesidades de personal en las Oficinas Regionales del FBI en la frontera.

En el octavo día del juicio, Oliver " Buck " Revell testificó que todos los agentes encubiertos a largo plazo recibían capacitación y ciclos de prueba en Quántico. Reafirmó que las actividades encubiertas eran voluntarias. Los miembros de los demandantes testificaron que nunca recibieron dicha formación, y que muchos nunca se ofrecieron como voluntarios para asignaciones encubiertas. Revell, el director ejecutivo a cargo de las investigaciones sobre las divisiones penales y de inteligencia, declaró que no estaba al tanto de que el FBI, a través de la Oficina del Cuerpo de Alguaciles de Estados Unidos, delegaron a personal que no pertenecía al FBI a trabajar en intervenciones de comunicación.

CAPÍTULO 37

DAVID C. GÓMEZ

Davi Gómez, nació en Los Ángeles, asistió a la Universidad del Sur de California y recibió una Licenciatura en Ciencias Políticas y un título de postgrado en Administración Pública. Se convirtió en detective con el Departamento de Policía de Los Ángeles (LAPD) antes de ingresar al FBI en enero de 1984, bajo el programa modificado, debido a su experiencia policial. David inicialmente trabajó en la Sub Oficina Regional (RA) del FBI en El Centro, una oficina de dos agentes que anteriormente había sufrido la muerte a tiros de su personal. El Centro se encuentra a 120 millas fuera de la División de San Diego en la frontera mexicana. Posteriormente, David sirvió en San Juan.

Para David, el FBI siempre había representado lo máximo en el cumplimiento de la ley. Cuando ingresó a la Organización, otros agentes le advirtieron que no destacara su habilidad en el idioma español debido a que esto le haría propenso a recibir transferencias y asignaciones discriminatorias. Él tomó la prueba de español cuando postuló y no escuchó los consejos recibidos, debido a su gran deseo de entrar al FBI, pero no pasó el examen de español. En la academia, sus instructores le ordenaron retomar el examen oral de español y descubrió, para su sorpresa, que increíblemente había obtenido una calificación de 3.

David pasó dos años en la oficina de El Centro, la que él consideraba dificultosa, especialmente para un agente novato. Después de aproximadamente un año, su socio principal fue trasladado a San Diego, y David pasó su último año en El Centro trabajando solo. Durante su primera semana, David trabajó en una Asignación a Servicio Temporal (TDY) en una Intervención Autorizada de Comunicaciones (T-III) que duró 120 días. Cuando terminó esa asignación, el SAC le dijo que tenía que ir a San Juan para un especial de sesenta días. Le informó al SAC que él acababa de terminar un período de cuatro meses en un T-III y conocía a bastantes hispanoparlantes no hispanos en la división a quienes la oficina no había asignado a T-IIIs o a ninguna especial en San Juan.

El socio de David en El Centro, Robert Watkins, un hispanoparlante nivel 3, le dijo a David que nunca había trabajado un T-III en todos sus ocho años con el FBI. Watkins más tarde fue a una escuela de idiomas especializada en Burlington, Vermont, para un curso intensivo de español, sin embargo, el FBI nunca le encargó trabajar en T-IIIs. David indicó que el SAC le había dicho que: «Debía aprender a aceptar el hecho de que, como hispano, y hablante nativo de español, eventualmente iba a ser asignado a la División de San Juan y que mientras más pronto aceptara ese hecho, mejor sería, y que cuanto antes me trasladara a San Juan y cumpliera con eso, sería mejor para mi carrera. Entonces podría retomar mi carrera regular en el FBI».

Un caso T-III que involucraba narcóticos, en el cual trabajó por 160 días, resultó en 90 actas de acusación contra un cártel de drogas peruano. El mismo David hizo varias de las detenciones, incluyendo la detención del armado y peligroso cerebro (o encargado) del cártel. Se enteró de que muchas personas en la División de San Diego recibieron premios de incentivos monetarios por su trabajo en el caso. Aquellos que no recibieron premios financieros recibieron cartas de recomendación por su trabajo en la misión. David no recibió ninguno de los dos. El agente encargado del caso le dijo a David que todo el mundo había contribuido, pero le pidió disculpas, diciendo que él no podía hacer nada. No fue sorpresa para David cuando descubrió que ninguno de los hispanos que habían trabajado en el caso, habían recibido algún incentivo.

Desde San Diego, David pidió una asignación a una de las doce oficinas superiores, pero en vez de eso, acabó en Puerto Rico. Cuando llegó a San Juan, el ASAC le dijo que la escuadra de terrorismo doméstico era su nuevo cargo y que debería evitar a un grupo de individuos en ese equipo a quienes se les consideraba como agitadores. Pensó que David era un agente joven influenciable y más tarde se refirió a los agentes a quienes desaprobaba como "la mafia mexicana". Posteriormente, David se enteró de que esos agentes trataban de trabajar desde dentro del sistema para realizar cambios y aliviar sus dificultades, pero el ASAC no apreciaba sus esfuerzos. San Juan tenía muchos más problemas de personal en comparación a las oficinas continentales de EE.UU. La ironía fue que el FBI trasladó a David a San Juan por sus habilidades en español, pero terminó trabajando en una escuadra de Contrainteligencia Extranjera investigando a grupos criminales donde incluso necesitaba la ayuda de un traductor.

Siendo detective de la Policía de Los Ángeles, hablar "spanglish" y ser hispano demostró ser útil, y nunca se sintió discriminado. Según él: «No fue hasta que me convertí en un agente del FBI que realmente me empecé a dar cuenta de que existe discriminación institucional intrínseca y un trato desigual aplicado por el FBI contra los hispanos y personas de habla hispana».

David testificó: «Hay muchas maneras sutiles en las que el FBI puede actuar en contra de uno en el futuro por haber testificado aquí. Mi supervisor, una persona a la que respeto mucho y considero una persona honesta con integridad, ilustró una manera de poner fin a la carrera de alguien. Me dijo que, en lugar de ser altamente recomendado para un ascenso a un puesto o ser un candidato extremadamente calificado, te conviertes ya sea en un buen candidato o un candidato calificado, lo que te elimina de cualquier consideración adicional a nivel del Consejo de Ascensos».

La fluidez en cualquier idioma es relativa. Lo que algunos consideran fluidez en Los Ángeles puede no ser así en Miami. El significado de las palabras y los dialectos tienen diferencias. David postuló para un puesto como agregado jurídico, y el FBI insertó una nota limitando su petición a puestos de habla hispana. Sin embargo, David estaba interesado en cualquier puesto de agregado jurídico, no sólo aquellos en los países de habla hispana.

CAPÍTULO 38

ALBERT NAVA

Al Nava, nacido y criado en El Paso, Texas, obtuvo su licenciatura en psicología en la Universidad de Texas en El Paso y una maestría en administración y supervisión del Departamento de Educación de la Universidad Interamericana en San Juan, Puerto Rico. Había trabajado en el FBI por dieciséis años con asignaciones en Jacksonville, Florida, San Juan, Puerto Rico y El Paso, Texas.

Al testificó que los agentes no hispanos eran transferidos desde San Juan a su oficina de preferencia (OP) o una oficina de su elección, a pesar de tener menos tiempo en San Juan. Esto nunca fue así con los agentes hispanos. Sabía que Lynn Bedford, un mormón, sirvió dos años en San Juan antes de ser transferido a su OP en Phoenix, Arizona. Al señaló que muchos agentes se trasladaban a San Juan desde la ciudad de Nueva York, quienes eran hispanoparlantes no nativos que habían asistido a una escuela de idiomas por seis semanas o seis meses y estaban desesperados por abandonar la ciudad de Nueva York. Recordó a Bob Booth, Bill Murphy y Bill Myer como agentes que hablaban un poco de español. Al se convirtió en un "ayudante anglo", asistiendo a estos agentes con sus casos, sin dejar de asumir la responsabilidad por su propia carga de trabajo. Todos esos agentes salieron de San Juan en dos o en menos de cinco años, y fueron transferidos a la oficina de su preferencia.

Al pasó seis años y medio en San Juan, siempre tratando de volver a El Paso, su oficina de preferencia. Mientras que Al estaba en San Juan, el FBI desarrolló un plan de cinco años en el cual un agente que cumplía cinco años continuos en San Juan podía recibir una transferencia a una oficina de preferencia o, al menos, una opción de transferencia a una de tres oficinas predeterminadas. Sin embargo, cuando Al cumplió cinco años, el FBI le informo que había demasiados GS-13's en El Paso y que tendría que esperar otro año y medio en San Juan para poder conseguir su transferencia.

Cuando Al postuló para ser un agente, el FBI le hizo presentar el examen de dominio del idioma español del Ejército. El examen consistía en preguntas de opción múltiple, algunas redacciones de ensayos y una parte oral que implicaba hablar en una grabadora sobre un tema determinado. Diez años después, el FBI le ordenó tomar otro examen de español. Cuando Al cuestionó el razonamiento detrás de ello, el SAC Ronald A. Hoverson le dijo que el FBI tenía que actualizar todos los registros y que planeaban examinar a los abogados en teoría de leyes y a los contadores en prácticas contables. Al protestó, porque tenía serias dudas que el FBI en realidad estaba poniendo a prueba a todos los que tuvieran una especialidad. En respuesta, Hoverson lo amenazó con cargos de insubordinación y medidas disciplinarias. Al tomó la prueba bajo protesta. Dos meses más tarde, se enteró de que había recibido una puntuación de nivel 1. La puntuación más alta en competencia era de un nivel 5. Después de revisar su expediente personal durante el descubrimiento de prueba, descubrió que, de alguna manera, alguien había cambiado su calificación de competencia a un nivel 3.

Durante el contrainterrogatorio, Al confirmó que el plan de cinco años de Puerto Rico no existía a su llegada a San Juan. No podía recordar el nombre de la persona que le había informado que ya no había espacios para más agentes GS-13 en El Paso.

CAPÍTULO 39

ÁLVARO CRUZ

Álvaro Cruz, nació y se crio en El Paso, Texas, se graduó de la Bel Air High School, y luego de la Universidad de Texas en El Paso e ingresó al FBI el 20 de octubre de 1975. Sirvió en San Francisco, San Juan y El Paso.

Al aprendió de la política de transferencia del FBI en la cual los agentes novatos en oficinas pequeñas permanecían allí de tres a cinco años. Él estaba en San Francisco, una de las doce oficinas superiores, donde los agentes deberían permanecer durante toda su carrera hasta que calificaban para alguna oficina de preferencia (OP). Él había permanecido en San Francisco durante nueve años, cuando, en 1984, recibió órdenes de ir a San Juan con otros cuatro agentes hispanos de la misma oficina — ninguno de los cuales había solicitado una transferencia. El FBI por general no transfería a los hispanoparlantes no hispanos de San Francisco a San Juan.

Con respecto a su estadía en San Juan, Al indico:

«Tres o cuatro agentes especiales emprendieron un proyecto, en el que tratábamos de mejorar la situación en San Juan. El contrato era de cuatro años en San Juan, la cual considerábamos una oficina muy compleja. Pensamos que tal vez podríamos tratar de mejorar la situación al hacer volver los contratos de tres años y resaltar algunos de los beneficios para las personas que quisiesen permanecer más tiempo. Mi SAC se refirió a mí como miembro de la mafia mexicana y un agitador, y me trató como tal. Cabe mencionar que el FBI aceptó dicha propuesta y ahora se implementa en la División de San Juan».

Como un GS-13, Al se consideraba a sí mismo como un "ayudante anglo." Declaró: «He estado en el FBI por trece años, y básicamente se me han dado asignaciones que me reservan para ciertas tareas, tales como T-III y vigilancias. Un buen ejemplo de ello fue recientemente aquí, en la División de El Paso, cuando la oficina me dijo que estaría manejando algunas investigaciones de derechos civiles. El ASAC, actuando como jefe de oficina, me dijo que odiaba utilizar a dos agentes en este tipo de violación. Sin embargo, el agente que hacía las investigaciones no podía hablar español. Por lo tanto, un agente hispanoparlante necesitaba ayudar al otro en las entrevistas de habla hispana. Le mencioné que yo hablaba inglés y español, y por lo tanto sólo se tendría que asignar y utilizar a un agente: o sea yo. Pero todavía se están utilizando a dos agentes»

Al había demostrado que tenía la capacidad de manejar los casos por su cuenta como un agente, sin embargo, situaciones de investigación le obligaban a trabajar pistas para agentes anglos. Al asignar casos que requerían habilidades en español a los hispanoparlantes, y no a los agentes anglo hispanoparlantes, los agentes de habla hispana desarrollarían más logros de estadísticas, lo cual parecía molestar a los supervisores del FBI en ese momento.

En el contrainterrogatorio, Al testificó que no recibió un trato preferencial en su OP a El Paso, ya que era el número tres y había cuatro vacantes. Sus asignaciones de T-IIIs, otras tareas diversas y ayudar en los casos asignados a otros nunca le permitió subir a la altura de su potencial. La Sra. Gulyassy le informo que el registro reflejaba que había pasado el 65% de su tiempo en El Paso trabajando casos de investigación aparte de T-IIIs. Sin embargo, la Sra. Gulyassy nunca menciono el trabajo de "ayudante anglo" que Al también había llevado a cabo. El Departamento de Justicia (DOJ) parecía argumentar que estar lejos el 35% del tiempo en T-IIIs o que un esfuerzo de un 65% cumpliendo su carga de trabajo como agente era una práctica aceptable.

Al testificó que la discriminación venía desde arriba y provenía directamente de quienes tomaban las decisiones en el FBI. Cuando se le preguntó si la discriminación vino de su supervisor Gary Webb, sobre quien los abogados del gobierno señalaron que se casó con una mujer mexicana-estadounidense, Al respondió que los hombres podían casarse con una persona de un origen étnico diferente y aún manifestar sentimientos hostiles hacia esa raza u origen étnico. Los cónyuges de la misma nacionalidad también pueden albergar sentimientos de abuso y hostilidad.

CAPÍTULO 40

JOHN HOOS

John Hoos sirvió como agente especial de la División de Los Ángeles. Nacido y criado en Baltimore, Maryland, se graduó de la Universidad de Baltimore, con una licenciatura en administración y una maestría en justicia criminal de la Universidad Luterana de California. Antes de entrar al FBI en mayo de 1969, trabajó como representante de ventas de acero en York, Pennsylvania. Se alistó en el ejército de los Estados Unidos, sirviendo en la Rama de Inteligencia Militar con un período de servicio en Vietnam del Sur. Sirvió en Columbia, Carolina del Sur, Nueva York y Washington, DC, por seis meses en una escuela de idioma español. Luego se trasladó a San Juan antes de mudarse a Los Ángeles. John no era hispano, sin embargo, debido a lo que había visto y escuchado, creía que el FBI discriminaba en contra de los hispanos. Nunca fue asignado a una Asignación de Servicio Temporal (TDY) en español.

En 1982, John se desempeñaba como coordinador de medios de comunicación en la División de Los Ángeles. Se reportaba al SAC y al Agente Especial Encargado Adjunto (ASAC), un puesto que dirigía el demandante principal, Bernardo M. Pérez. En su puesto de coordinador de medios de comunicación, John contestaba todas las preguntas hechas por los medios de comunicación no sólo de Los Ángeles si no que de alrededor del mundo. Él fue el hombre clave para todos los medios de comunicación en la cobertura de los Juegos Olímpicos de 1984. La oficina de Mat y las oficinas del ASAC Christensen estaban justo enfrente de la oficina de John, así que podía ver y oír casi todo lo que sucedía, además de contar con acceso sin restricciones a la dirección superior.

John sintió, en el momento del juicio, que él era uno de los representantes de los medios más respetados del FBI. El trabajo era muy estresante y no era una posición muy codiciada, ya que se requería tener un tipo muy especial de personalidad para poder manejar una posición tan visible. Sin embargo, con las calificaciones que tenía, hizo muy bien su trabajo. John, su SAC y ASAC interactuaban cotidianamente. Un representante de los medios debe mantener una relación estrecha con su SAC. También debe tener la capacidad de tomar decisiones rápidas sobre lo que se debe decir a los medios de comunicación. Hay sólo una oportunidad de hacer las cosas bien, lo que hace que sea una labor estresante. John trabajó muy estrechamente con el SAC Bretzing, quien le concedía acceso absoluto. En la ausencia de Bretzing, John recurría al ASAC administrativo para repasar sus interacciones diarias con los medios de comunicación.

John sirvió en Los Ángeles durante catorce años antes de que Mat llegase a esa oficina. Siempre hubo una presentación formal de cada nuevo ASAC o SAC a los empleados esenciales. John testificó que Mat fue la única persona a quien Bretzing nunca presentó a la oficina del FBI en Los Ángeles como ASAC. En vez de presentarlo, el SAC Richard T. Bretzing trató fríamente a Mat.

En la ausencia de Bretzing, John se reunía con Mat para discutir las investigaciones en curso y preparar las respuestas a las preguntas de los medios. John testificó:

«Muchas veces, no puedo en realidad decirle cuantas, cuando yo iba a ir a ver Mat, él no tenía idea de lo que estaba sucediendo en la división con los casos y asuntos del FBI. Él no estaba al tanto de la información que le estaba dando. De acuerdo a mi experiencia, el ASAC Administrativo de cualquier oficina grande debe saber lo que está sucediendo como ASAC número uno. Bretzing mantuvo a Mat en total oscuridad respecto a numerosas investigaciones».

John se enteró que Bretzing había mantenido a Mat sin conocimiento de lo que ocurría mientras el ASAC Christensen y el

ASAC Nelson, los dos ASACs de menor rango que Mat, tenían los datos y estados sobre todos los casos. John solía informarle a Mat de una investigación de medios, y Mat contestaba que no tenía conocimiento de ello. «Es sólo un clásico ejemplo de que Bretzing no estaba informando a Mat, su encargado número dos, de lo que estaba pasando dentro de la división. Debería ser todo lo contrario», agregó John. Después de que Bretzing llegó a Los Ángeles, ascendió a un compañero mormón de supervisor a un nivel ASAC.

John testificó: «Una vez Mat y yo hablamos de hacer un segmento de reclutamiento en la televisión de habla hispana, KMEX Canal 13, en Los Ángeles. Organicé la entrevista. Mat y otro agente hispano, Aurelio Flores, aparecieron en vivo en el canal KMEX. Este programa atravesaba el país en más de doscientas estaciones mediante antena parabólica. Nuestra central telefónica se saturó con llamadas solicitando postulaciones. Recibimos llamadas de nuestras Divisiones de Nueva York y San Francisco. Llegó al punto en que se preguntaban qué diablos estaba pasando en Los Ángeles. Lo que ocurría, era que Mat había estado en la televisión nacional hablando de oportunidades laborales para agentes especiales y posiciones de oficina en el FBI. Fue un tremendo éxito. Posteriormente, Mat me dijo que Bretzing lo había reprendido. Le pregunté por qué. Me informo que Bretzing le dijo que su trabajo no era reclutar, su trabajo era estar sentado detrás de un escritorio, siendo el ASAC administrativo de esta oficina. No quería que siguiera reclutando. Coincidiendo con los sentimientos de Bretzing sobre contratación hispana, dentro de los últimos seis meses hubo una feria de trabajo hispana para puestos policiales. Más de cinco mil hispanos asistieron a esta feria de empleo. El FBI fue invitado, junto a todas las otras agencias locales y federales, pero a pesar de esto, no envió a ningún representante. Bretzing era quien debía aprobar el envío de un representante a esa feria de trabajo, pero no lo hizo. La División de Los Ángeles no sólo perdió esta oportunidad, sino que todo el FBI perdió al no asistir a la feria de trabajo hispana. Definitivamente existía la necesidad de reclutar personas hispanoparlantes».

En 1983 ocurrió un secuestro en Alhambra, un área de responsabilidad de la Sub-Oficina Regional del FBI en West Covina. Mat respondió y ofició como funcionario superior del FBI en la escena; el segundo al mando era Chuck Sawyer, agente especial de supervisión de la Sub-Oficina Regional de West Covina. La investigación tuvo éxito, y Mat recibió entusiastas elogios de parte de todos los oficiales policiacos locales.

John testificó: «Sin embargo, poco después, en una conversación, Mat me mostró un memorándum que fue escrito por Bretzing, en el cual lo reprendía nuevamente por un sinnúmero de asuntos. Algo que recuerdo vívidamente es que el atuendo que llevaba Mat durante la investigación era casual: jeans y una camisa tipo vaquero. Por la manera en que se llevaba a cabo la investigación, no hubiese sido apropiado que Mat usara su atuendo tradicional de tres piezas con una cadena de reloj colgando. Mat no fue fotografiado ni grabado en video. Por causa de esto, inmediatamente, fue trasladado al decimoquinto piso de la oficina de Los Ángeles, lo que le significó un descenso.

Anteriormente, Bretzing y Mat tenían sus oficinas en el piso diecisiete, que es donde están las oficinas administrativas de la División de Los Ángeles. El decimosexto piso es para cubículos de taquigrafía y archivos cerrados. El piso decimoquinto es la primera área de trabajo para los agentes de calle. Aquí es donde Bretzing trasladó a Mat. Una mañana hubo una reunión de supervisores, y Bretzing anunció que Mat sería trasladado al piso decimoquinto, ya que el ASAC Christensen había sido promovido al piso decimoséptimo como ASAC Administrativo y que también tenía las mismas funciones de ASAC encargado de contrainteligencia extranjera. Esto dejo al personal de supervisión perplejo, pensando que era algo extremadamente raro. Yo sabía que definitivamente esta era una represalia más en contra de Mat».

John añadió: «Mat es una persona muy extrovertida. Bretzing es su opuesto, una persona introvertida, y un tipo de personaje frío, quien sólo piensa en una persona: él mismo. Para Mat siempre fue difícil entrar a ver a Bretzing. Cuando lo hacía, era breve y al punto. Parecía que los demás ASACs pasaban mucho más tiempo en conversación con Bretzing que Mat. Hubo reuniones entre Bretzing y los otros dos ASACs a las que Mat nunca fue invitado. Recuerdo una vez que entré para ver a Mat y le dije: «¿Estas consciente de que Darryl Gates, jefe de la Policía de Los Ángeles, viene a la oficina esta mañana?», y me dijo que no. No era usual que Darryl Gates fuese a la oficina del FBI en Los Ángeles. Éste apareció y Mat no fue invitado a la conferencia.

John añadió: «Justo después de que Mat presentó su queja a la EEO, un día me llamaron dos agentes de la oficina sede, cuyos nombres no recuerdo, solo sé que eran de la Unidad Jurídica. Entramos en una sala de interrogatorios, se identificaron y dijeron: «Estamos aquí por el FBI, ¿estás consciente de que Mat ha presentado una queja a la EEO?». Yo dije que sí. Me informaron que Bretzing quería que yo declarara en su favor. Dije: «Un momento. ¿Están ustedes conscientes de que Mat me pidió que declarara y yo estuve de acuerdo?». Los dos se miraron un tanto atónitos, salieron de la sala, luego regresaron y dijeron: «Bueno, creemos que no te podemos usar».

Lo que yo les dije fue que nunca olvidaría aquel hecho, ya que estaba en una situación en la cual no podía ganar; ya estaba condenado sin importar qué decisión tomara.

John decidió que iba a dar testimonio de lo que había visto y oído, lo que el FBI había considerado como procedimientos normales y cómo esos procedimientos cambiaron cuando llegó Mat. En su testimonio en cuanto a la audiencia de la EEO, los agentes le hicieron numerosas preguntas a John respecto a su conocimiento de las actividades y negocios con mormones que Bretzing realizaba en horas de trabajo. John respondió: «Cuando mi testimonio había terminado, los abogados del gobierno se reunieron rápidamente con Bretzing, estoy seguro que fue para informarle acerca de mi testificación».

La estrecha relación de John con Bretzing se deterioró. Como coordinador de medios, lo primero que John hacia cada mañana era ver el calendario de Bretzing para verificar su disponibilidad para las entrevistas o para discutir problemas con los medios de comunicación. El día después del testimonio de John, descubrió que ya no tenía acceso al calendario de Bretzing. Tenía que pedirle su horario y otros recursos a su secretaria. Ella actuaba distante, negándose a proporcionar información rutinaria. John notó que Bretzing nunca volvió a visitar su oficina. La actitud de Bretzing había cambiado. Fred Reagan, el asistente coordinador de medios de comunicación, también tuvo experiencias similares al tratar de obtener información.

John dijo: «Cuando tenía acceso a su calendario, muchas veces entraba y podía ver notas escritas a mano de la secretaria que decían cosas como: "Discurso LDS". Yo sabía que Bretzing estaba fuera de la oficina dando discursos ante un grupo de mormones en el horario de trabajo». Había muchas de esas notas en el calendario. Su secretaria también le dijo a John que, además de las numerosas reuniones de Bretzing con mormones, ella también tenía que escribir cartas que trataban de asuntos mormones, y que tenía una lista de aproximadamente diez funcionarios de la Iglesia Mormona con instrucciones de ser atendidos inmediatamente cuando llamaran, incluso cuando Bretzing se encontrara en reuniones o conferencias con funcionarios policiales.

Cuando la secretaria de Bretzing estaba ausente, la secretaria de Mat tenía instrucciones explícitas para hacer lo mismo. John dijo: «Tuve una conversación con Mat donde dijo que el ASAC Christensen le había dicho que se preguntaba cómo era que Bretzing realizaba dos trabajos, uno en referencia a la Iglesia Mormona y el otro al FBI». Como lo entendió John, Bretzing servía como el obispo de la Iglesia de Jesucristo de los Santos de los Últimos Días en el condado de Ventura y administraba una bodega.

John testificó que, después de las audiencias de la EEO: «Era extremadamente difícil hacer mi trabajo, y tenía que recurrir a otras vías de información. Muchas veces, el representante de los medios debe tomar decisiones rápidas, y a veces es la voz de la autoridad para el SAC, según sea necesario. Al igual que Mat, no podía conseguir información a través de los canales normales. Bretzing me llamó a su oficina el 14 de noviembre 1985 — exactamente un año después de que testifiqué en la audiencia de la EEO en su contra.

Bretzing me dijo que me removería de la oficina de prensa después de cinco años y tres meses de servicio. Yo estaba muy sorprendido». Cuando le pregunté por qué, él dijo: «No tengo confianza en ti; no has estado muy en contacto desde los Juegos Olímpicos de 1984. Acabo de asistir a una conferencia de personal, y he decidido reducir el número de representantes de los medios de comunicación de dos a uno».

John le preguntó a Bretzing si podía anunciar su retiro por escrito y Bretzing le informó que él no se merecía tal derecho. Bretzing dijo que ya había consultado con John Mintz, el asistente director jurídico de la FBIHQ, antes de su decisión. John entonces le respondió: «Estoy considerando seriamente que usted me está removiendo de esta posición debido a mi testimonio a favor de Mat en la queja de la EEO». Bretzing le preguntó a John que escuadra quería. John le dijo que quería ir al equipo de solicitantes o de contrainteligencia extranjera (FCI), pero Bretzing sólo sonrió y no dijo nada.

Se dirigió a la escuadra de solicitantes, pero seis meses después fue enviado a una escuadra anti drogas por órdenes de Bretzing. John habló con uno de los supervisores en otra escuadra de FCI, quien le dijo que él tenía una excelente relación con el ASAC de FCI y que iba a tratar de transferir a John a su escuadra. El ASAC de FCI le dijo al supervisor que el SAC quería que John estuviera en la escuadra anti drogas. Bill Baker, ex director adjunto de la Oficina de Asuntos del Congreso y Relaciones Públicas, quien respondía directamente al director del FBI Webster, le dijo a John: «Bretzing te castigó por tu testimonio, y nunca serás capaz de demostrar lo contrario». Baker le ofreció a John una posición en la FBIHQ.

A John le faltaban cuatro años y medio para su jubilación y creía que el FBI trataría de "castigarlo" por su testimonio. También pensaba que iban a perseguir a los agentes hispanos que testificaron sobre sus interacciones personales con Bretzing.

Fred C. Reagan declaró que, el 14 de noviembre de 1985, se reunió con Dick Fox, el Sr. Haas y John Hoos. Sin embargo, afirmó que no recordaba haberle dicho a John Hoos: «Bretzing te condenó por testificar en el caso de la EEO de Mat». Reagan no reconoció si su selección como representante de los medios de comunicación en vez de John Hoos había sido una represalia.

James Nelson declaró que habían aparecido artículos no autorizados en la prensa, pero sin embargo no tenían datos, mucho menos una prueba contundente de que John había filtrado tal información. Nelson no podía recordar el contenido de los artículos no autorizados ni hablar sobre la posibilidad de que pudieran haber sido originados por alguien que no fuera John.

Richard T. Bretzing testificó que él removió a John Hoos de su cargo como coordinador de medios debido a sus esfuerzos para asegurarse de contar con más personas para las tareas de investigación. Bretzing afirmó haber perdido la confianza en John. En los meses anteriores a la decisión, sus ASACs, supervisores y otras fuentes le informaron que John había hecho comentarios despectivos y había ridiculizado a Bretzing de una manera desleal. El coordinador de medios mantuvo estrecho contacto a diario con él, y sentía que no necesitaba tener a alguien desleal como él tan cerca. Bretzing afirmó que la decisión fue discrecional, una simple coincidencia que la remoción de John se produjera un año después de que presentó una declaración para apoyar la queja de Mat.

John decidió no presentar una queja a la EEO porque vio lo sucedido con Mat y consideró que el proceso de la EEO no era más que un encubrimiento. Una de las quejas de EEO de Mat tenía que ver con el acoso de testigos, pero el FBI y la EEO no hicieron nada al respecto. Cuando uno de los abogados del gobierno le informó que la Sra. Tyrell, la secretaria de Bretzing, había negado bajo juramento haber hecho comentarios de que Bretzing trabajaba en asuntos mormones en horas de trabajo, John respondió: «Yo también estoy bajo juramento, consejero».

John Hoos tuvo la fidelidad al juramento de su cargo, la valentía para enfrentarse a la dominación, y la integridad para ser explícito acerca de los hechos. John Hoos, un hombre de honor, estaba decidido a hacer lo correcto, y pagó un alto precio por ello.

CAPÍTULO 41

AILEEN IKEGAMI

Aileen Ikegami se desempeñó como secretaria de Mat mientras fue ASAC en Los Ángeles. Ella testificó que, cuando Mat llegó a Los Ángeles como ASAC administrativo, el SAC no lo presentó a la oficina en una conferencia de SAC para todos los empleados, como era la costumbre. En vez de eso, Mat llegó, se dirigió a su escritorio y se puso a trabajar. Aileen siguió a Mat desde el piso decimoséptimo al decimoquinto cuando Bretzing movió a Christensen a la oficina de Mat.

Después de que Mat salió de la oficina de Los Ángeles, Bretzing tomó represalias contra Aileen, retirándola de los deberes de secretaría ejecutiva y en su lugar haciéndola supervisora del centro de telecomunicaciones. Las funciones de un supervisor de telecomunicaciones y una secretaria ejecutiva para un ASAC son mundos totalmente aparte en cuento a términos de estatus, ya que el supervisor de comunicación se encarga exclusivamente de la supervisión de adultos jóvenes que trabajan para el FBI en posiciones de apoyo.

Aileen tenía acceso al calendario de Bretzing cuando su secretaria se iba de vacaciones o se alejaba de su escritorio. Señaló que Bretzing programaba varias actividades de la Iglesia Mormona durante horas de trabajo. Aileen también recibió numerosas llamadas telefónicas para Bretzing de personas que se identificaban como representantes de la Iglesia Mormona; una persona en particular, siempre se identificaba como el secretario de la iglesia.

Francine Tyrell, la secretaria de Bretzing, le proporciono a Aileen una lista larga con nombres de funcionarios de alto rango en la

Iglesia Mormona, los cuáles deberían tener acceso inmediato a Bretzing sin tomar en cuenta su actividad en el momento. Tyrell le informó a Aileen que, además de sus deberes regulares del FBI, sus responsabilidades incluían escribir cartas dirigidas a varios grupos mormones y actualizar la biografía de Bretzing, que detallaba sus antecedentes y actividades mormonas, para ser distribuida de forma anticipada a los diversos grupos de mormones a los que regularmente Bretzing hablaba.

Mat, que llegó a Los Ángeles como el ASAC superior a cargo de los asuntos administrativos, repentinamente se encontró degradado a ASAC de materias penales, una posición de menor grado. La FBIHQ le permitió mantener su nivel salarial, pero Bretzing lo obligó a bajar al decimoquinto piso, una acción impactante nunca antes vista en la oficina de Los Ángeles. Aileen siguió a Mat debido a su nivel de grado. Si ella hubiera tomado la posición de secretaria con el ASAC Christensen, quien se encontraba en un nivel salarial más bajo que Mat, habría bajado su nivel salarial también. Aileen mantuvo su nivel de grado y sueldo por quedarse con Mat.

Aileen testificó: «Cuando me dijeron que no iba a volver a mi antiguo trabajo como secretaria del ASAC a la salida de Mat, le consulté a la Administradora de Servicios Administrativos (OSM), y ella me indico que pensaba que de alguna manera tenía que ver con la lealtad. Le pregunté quien había emitido mis instrucciones de asignación. Ella dijo que debían provenir del Sr. Bretzing; ya que él era el único que podía hacer tal determinación, tal transferencia. Yo creía que, porque me había ido con Mat y mantenido mi grado, ya no era digna de confianza para el Sr. Bretzing y no se me permitió trabajar en su oficina».

Estaba claro que Bretzing daba trato preferencial a los mormones, tal como se lo daba a Bart Brooks, un piloto mormón asignado en Punto McGoo, quien fue sorprendido robando Valium de una farmacia. Mat convocó a Brooks a la oficina de su supervisor, y éste admitió haber tomado los medicamentos, pero afirmó que no tenía adicción. Él consideró peligroso tener a Brooks, potencialmente bajo influencia, pilotando aviones del FBI. Mat le ofreció a Brooks la oportunidad de participar en un programa de rehabilitación de drogas, al cual se rehusó.

Investigaciones posteriores determinaron que, en numerosas ocasiones anteriores, Brooks llamó a la farmacia, haciéndose pasar por un médico y solicitando que la farmacia procesara o renovara recetas de narcóticos a nombre de Brooks. Mat redactó un comunicado al FBI y recomendó despedirlo, ya que el FBI desempleaba a agentes que robaban. Bretzing entonces intercedió y aconsejó que él consideraba tal sanción como demasiado dura. Christensen y Bretzing tomaron el mando, trajeron a Brooks de vuelta a la oficina durante varios meses y luego lo hicieron retornar a Point McGoo. El supervisor en Point McGoo le informó a Aileen que planeaba redactar una nota para su expediente para evitar cualquier posible responsabilidad. Posteriormente, Bretzing transfirió al supervisor de Point McGoo a la oficina de Los Ángeles, pero Brooks permaneció en Point McGoo.

Debido a su testimonio, Aileen anticipaba más represalias. Ella le informó a la corte que no se quejó por su reasignación a telecomunicaciones, ya que asumió que a nadie le importaría escucharla. Ella siguió adelante haciendo su trabajo lo mejor posible, a dondequiera que ella fuese enviada y en todo lo que hacía.

Bajo testimonio, Bretzing admitió que había removido a Aileen Ikegami del puesto de secretaria administrativa del ASAC a un puesto en comunicaciones después de que ella entregó una declaración en apoyo para Mat.

CAPÍTULO 42

JOSEPH E. YABLONSKY

Joe Yablonsky, nacido en Newark, Nueva Jersey, ingresó al FBI en febrero de 1952, cuando tenía veintitrés años. Se retiró del FBI en diciembre de 1983, después de haber servido durante casi treinta y dos años. Joe declaró que el FBI discriminaba a los hispanos, tal como ocurría en todas las burocracias e instituciones de los Estados Unidos.

Joe trabajó para el FBI en los días en que había pocas políticas de investigación y el FBI esperaba que agentes de caso tomaran la iniciativa. Él trabajó encubierto (UC) y desarrolló muchos escenarios a partir de información que surgía de informantes. Joe hizo el papel de ladrón, estafador y cualquier papel que se le pidiera para atrapar a un criminal. Se trasladó a Miami en 1966 y trabajó en muchos casos de UC. En 1973, se trasladó a la FBIHQ, asignado a la unidad de transporte interestatal de propiedad robada, debido al gran éxito de sus investigaciones de UC.

Joe solicitó al FBI que adoptara un programa de formación para agentes de UC en el área criminal. Él mismo desarrolló el plan de estudios y seminarios. Las clases estaban integradas de agentes con y sin experiencia, todos con previos requisitos específicos. Joe consideraba que ciertas características predispuestas de personalidad eran indispensables.

Uno puede ser un investigador altamente calificado, pero tener dificultades al actuar en ciertos papeles. Él recomendó que hubiese una unidad designada para ejecutar investigaciones de UC en todo el país. Joe recomendó que agentes con las características necesarias presentaran un formulario con información personal y que esos datos fuesen ingresados a una base de datos en una computadora para así ayudar a las divisiones a seleccionar agentes adecuados para cada tarea, tal como un casting para un papel en una película de Hollywood. Joe fue transferido a Boston como ASAC y más tarde se convirtió en el SAC en Cincinnati. Se jubiló de la oficina de Las Vegas.

Los círculos en las fuerzas de seguridad conocían a Joe como "el padre de la UC". Joe testificó:

«Cuando una persona perteneciente a una etnia, como un agente judío, italiano o hispano, desempeña un papel de UC, en la mayoría de los casos está reforzando un estereotipo perteneciente a un grupo. Me he dado cuenta de que algunos compañeros y superiores de los agentes encubiertos ven a tal agente como la persona a quien está representando, y no como a un agente igual a ellos. Los agentes de UC suelen ser poco tradicionales respecto a las capacidades utilizadas en sus investigaciones como encubiertos, en contraposición con el método tradicional, por lo que se les trata de manera diferente.

Si trabajan bien un caso importante, ¡maravilloso!, pero si dejan que algo salga mal, lo que es probable que suceda, ya que es muy difícil predecir el comportamiento de nuestros adversarios criminales en ciertas situaciones, se puede apostar que van a presionarlos más de lo que harían con otros tipos de agentes. He observado una tendencia en la cual un agente perteneciente a un grupo minoritario, como un judío, italiano o hispano hace algo espectacular, por lo general no se considera tan extraordinario como si lo hiciera alguien perteneciente a la población general. Sin embargo, si hace algo mal, por lo general se magnifica. ¿Qué otra cosa se podía esperar?».

Siendo SAC en Cincinnati, Joe asumió una identidad UC y en tres días recuperó tres millones de dólares en bonos al portador. En vez de que los agentes de la FBIHQ consideraran el éxito del caso, lo criticaron. La investigación de soborno ABSCAM, en la cual agentes del FBI se hicieron pasar por árabes ricos, obtuvo una gran cantidad de críticas y provocó que el FBI perfeccionara todos los matices en sus métodos encubiertos, tales como los aspectos legales, procedimientos, registros y demás. Algunos sujetos preferían tratar con la gente en su propio idioma. Sin embargo, sin importar la etnicidad de la persona, cualquier individuo puede desempeñar un papel encubierto.

Cuando Joe refinó los elementos del trabajo UC, buscó a agentes con un mínimo de cinco años de experiencia investigativa que pudiesen desarrollar una mentalidad específica como investigadores. También deberían mantener lealtad a la institución, no sufrir una crisis de identidad, desempeñar un papel exitoso, estar alertos mentalmente y adaptarse rápidamente. También hay una larga lista de problemas que los agentes de UC se ven obligados a enfrentar, incluyendo su seguridad, problemas familiares, apoyo, cuestiones técnicas, y el hecho de que nunca tienen un guion que seguir.

Los agentes que levantan la mano para ir a la FBIHQ cuidan de sus acciones, ganan relaciones favorables, y avanzan burocráticamente. El hecho de que no sean actores estelares los vuelve inconsecuentes. Cuando Joe estaba en el FBI, había agentes colocados en escritorios de supervisión porque tenían problemas al trabajar en las calles, por lo cual las oficinas regionales los transferían a la FBIHQ a hacer trabajo administrativo.

En el contrainterrogatorio, Joe dijo que no sabía cuáles eran los promedios estadísticos sobre el uso de agentes hispanos y no hispanos cuando se encontraba en el FBI. Observó que era más probable que la gerencia se acercara a un miembro de un grupo minoritario para trabajar en misiones UC. Joe conoció a Mat en labores de UC fuera de Miami. Mat y Dick Castillo representaron a mexicanos ricos interesados en comprar una valiosa pintura de Rembrandt robada de un museo en Montreal. En el transcurso de la investigación, Joe desarrolló un respeto por Mat tanto como persona y como agente. Joe testificó que Mat era el tipo de persona que uno quiere como amigo, ya que era un hombre de principios.

Sin embargo, a través de los años, se hablaron con poca frecuencia, y Joe nunca desarrolló una relación estrecha con Mat.

El FBI colocó a Joe en período de prueba poco antes de su jubilación. Toda la unidad política y económica de Las Vegas lo atacó porque inició una investigación a un juez federal con conexiones políticas. Joe dijo que no estaba testificando porque estuviera amargado, sino porque amaba al FBI, y si había desigualdades en el mismo, quería verlas corregidas.

El Departamento de Justicia cometió la estupidez de mencionar en la corte que Joe había estado en libertad probatoria antes de su jubilación, como un esfuerzo para desacreditar su testimonio. Joe habló de un programa que había desarrollado muchos años antes, que aún era utilizado por el FBI. Hugo y Tony sabían el verdadero valor del testimonio de Joe sobre la política encubierta, las reacciones de la administración a los agentes de UC, y los efectos de las asignaciones UC en agentes del FBI.

CAPÍTULO 43

JOAQUÍN MANUEL GARCÍA

Joaquín "Jack" García asistió a la universidad de West Texas State y jugó fútbol americano universitario con el famoso entrenador Joe Kerbel. Se graduó de la Universidad de Richmond con una licenciatura en español. Jack nació en La Habana, Cuba, y cuando se graduó de la universidad, pesaba 305 libras. Jack era un doble agente del FBI, no por las actividades de espionaje o por su figura, sino porque se convirtió en un agente dos veces, el 4 de febrero y el 4 de mayo de 1980. En la primera ocasión, después de haber dejado su trabajo como investigador en la oficina del Fiscal del Condado de Unión City en Nuevo Jersey, pesaba 280 libras cuando el SAC de Newark le tomó su juramento como agente del FBI.

En su primera clase para nuevos agentes en Quántico, los instructores le llamaron la atención, lo sacaron de la clase, lo pesaron y descubrieron que pesaba 280 libras. Los instructores le informaron que no cumplía con los estándares de peso del FBI y no representaba la imagen correcta de un agente de la Organización. Quántico le dio dos opciones: renunciar, con una posible reincorporación después de perder peso, o que el FBI lo despidiera sin ninguna posibilidad de reincorporación. Aceptó la opción número uno.

Esta era la primera vez que un agente había sido aceptado, jurado y luego se le informaba que superaba los estándares de peso requeridos por el FBI. También fue la primera vez que Jack se sintió avergonzado y humillado delante de sus compañeros. Como había sido un jugador de universidad y semiprofesional en fútbol americano, su capacidad física en su peso le permitió aprobar todos los programas de acondicionamiento físico del FBI. La dificultad surgió porque sus 280 libras causaban un problema de percepción de imagen para la Organización, no porque Jack careciera de capacidades.

Después de la experiencia con Jack, el FBI inició una nueva política de pesar a los candidatos antes de hacerlos jurar como agentes. Aunque Jack sabía de casos en que agentes en formación habían sido reciclados a posiciones en oficinas del FBI — como traductores, técnicos o personal administrativo — el FBI falló al ofrecerle cualquier tipo de empleo. De hecho, lo obligó a renunciar. Jack se estresó tanto después de su renuncia, que su peso se disparó.

El agente especial Jim Pledger le envió una carta con las firmas de todos sus compañeros de clase en Quántico, informándole que los demandantes creían que el FBI se había equivocado al no permitirle ser reciclado y en las acciones que llevó a cabo. Querían verlo regresar. Quántico también falló al no ofrecerle ningún tipo de orientación o asesoramiento.

La administración no resolvió el problema, ya que Quántico lo identificó como un hecho relacionado a su estado físico. Si alguna razón médica hubiese impedido a Jack completar el entrenamiento, podría haber comprendido, pero se rehusaban en darle la oportunidad de completar sus clases con sus compañeros agentes debido a su peso. El día que renunció, los funcionarios le dijeron que tenía que abandonar las instalaciones del FBI a la hora de la puesta del sol. El juez Bunton comentó: «Quien te dio esa orden, es un hombre valiente». Cuando Jack subió al estrado por primera vez, el juez Bunton notó su prominencia y bromeó diciendo que, si tuviera que elegir a alguien para estar a su lado, lo elegiría a él.

Después de dejar un buen trabajo, con personas agradables quienes le dieron una fiesta de despedida, Jack estaba muy avergonzado de trabajar para el FBI, la agencia legal más respetada del país, desempeñándose muy bien en todas las pruebas físicas requeridas, y luego descubrir que querían despedirlo debido a su peso. No era porque careciera de integridad, o por falta de aptitudes o habilidades, tampoco porque le faltara ambición: fue debido a que su peso presentaba una imagen inadecuada de los agentes del FBI. Jack arriesgó su salud con una dieta de hambre poco saludable que lo llevó a orinar con sangre.

Posteriormente, Jack regresó a Quántico. Bajó mucho de peso durante los tres meses siguientes. Después de graduarse de Quántico, trabajó en Newark en asuntos de solicitantes, robos de bancos, casos de fugitivos y de terrorismo. Trabajó en una asignación especial de noventa días en San Juan y luego se desempeñó durante tres años y medio como agente de misiones peligrosas de UC en la División de Nueva York. Cuando Jack reapareció, la FBIHQ lo transfirió a la División de Filadelfia.

Trabajar como operario encubierto en casos profundos tiene sus inconvenientes. Jack explicó: «Como agente UC, trabajé en una operación muy delicada que, si la corte me permite, preferiría no detallar, debido a su naturaleza. Sin embargo, no me tuvo involucrado con ninguna forma de relaciones administrativas con el FBI, con esto quiero decir ninguna exposición a agentes. No hubo exposición a cosas normales y cotidianas, como tomar cualquier entrenamiento físico o de armas de fuego. No recibí ningún entrenamiento previo a mi trabajo encubierto o una evaluación psicológica; tampoco supervisaron mi asignación. El agente del caso o "handler" me visitaba para repasar la operación y ver lo que estaba logrando».

Un "handler" es un agente de caso que se encarga de la parte administrativa de un caso encubierto. El "handler" de Jack se reunía con él en algunos almuerzos o cenas.

El SAC, ASAC y varios supervisores también tenían conferencias con Jack, y ninguno de ellos jamás mencionó su peso. Sin embargo, justo cuando terminó su trabajo encubierto y regresó a su trabajo normal, su peso otra vez se convirtió en un obstáculo con los supervisores del FBI, esto a pesar de que Jack no tenía ningún impedimento con su capacidad física.

Cuando terminó su misión encubierta, Jack regresó a Quántico para pruebas y evaluaciones y se reunió con un individuo de la unidad de ciencias del comportamiento. Él subió de peso en su misión encubierta, ya que durante los tres años y medio previos, había mantenido un estilo de vida muy lujosa, con acceso a una cuenta de gastos generosa y cuentas abiertas en los mejores restaurantes de Nueva York, y Jack no descuidaba de ninguno. El FBI le había proporcionado un apartamento lujoso, acceso a limosinas, joyería ostentosa y relojes de $ 21.000. Jack dijo: «Lo que fuera, yo lo tenía. Si yo te daba mi nombre encubierto, tenías una mesa garantizada en la ciudad de Nueva York». La asignación UC nunca le requirió parecerse a un agente del FBI. Comió en los mejores restaurantes de la ciudad, mientras que la mayoría de los agentes hispanos trabajaban en tediosas asignaciones del "Circuito Taco".

Jack testificó: «Cuando estás en terreno del FBI, todo el mundo es una especie de clon; todos se ven iguales. El FBI nunca mencionó algo sobre mi peso durante la operación. Nunca hubo exámenes físicos ni restricciones sobre ello. Desde mi primer día en el FBI, el programa de peso me ha complicado las cosas. Yo no elijo ser así y ciertamente no quiero ofender a algunos directivos, sobre todo en Filadelfia. Desarrollé algunos malos hábitos alimenticios durante mi papel encubierto y he hecho toda dieta imaginable. Descubrir que el FBI podía eliminarme de sus listas debido a mi peso obstaculizó mi pérdida de peso. Estando encubierto en una situación peligrosa, yo estaba constantemente nervioso».

Jack sentía que, si su peso iba a ser un problema para el FBI en futuras asignaciones, sus jefes podrían, al menos, haberle aconsejado, monitoreado o informado al respecto. Jack consideraba que sus capacidades físicas estaban a la par con los requerimientos físicos del FBI, aunque había gerentes que suponían que él era perezoso debido a su peso. Recibió evaluaciones altas de desempeño y pasó todos los requisitos físicos y de armas de fuego. Sin embargo, él no tenía un "rabino" para protegerlo, a diferencia de algunos agentes con sobrepeso que no sufrían como él. Durante su servicio regular, la humillación que sufrió y el constante ambiente hostil le hicieron difícil llevar a cabo su trabajo. Jack sabía de un director adjunto y un ASAC que tenían sobrepeso, y nunca enfrentaron ningún tipo de acoso.

Jack tampoco recibió su oficina de preferencia en su reingreso, a pesar de que los SACs, ASACs y supervisores le habían asegurado que la tendría. No recibió premio, incentivo ni recomendación por los tres años y medio que pasó encubierto mientras sacrificó tiempo con su familia y debió asociarse con personas que despreciaba. En sus órdenes de transferencia, una advertencia discriminatoria declaró que Jack no debía trabajar en asuntos cubanos de ninguna naturaleza sustantiva. Cuando un anglo trabaja un caso encubierto profundo involucrando a otros anglos, el FBI no excluye a aquel agente anglo de futuros casos con anglos.

Cuando se reunió con la unidad de ciencias del comportamiento, Jack consideró que su comportamiento era contradictorio al de la División de Filadelfia. Después de su llegada a Filadelfia, Jack trabajó en una posición muy visible en el equipo de solicitantes donde se reunía con empresarios de alto perfil, jueces, contadores y abogados, pero el SAC lo removió de esa posición.

Luego, Jack presentó una denuncia a la EEO y pidió protección en contra del SAC Wayne Davis hasta que procesaran la queja. La protección solicitada acarreó ataques provenientes de sus ASAC y supervisores. Se sentía incómodo sabiendo que Davis había transferido al SSA Arnie Gerardo desde Allentown a Nueva York. Jack informó que, dentro de la división, aparecieron carteles anti hispanos y comentarios contra Arnie, un agente que Jack sabía era un excelente trabajador y un buen administrador. Wayne Davis testificó que impidió que Jack se convirtiera en un supervisor suplente por su falta de experiencia, y concurría con las instrucciones de la FBIHQ que recomendaban que Jack no trabajara en casos de cubanos. En respuesta a las preguntas, Davis admitió que no tenía conocimiento de ningún agente de color al que el FBI hubiera instruido para nunca más trabajar casos involucrando a otras personas de color.

CAPÍTULO 44

ARNOLD R. GERARDO

Arnie Gerardo tenía doce años de experiencia con la policía en el momento en que ingresó al FBI el 8 de marzo de 1976, bajo el programa de lengua hispana. Arnie sirvió en el FBI durante once años. Primero trabajó en Los Ángeles y luego fue trasladado a la Academia del FBI, sirviendo como instructor de gestión con responsabilidades en el Programa de Evaluación de Administradores (MAP), la DEA, y entrenamiento de secretariado. Él proporcionó instrucción de desarrollo ejecutivo a todos los niveles, incluyendo a SACs y jefes de policía en todo el país.

Arnie recibió una multitud de cartas de recomendación. Fue transferido a la Unidad de Crímenes de Personal, donde coordinó los asuntos de la FAA (Asociación de Aviación Federal), incluyendo el programa de antisecuestros de aerolíneas y robos de bancos en el suroeste, que incluía a Los Ángeles. Durante un año en particular, la unidad de Arnie investigó 1.900 robos a bancos, además de secuestros y extorsiones en todo el suroeste. Después de un año, se trasladó a la sección de crimen organizado, donde dirigió los asuntos de este tipo de crimen y fiscalización de drogas, además de servir como jefe de unidad primaria.

Las evaluaciones de desempeño de Arnie eran excepcionales — las más altas calificaciones posibles en el FBI. Nunca actuó a un nivel que reflejara deficiencia alguna que requiriera de atención. Aun así, Arnie no recibió ninguna promoción, hasta que la administración le sugirió que postulara para ir a Allentown, Pennsylvania, sub oficina Regional del FBI (RA) de la División de Filadelfia, una agencia pequeña que consistía de quince agentes, cuatro empleados de apoyo y un técnico de contabilidad.

En 1982, cuando Arnie fue trasladado a la Unidad de Delitos de Personal en la Academia del FBI, trabajó para el Jefe de Unidad Drew Clark, que parecía ser un supervisor muy apto. Sin embargo, Arnie escuchó declaraciones desconcertantes que consideraba difíciles de entender. Un día, cuando Arnie habló con Clark y discutían sobre asuntos de trabajo, Clark indicó que él pensaba que Arnie presumía de ser hispano. Arnie, quien, a la edad de cuarenta años, no había escuchado comentarios de esta naturaleza después de pasar la mitad de su vida en el cumplimiento de la ley, le pidió a Clark que repitiera lo que acababa de decir. Así lo hizo Clark. Después de pensarlo, Arnie visitó al Jefe de Sección John Schreiber varias veces y pidió una transferencia, aunque él nunca mencionó la conversación con Clark. Ninguna transferencia se llevó a cabo.

Arnie solicitó una docena de diferentes puestos de supervisión que, por supuesto, nunca recibió, aun teniendo altas calificaciones — más que algunos de los seleccionados, pero a veces sentía que la selección estaba justificada. En el ínterin, Arnie encontró un cambio a su carga de trabajo, asignaciones y otras cosas. Se dio cuenta de que la administración había decidido complicar el logro de sus funciones. Arnie supo de una vacante para un puesto en la sección de crímenes organizados que no necesitaba la aprobación del Consejo de Ascensos, pero nuevamente no tuvo éxito. Arnie presentó una denuncia a la EEO contra Clark dentro de la división de entrenamiento y se trasladó a la sección de crimen organizado, donde trabajó para McWeeney. Finalmente, pudo cumplir con su trabajo, y recibió numerosas cartas de recomendación y en adición dos excepcionales calificaciones más.

Fue durante este período que Arnie recibió una llamada telefónica de Mat Pérez en Los Ángeles buscando asesoría para la EEO. A pesar de algunas dificultades, Arnie asistió a Mat con su queja. Después de que Mat presentó su demanda, Buck Revell convocó a Arnie a su oficina. Arnie no estaba al tanto de que había enfurecido a Revell por haber ayudado a presentar una queja en contra de uno de los directivos de Revell. Arnie testificó:

«Pensé que se refería a algún memorándum que había escrito en relación con la denuncia que yo había presentado. Él dijo: "Me refiero a la denuncia que presentaste en relación con Mat Pérez". Yo le respondí: Sr. Revell, con el debido respeto, Señor, realmente no deberíamos estar discutiendo eso. Eso es un asunto privado entre el señor Pérez y el proceso administrativo de la EEO, y los que participan en ese proceso. Me dijo que cualquier cosa que afectara a su división era su preocupación, y que no me quería ver en ello. El tiempo que pasé en la preparación de la queja de la EEO, así como las llamadas de teléfono, se efectuaron fuera de mis horas de oficina, fines de semana y por la noche. Estoy haciendo mi trabajo, tal como el Sr. McWeeney atestiguará, obteniendo altas calificaciones.

Él me amenazó y me dijo que, en su división y en la sección de crímenes contra propiedades, no había habido discriminación. Le dije que difería con él, se había producido discriminación contra mí y le reiteré la declaración del señor Clark. El preguntó por qué no se lo había dicho. Le dije que todo el mundo en la Organización, incluyendo Wayne Gilbert, su director adjunto, sabía de eso. Supuse que él también lo sabía. Él dijo: "Yo te puedo decir una cosa: la discriminación no existe en mi división", dando a entender que lo hacía ver mal. Dijo que él era en parte indio americano y que tenía una o dos hijastras orientales. Esa fue su respuesta luego de que le indiqué que había discriminación en la sección de crímenes contra propiedades».

«Él menciono a Mat Pérez de nuevo y yo dije: "Eso es entre el señor Bretzing y el señor Pérez y el proceso administrativo de la EEO, Sr. Revell, y realmente no creo que deberíamos estar discutiéndolo". Él lo menciono en otras tres o cuatro ocasiones. Dijo: "Más vale que hayas estado en lo correcto en las acusaciones, o sufrirás las consecuencias de tus acciones a largo plazo". Yo le dije en ese momento que estaba al tanto de las consecuencias y dispuesto a aceptarlas. También pensé que habría una investigación objetiva para la queja de Mat».

Con el tiempo, Arnie salió de la oficina, mientras que McWeeney permaneció allí. Arnie escribió un resumen de su conversación con Revell. McWeeney posteriormente le dijo a Arnie que Revell le había indicado que quizás se había salido de sus casillas, que Arnie estaba haciendo un buen trabajo y era un buen agente, y que tal vez deberían olvidar todo el asunto. Arnie estuvo de acuerdo, pero después de pensarlo más detenidamente, y sobre todo conociendo la convicción que Mat tenía en sus quejas contra Bretzing y el FBI, Arnie redactó una denuncia de represalias, a pesar de que él buscaba una promoción profesional y sabía que Revell ejercía un fuerte poder.

Arnie fue aconsejado que solicitara la posición en la sub oficina regional de Allentown, así que pensó que el incidente de Buck Revell había quedado en el pasado y que era mejor ir ahí. El SAC de Filadelfia, Phil Hogan, mencionó que tenían varios problemas en Allentown: dos agentes habían conducido ebrios, otro había sido despedido después de que se le descubrió usando ropa de mujer, y otro había sido trasladado fuera de la oficina por problemas administrativos.

Allen Tolan, el ASAC asignado como supervisor de Arnie, no estaba contento con la asignación de Arnie a Allentown. El jefe de la policía local y los oficiales en la Academia Nacional le informaron a Arnie que Allentown tenía la reputación de ser una sub oficina regional (RA) fiestera y que los agentes pasaban la jornada laboral jugando golf. Aunque las estadísticas de la oficina eran buenas, en términos de la comunidad, los altos estándares del FBI para el profesionalismo parecían estar ausentes. El SAC Hogan le dio instrucciones a Arnie para monitorear y hacer todo lo posible para reducir el número de actividades negativas.

Arnie descubrió lo mucho que la RA de Allentown carecía tanto en recursos como en equipo. Esta era ahora su oficina. El SAC Hogan fue transferido al puesto de ADIC en Nueva York, y el SAC Wayne Davis lo reemplazó. El ASAC Tolan a menudo jugaba al golf con los agentes de Allentown, y Arnie tuvo que evitar esa conexión. Un día,

Tolan le dijo a Arnie que se reuniera con él en el mismo hotel donde Arnie se reunía con sus informantes. En el hotel, Tolan le dijo a Arnie que los agentes se habían quejado porque era demasiado estricto. Arnie se refirió a su experiencia en la FBIHQ y le aconsejó a Tolan que la RA necesitaba más disciplina, pero que iba a ser cuidadoso con ese asunto. Después de eso, Arnie viajó a Virginia durante tres días con su familia.

A su regreso, Arnie se enteró de que Tolan había viajado a Allentown para discutir la situación con el personal de ahí, aunque Tolan no le rindió a Arnie la cortesía de hablar con él sobre esta visita de antemano. Al revisar su expediente personal para el juicio, Arnie se encontró con un memorándum de Tolan que contenía comentarios negativos. El memorándum decía que Tolan había aconsejado a Arnie en diversas áreas de la queja; sin embargo, no existían este tipo de incidentes. Las declaraciones en el memo no se referían al trabajo de Arnie, sino que eran ataques de carácter personal. Esto sucedió después de que Arnie había estado en Allentown varios meses y, después de que un SAC le había dado instrucciones específicas acerca de los problemas de disciplina; ahora un ASAC estaba permitiendo la falta de disciplina.

El supervisor suplente en Allentown era Bill Jones, un agente que había postulado a la posición de SSRA al mismo tiempo que Arnie. Tolan, la mayoría de los agentes en Allentown y Deborah Wycoski, la secretaria de Arnie que recibió su posición a través del patrocinio de Jones, lo apoyaron para el puesto.

Wycoski era una buena secretaria, pero Arnie creía que ella lo estaba engañando, además, era poco cooperativa en temas laborales. Él se reunió con ella para discutir su desempeño laboral. Cuando no mostró mejoras, nuevamente se reunió con ella para retomar el tema. Wycoski se negó a responder y lloró. El lunes siguiente, un agente se quejó de que se había enterado de que Arnie había hecho llorar a Wycoski. Arnie le preguntó a esté, si tenía previsto actuar como su representante legal, ya que Arnie era el representante legal de la oficina. Arnie entonces le dijo que tenía problemas con el desempeño de Wycoski y que se lo había hecho saber. La siguiente semana, Wycoski presentó acusaciones de mala conducta contra Arnie.

Arnie se dio cuenta de que la oficina de Filadelfia había recibido hechos falsos e inconsistencias sobre varios incidentes en el que la oficina de Filadelfia había iniciado una investigación administrativa sobre él. Los ASACs Tolan y Robin Montgomery le informaron que había una queja pendiente. Arnie sospechaba que todo provenía de las charlas que había sostenido con su secretaria a causa de su bajo desempeño laboral, pero le dijeron que tenía que ver con una denuncia de un vale. Arnie les dijo que había viajado a Filadelfia para revisiones de archivos y, camino a casa, se detuvo a cenar y cargó el costo en un vale. La segunda queja alegaba que Arnie había llevado a su hija al consultorio del médico en un Bucar, (un vehículo del FBI), en horas de trabajo.

Wayne Davis pidió la remoción de Arnie del escritorio de la SSRA, lo cual se convirtió en una investigación administrativa mayor. Normalmente, las oficinas locales conducen las investigaciones sobre denuncias de vales. La FBIHQ recibió las declaraciones de la investigación de Filadelfia y declaró que el cargo de cinco dólares para la cena era una violación, ya que Arnie había regresado a Allentown antes de las 5:00 pm. La investigación descubrió errores en el plazo del vale, pero no errores financieros, ya que un viaje oficial que continuaba después de las 4:00 pm calificaba para tres comidas diarias.

La FBIHQ repasó todos los comprobantes previamente presentados por Arnie, incluyendo su vale de transferencia. Arnie testificó: «Eso era práctica común allí con el SSRA anterior, porque estábamos más o menos como a sesenta millas de la oficina de Filadelfia. Posteriormente, esos vales iban a Filadelfia para ser autorizados por alguien asignado a su procesamiento antes de su presentación a la FBIHQ para el pago correspondiente». Por lo tanto, se trataba de un sistema de retención en nómina, pero uno que Arnie no conocía. El FBI no pudo probar las acusaciones, así que Davis añadió un alegato que decía que Arnie permitía a agentes suplentes de supervisión firmar correos y vales. Anteriormente, Tolan le había aconsejado a Arnie que este era el estándar para la eficiencia.

El resultado fue que Arnie fue degradado de GM-14 a GS-13, suspendido por treinta días sin sueldo, y además trasladado a las calles de Nueva York, todo esto basado en hallazgos que indicaban que carecía de honestidad, había llevado a su hija al médico sin solicitar permiso por enfermedad y permitió que supervisores suplentes que no estaban certificados firmaran el correo del FBI. El castigo por estos presuntos delitos parecía excesivo en comparación a las sanciones en situaciones similares que Arnie había visto, oído o sabía que les había sucedido a otros.

Arnie sufrió represalias por su participación y representación en la queja de EEO de Mat. Todo se fue cuesta abajo cuando Revell le avisó que más consecuencias estaban por venir. Las evaluaciones, premios y sus avances laborales se congelaron porque Buck Revell, un hombre de influencia y poder, le ordenó a Arnie alejarse de la queja de Mat presentada a la EEO, y en tres ocasiones, le advirtió que habría graves consecuencias.

Una vez, Arnie solicitó un puesto de supervisión en Los Ángeles bajo el SAC Bretzing. Arnie tenía calificaciones altas, y McWeeney solidariamente le pidió a Bretzing su consideración. McWeeney le dijo a Arnie que Bretzing indicó que no estaba contento con que él se involucrara con Mat. Arnie por supuesto no obtuvo el trabajo, ya que Bretzing transfirió lateralmente a un agente de la división de Los Ángeles a ese escritorio.

La transferencia disciplinaria de Arnie a Nueva York creó una situación financiera muy grave para su familia. Apeló a ella mediante la cadena de mando de Webster, Ed Sharp y otros. La apelación nunca llegó a ningún sitio — habría consecuencias de largo plazo para Arnie. Después de siete meses en la ciudad de Nueva York, Arnie recibió varias ofertas de trabajo. El 10 de mayo de 1987, aceptó un puesto como agente especial con el Servicio de

Aduanas de Estados Unidos, el cual lo promovió a un grado superior, lo puso a cargo de quince investigadores y recibió varios premios de incentivo.

En el contrainterrogatorio, Arnie testificó que su calificación de éxito mínimo en el elemento de supervisión de subordinados se debió a la resistencia causada por su elección para el cargo y porque se encontró con varios individuos que requerían supervisión en su desempeño. El FBI no siguió las directrices de evaluación de desempeño, las cuales le habrían dado tiempo para remediar las supuestas deficiencias. Siguiendo las instrucciones de su ASAC y SAC, Arnie permitió que el supervisor suplente firmara sus vales.

Oliver "Buck" Revell testificó que citó a Arnie Gerardo a su oficina para informarle de que no quería que él participara en rumores con respecto al SAC Bretzing y para informarle que no tenía autoridad para actuar como consejero de Mat Pérez. Revell testificó que ignoraba que Arnie era un consejero de la EEO. Después de ese incidente, Revell rechazó la petición de Arnie para un puesto de supervisor de campo, indicando que no había cumplido el tiempo mínimo en la división de la FBIHQ.

Después de la declaración de Revell, Wayne G. Davis, el SAC de Filadelfia, testificó que no tenía conocimiento alguno de que Arnie Gerardo hubiese enseñado habilidades de gestión durante dos años tanto en la Academia del FBI como en todo el país. Davis no estaba al tanto de que el SAC anterior en Filadelfia había dado instrucciones a Arnie para enfrentar los problemas de personal, los cuales incluían agentes borrachos y jugadores de golf en la RA de Allentown.

Davis afirmó que no podía recordar si el vale de la cena de Arnie era por menos de cinco dólares, pero agregó que creía que era un mentiroso. También testificó que Arnie tenía a agentes actuando como supervisores substitutos suplentes, en violación a las normas y procedimientos del FBI – aunque, al haberlo hecho, Arnie pudo haber estado siguiendo instrucciones de su ASAC.

La investigación administrativa de Davis recomendó despedir a Arnie como supervisor y su traslado a otra división. Afirmaba que Arnie había perdido eficacia y ya no podía trabajar como supervisor. Añadió que haría la misma recomendación en cualquier caso similar. Posteriormente, Davis revisó pruebas documentadas en las que un agente de color y un anglo cometieron, lo que parecía ser, actos graves y atroces. Davis leyó las pruebas documentadas 836, 837 y 838, que eran denuncias similares presentadas contra su propio ASAC y otro agente. Sin embargo, en esos casos, Davis optó por no despedir, degradar o trasladar a ninguno de los agentes.

Mientras se desempeñaba como agente del FBI, Arnie aceptó y soportó el abuso verbal, así como trabas en su camino por el prestigio del FBI, el dinero, el trabajo de investigación y las muchas ventajas añadidas que la Organización ofrecía al ser agente. Sin embargo, el sistema dentro del FBI requería cambios, ya que la explotación y la manipulación de desinformación, las investigaciones internas y administrativas, la Oficina de Responsabilidad Profesional (OPR), y el semblante abusivo y desequilibrado, habían causado que la Organización permaneciera aislada de cualquier presión exterior.

En una organización como el FBI con estándares normales, múltiples grados educativos, una fuerte ética de trabajo, un desempeño excepcional, elogios externos, experiencia, un instinto por la justicia, y una pasión por el progreso, uno podría esperar que aquellos que más se esmeraran en el desempeño de su trabajo avanzaran. Pero los obstáculos que Arnie recibió de una organización por la cual hubiese dado su vida, demostraron ser capaces de impulsarlo a llevar sus servicios a las Aduanas Estadounidenses, un lugar en el que tendría derecho a "una taza llena" — en lugar de una "sólo a la mitad".

CAPÍTULO 45

PAUL P. MAGALLANES

Paul Magallanes obtuvo un título de licenciatura en el St. Mary's College en Winona, Minnesota, y una maestría en Administración de Justicia de la Universidad Americana en Washington, DC. Ingresó al FBI en 1968, y al momento del juicio estaba celebrando veinte años de servicio en la Organización. Paul tenía una amplia experiencia en trabajo encubierto del FBI e intervenciones telefónicas, así como experiencia investigativa general, incluyendo contrainteligencia extranjera. Fue transferido cuatro veces antes de servir en Los Ángeles.

Paul había testificado anteriormente en El Paso para la audiencia de certificación de la demanda y la audiencia relativa a la orden de restricción temporal. Paul testificó que él y otros agentes hispanos no recibieron el puesto de examinadores de polígrafo en Los Ángeles y describió cómo el procedimiento violó las regulaciones establecidas. Después de que Paul apareció ante el tribunal en diciembre de 1987, la oficina de Los Ángeles le negó una oportunidad de ser asignado a la escuadra de reclutamiento para hispanos. Paul pidió ser reasignado lejos de la escuadra antidroga, en donde trabajó durante seis años. Desarrolló un problema médico en su espalda, pero esta no fue la razón verdadera por la cual Bretzing lo delegó a servicio limitado.

En diciembre, cuando Paul regresó a Los Ángeles desde El Paso, el ASAC Gary Lisotto le informó que no había vacantes en la escuadra de reclutamiento. El 4 de enero de 1988, Lisotto confirmó la selección de Roberta Burrows para la escuadra de reclutamiento, y posteriormente afirmó que la oficina necesitaba a un agente más joven en dicha escuadra. Cuando Paul cuestionó a Lisotto sobre la importancia de reclutar a hispanos, éste respondió: «Bueno, ya sabes, es un largo viaje desde el este de Los Ángeles a Westwood». Westwood es el barrio de clase alta donde se encuentra la oficina del FBI, mientras que la gente identifica el este de Los Ángeles como un barrio de clase económica baja, una comunidad México-americana. Paul respondió que los hispanos vivían en todas partes de Los Ángeles, incluyendo tanto Westwood como Santa Mónica, y no se limitaban al Este de Los Ángeles. Lisotto respondió encogiendo los hombros.

En julio, Paul se enteró de que se enfrentaría a una investigación administrativa y sería sujeto a una posible investigación criminal porque, durante su declaración, afirmó sus derechos bajo la Quinta Enmienda por consejo de su abogado. Por otro lado, Lisotto inició la investigación administrativa porque declaró que Paul había tomado licencia laboral sin presentar una hoja de permiso o solicitar autorización. A principios de febrero de 1988, Paul había tomado sólo media hora de licencia laboral.

Una semana antes del juicio, Lisotto informó a Paul que la investigación administrativa por la presunta licencia no autorizada ya no estaba activa. Paul pidió una copia de tal comunicado, pero nunca la recibió. Al revisar su expediente personal en el período previo a la demanda, descubrió que había sido sujeto a otra investigación administrativa en 1985, cuando un supervisor de FCI lo acusó de espionaje y cargos similares, pero no relacionados con aquellos hechos contra el agente de Los Ángeles Richard W. Miller, el condenado espía soviético.

La división de LA inició la investigación de FCI contra Paul, porque un registro de facturación bajo investigación mostró una llamada a su teléfono, lo que causó la revisión de sus llamadas telefónicas. La oficina de Los Ángeles documentó todo lo relacionado al trabajo de Paul —llevaban un "libro" sobre él, donde registraban dónde iba, la gente con quien se reunía y a quien llamaba.

Paul creía que las medidas llevadas contra él, la negación de la posición como examinador de polígrafo, su traslado de una oficina subregional del FBI (RA) a la oficina principal, la confiscación de su arma de fuego, la remoción de su vehículo asignado por el FBI y toda la presión de los supervisores que encontró, se debían a su participación en la demanda colectiva. Paul, que tenía veinte años de servicio intachables investigando casos peligrosos, no se merecía el trato que recibió por parte de la administración.

En el tribunal, Paul revisó los documentos presentados por el gobierno respecto a la lista de medicamentos que tomaba el ASAC Lloyd Dean para sus problemas de dolor de espalda. Paul se enteró que Dean tomaba medicamentos similares a los que él usaba para su propio problema de espalda, y que nadie puso a Dean en servicio limitado, nadie confiscó su arma ni lo transfirió a otra asignación, y, por último, que nadie le quitó su vehículo asignado por el gobierno. Nunca hubo ninguna indicación de que alguien alguna vez hubiera dudado de la veracidad de la licencia médica de Dean, por el hecho mismo de que el ASAC Dean no era hispano.

En el contrainterrogatorio, la Sra. Black intentó demostrar que había diferencias entre los problemas de espalda de Paul y Dean. El juez le dijo que no se molestara con ello, porque él había revisado los documentos pertinentes.

Gary A. Lisotto testificó que Paul Magallanes había viajado a Nueva York para asistir a un programa de televisión con el consejo y guía de su abogado. Lisotto no sabía si Paul había contactado a su escuadrón durante el tiempo que pasó en Nueva York o si les había informado a sus supervisores cómo comunicarse con él mientras estaba ausente. Lisotto no tenía conocimientos médicos y afirmó que, debido a esta falta de información, no podía verificar si los dos médicos del gobierno, o el médico personal de Paul, habían comprobado si estaba apto o no para desempeñar su trabajo.

Mark Codd, que sirvió en la FBIHQ, testificó que el FBI necesitaba agentes hispanoparlantes nativos, pero también admitió que no envió agentes a reclutar hispanos en una feria para grupos minoritarios celebrada en Los Ángeles. Él, sin embargo, dio testimonio de que envió representantes a un evento organizado por la División de Los Ángeles de la Liga Urbana, una organización afroamericana. Hugo le preguntó a Codd por qué el FBI podía localizar a fugitivos y terroristas en todo el país, pero no podía encontrar hispanos para contratar como agentes. Codd no respondió.

Posteriormente, Bretzing testificó que había aprobado la remoción de Paul de la RA de Ventura, la confiscación de su arma y la suspensión de su autoridad para conducir un vehículo del gobierno, debido a los medicamentos que tomaba para el dolor de espalda, a pesar de que dos médicos del gobierno y el médico personal de Paul nunca hicieron tal recomendación. Durante su testimonio, Bretzing reconoció que sabía de la relación entre Paul y Mat y las quejas de la EEO.

CAPÍTULO 46

YVONNE SHAFFER-PÉREZ

Yvonne Shaffer-Pérez, esposa del demandante Mat Pérez, se unió al FBI en San Juan en 1977 sirviendo como taquígrafa-mecanógrafa bilingüe en inglés y español, oficinista de bóveda de evidencias, oficinista de bóveda de comunicados de alta seguridad y secretaria de la patrulla de seguridad de la Oficina de San Juan.

El director Webster, a través del subdirector Colwell, había previamente instruido a Mat que dejara de salir con Yvonne después de que éste fue nombrado SAC en San Juan, esto debido a que una acusación de seguridad en contra de Yvonne había salido a la superficie. Yvonne no estaba al tanto de la acusación, pero sabía que el FBI no quería que Mat se relacionara con ella. Yvonne pidió un traslado fuera de la isla, ya que no quería causarle problemas a Mat y sentía una atmósfera incómoda alrededor de la oficina.

La FBIHQ le ofreció una posición en la oficina del Agregado Jurídico de la Embajada de Estados Unidos en la Ciudad de México, pero antes de irse, la FBIHQ la envió a DC para recibir entrenamiento adicional. Sin darse cuenta de que estas órdenes eran un ardid, Yvonne llegó a DC para descubrir que la Oficina de Responsabilidad Profesional (OPR) había iniciado una investigación administrativa y, después de varios interrogatorios poco éticos y sesiones ilegales, se enteró de las acusaciones en su contra. Los interrogadores le advirtieron de que no contactara ni a un abogado, ni a Mat Pérez, y de que no debía hablar sobre la investigación con nadie, ni siquiera con sus propios padres.

La primera pregunta de la OPR fue: «¿Cuántas veces se ha acostado con Mat Pérez?». Ella respondió: «No es asunto suyo». Marty Ford la acusó de entregar información secreta al Partido Socialista de San Juan. Como la hija de veintitrés años de edad de un mecánico de aviones de la Fuerza Aérea de Estados Unidos, Yvonne intentó recordar algo en su pasado que llevara al FBI a manifestar tales increíbles ideas, pero no encontró nada. Yvonne se sintió desesperada, acorralada y confundida.

Ella pensó que era su deber ayudar a sus interrogadores para así demostrar su inocencia, y que debía hacerlo por su familia y Mat. Era una virtual prisionera debido a las restricciones que le fueron infringidas mientras estaba en Washington, lugar donde se enfrentó a interrogatorios diariamente. La OPR obligó a Yvonne a tomar exámenes "voluntarios" de polígrafo. Ellos le informaron que había indicios de engaño en una pregunta específica. Le preguntaron si había visitado Jamaica, lo cual ella negó y era completamente cierto. Yvonne no estaba al tanto que Jamaica era un país a menudo utilizado por los servicios de inteligencia comunista de la Cuba de Fidel Castro como un lugar para reunirse con sus informantes. El FBI la abrumó con preguntas sobre su actividad sexual con Mat. Art Czintos, un ex compañero de trabajo de Mat en la oficina de Los Ángeles, le preguntó: «¿Cómo va la fiesta?», ya que la llevaban de una oficina a otra para ser interrogada. Rodney McHargue, ex supervisor de San Juan intervino, para ganarse el favor de sus jefes, y acusó a Yvonne de ser "una puta".

El FBI presionó a Tom Kelly, un funcionario de alto rango y amigo de Mat, quien le dio alojamiento a Yvonne mientras ella estaba en Washington, D.C. Forzado, Kelly le pidió a regañadientes a Yvonne que se fuera de su casa.

Mientras reflexionaba sobre las supuestas inconsistencias del examen de polígrafo, el EAD Buck Revell le confió a Yvonne que él tampoco había aprobado los exámenes de polígrafo en el pasado, pero había corregido sus deficiencias. Él cumplió el rol de "policía bueno" con simpatía. Revell mintió, ya que no era un amigo cercano de Mat, y le dijo que podía confiar en él. Yvonne se negó a morder el anzuelo.

En cambio, acusó a sus interrogadores de mentirle y violar sus derechos. Se dieron cuenta de que tal vez habían sobrepasado su autoridad. Yvonne habló con una abogada de la oficina del director Webster, diciéndole que se sentía despreciada y emocionalmente violada.

La abogada se comprometió a estudiar el asunto y le expresó que el comportamiento del FBI había sido poco profesional y que alguien debía pagar por los hechos. No fue así. En un momento de debilidad, Marty Ford le dijo que ella: «Era completamente inocente, o la mejor espía que Fidel Castro había tenido». El FBI concluyo la investigación, pero no permitió que Yvonne tomara una misión en el extranjero debido a lo expuesto en su examen de polígrafo. Le dijeron, sin embargo, que podía escoger cualquier oficina doméstica para su nueva asignación.

Después de noches sin dormir, Yvonne se dio cuenta de que ya no quería trabajar para el FBI, y llamó a Mat para decirle lo que había estado sucediendo. A la mañana siguiente, presentó su carta de renuncia. La administración del FBI fingió sorpresa y le dijo a Yvonne que no tenía ninguna razón para irse o incluso estar preocupada por su trabajo, ya que ella era inocente de las acusaciones. La OPR le dijo que las divisiones penales y de inteligencia querían hablar con ella. Aliviada de que la FBIHQ ya no la trataba como un objeto inanimado, erróneamente aceptó entrevistarse con las Divisiones Cinco (Inteligencia) y Seis (Criminal) antes de regresar a Puerto Rico, pensando equivocadamente que dichas conversaciones se iban a tratar de empleo y reubicación para ella.

Sin embargo, los titiriteros movieron las cuerdas para volver a preguntarle a su marioneta sobre su vida sexual con Mat. Encadenada, manipulada y agotada, las cuerdas se rompieron y el espectáculo terminó cuando ella resucitó con sus últimas palabras al salir del escenario, diciéndole a los manipuladores: «Jódanse».

Cansada del teatro, tomó un vuelo a las 16:00 horas de regreso a Puerto Rico. Se casó con Mat un mes más tarde. Yvonne continuó sufriendo, ya que los ataques a Mat continuaron. Nunca presentó una denuncia a la EEO, ya que, según sus propias palabras: «...las quejas de la EEO... todo el mundo sabe que no sirven para nada».

Ivan M. Ford declaró que no podía recordar ciertos hechos debido a que ya habían transcurrido ocho años desde que había entrevistado a Yvonne. Sin embargo, informó al tribunal de la fecha exacta de la acusación y las fechas exactas en las que Yvonne estaba en la FBIHQ. Ford recordó que Yvonne tomó el examen de polígrafo tres veces y que se ofreció como voluntaria para cada uno de ellos. Ford no recordaba si Yvonne había pedido un abogado, ya que la entrevista había sido sólo una investigación administrativa, la cual no requería de la "Advertencia Miranda". Documentos judiciales demostraron que Ford y David Flanders, el agente a cargo de la OPR, habían leído los derechos Miranda a Yvonne (la Advertencia Miranda es dada a personas que están bajo custodia por funcionarios de los Estados Unidos como un derecho a mantener silencio antes de ser interrogadas para preservar la admisibilidad de su declaración contra ellos en un proceso criminal).

CAPÍTULO 47

DAVID VELÁZQUEZ

D avid Velázquez, nacido y criado en Brooklyn, Nueva York, recibió su educación en la Universidad de Columbia. Tres meses después de haberse graduado, en agosto de 1982, ingresó en el FBI como empleado en Nueva York y se convirtió en un agente especial en 1984. Trabajó en El Paso, Texas, antes de trasladarse a San Juan, Puerto Rico. Ingresó al FBI bajo el programa de idiomas. David trabajó como especialista en lenguaje, incluso antes de entrar a la Organización y realizar exactamente el mismo trabajo como agente.

Mientras estaba en San Juan, Dave proporcionó una declaración jurada apoyando la demanda colectiva. El SAC Esposito lo llamó a él y a su esposa, Priscilla Velázquez, (que no era una agente), a su oficina el 16 de julio de 1987, a las 17:10. Dave testificó:

«Cerró la puerta y de inmediato me mostró una copia de mi declaración jurada. Dijo que la había tenido en su poder durante aproximadamente una semana. Añadió que no sabía quién la había colocado en su buzón. Esposito dijo que la había leído varias veces durante la semana y que se había molestado bastante con su contenido. Él me preguntó por los contenidos específicos de la declaración jurada, el lugar del caso, los abogados y el número de hispanos involucrados, así como el nombre del juez en cuestión. Dijo que había tomado específicamente en cuenta un párrafo en la declaración jurada, que se refería disimuladamente a la participación de Esposito en represalia contra los agentes hispanos».

Esposito dijo que admiraba al Sr. Pérez por todo el dolor y la angustia que había aguantado por continuar con este litigio. Sin embargo, pensaba que la demanda no tenía fundamento. Según David: «Se ofendió de que yo manejara o administrara, "un boletín clandestino", y que, si quería decir algo acerca de la demanda, podía hacerlo en un foro abierto en la oficina. El problema con eso era que él se iba una semana después. Él estaba muy enojado. Sus expresiones faciales nos hicieron ver que estaba molesto conmigo y mi esposa».

Esposito nunca informó a Dave el por qué había solicitado la presencia de Priscilla en la reunión, ya que esto intimidó tanto a Dave como a ella. Entonces, Esposito ordenó que salieran de su oficina sin decir lo que pensaba hacer con la declaración jurada. Varios meses después, cuando David le informó a sus nuevos SAC y ASAC que iba a viajar a El Paso para testificar, el ASAC John Phillips le advirtió que recordara que el FBI tenía una memoria infalible.

Durante el contrainterrogatorio, Dave admitió que se sentía humillado en ese momento como para pensar en ir a una conferencia con todos los agentes para hablar de la demanda, y mucho menos pensar en convocar una conferencia por su cuenta. No creía que Esposito había actuado de manera sincera cuando le dijo que podía anunciar la demanda en una conferencia en la oficina. David recordó una asignación especial y exitosa en San Juan en la que le otorgaran un premio era lo que correspondía, según el procedimiento estándar, pero en contradicción a eso, él no recibió nada.

En el séptimo día del juicio, Esposito, un abogado familiarizado con privilegios de abogado/cliente, habló de la demanda colectiva y del encuentro con los participantes de la misma, David y Priscilla. Esposito dijo haber recibido una carta no solicitada, un documento probatorio G-1798 del gobierno, que indicaba que David temía represalias por su participación como miembro de los demandantes. Esposito reconoció que convocó a David y a su esposa a su oficina y que les habló de su decepción por el hecho de que David pensara que él o cualquier otro agente del FBI tomarían represalias en su contra por su participación. El documento probatorio G-1799 era un documento sobre las actividades de David, que Esposito innecesariamente reportó a la Unidad de Servicios Administrativos.

CAPÍTULO 48

PRIMITIVO RÍOS, JR.

Primitivo "Jay" Ríos, nacido en San Juan, Puerto Rico, se graduó de la Universidad Florida Atlantic. Tenía diez años de experiencia en orden público antes de ingresar al FBI en 1979 a través de la División de Miami, donde comenzó como agente. Después de dos años, se trasladó a San Juan, luego volvió a Miami y nuevamente fue a San Juan. Trabajó en casos penales, FCI y especiales en TDY. Estando en Miami como primer agente de la oficina, trabajó en el Éxodo del Mariel, interrogando a los refugiados cubanos y cubrió tres asignaciones TDY del Circuito Taco en menos de dos años. Después de fallar el examen de idioma, Jay ingresó bajo el programa modificado debido a su experiencia legal. En 1984, tomó otro examen de idiomas y recibió un nivel de calificación 4.

Jay se encontraba en San Juan durante el período de inspección del SAC Mat Pérez. «Antes de la inspección, era de conocimiento general entre el personal de apoyo y los agentes de calle, que el equipo de inspección vendría a destruir a Mat Pérez. Cuando planeaban destruir a alguien, significaba que ese alguien se convertía en un blanco. A veces nadie lo sabía». Dijo que era de conocimiento general en la oficina que había luz verde para destruir la carrera de Mat. Jay no creía que Mat mereciera el abuso de los inspectores debido a todos los casos importantes que se desarrollaron en San Juan. Confirmando la sensación inminente de caos en San Juan, John Guido, el ayudante de un Inspector, dijo lo siguiente acerca de varios agentes: «Vamos a enseñarles a estos cabrones quien manda».

Durante el contrainterrogatorio, Jay testificó que, cuando terminó su contrato de dos años en San Juan, a pesar de que ya había servido en una de las doce oficinas mayores, recibió la orden de ir a la ciudad de Nueva York. El FBI quería usarlo como ejemplo y demostrar que, si un agente sólo se quedaba dos años en una oficina específica, lo iban a enviar a la ciudad de Nueva York, sin importar su Oficina de Preferencia (OP). La mayoría de los agentes no hispanos, sin embargo, recibieron su OP con apenas dos años en San Juan. Él quería trabajar en Miami en casos criminales en su segunda misión, y en lugar de aprobarlo, Jay fue enviado al pelotón de FCI burlonamente conocido como el "Escuadrón Tamal" con otros dieciocho agentes de habla hispana.

En el octavo día del juicio, Terrance "Terry" Dinan testificó que había dirigido al personal de inspección cuando Mat era el SAC en San Juan. Dinan vivía con el EAD Lee Colwell, y afirmó que él nunca habló con éste o con el director sobre el desempeño de Mat como SAC en San Juan o sobre los rumores de que había un complot en contra de éste, aunque los inspectores descubrieron treinta y cuatro áreas de incumplimiento en San Juan atribuidos al liderazgo de Mat.

El personal de inspección informó que el treinta por ciento del personal permanente de investigación de la oficina no recibía asignaciones muy a menudo, pero Dinan no podía responder por qué el FBI, a raíz de esta determinación y con la remoción de Mat, continuó permitiendo la llegada masiva de agentes temporales para trabajar los cuatro casos importantes designados. Dinan testificó que Mat había abrogado su autoridad, y que esto fue un factor importante que contribuyo al mal rendimiento de la oficina de San Juan. Declaró que no tenía conocimiento de que el FBI hubiese removido a cualquier otro SAC por deficiencias administrativas.

A pesar de haber servido como inspector y SAC, Dinan declaró que era difícil comprender el término del FBI y la definición asociada a un "Caso Mayor", lo que no le agradó al Juez Bunton:

RODRIGUEZ: «¿Cuántos Casos Mayores a usted originado en la División de Cincinnati desde que ha sido SAC?».

DINAN: «¿En cinco años, cuántos Casos Mayores?».

RODRIGUEZ: «Sí, Señor».

DINAN: «Ok, defina que son "Casos Mayores"».

RODRIGUEZ: «¿Casos Mayores?».

DINAN: «Deme una mejor idea».

RODRIGUEZ: «Caso Mayor es cómo el FBI lo define».

DINAN: «¿Es dónde se agrupa a más de una persona, o algo así?».

CAPÍTULO 49

RAYMOND P. YELCHAK

R aymond P. Yelchak se retiró del FBI después de servir como SAC en El Paso, Texas. Inició su trabajo con la Organización en julio de 1956 y trabajó como empleado por seis años. Durante dos años y medio de ese período, trabajó como oficinista con gran placer y mucho respeto para el director J. Edgar Hoover. Ray asistió a la Universidad George Washington, la Universidad Católica, y se graduó de la Universidad del Sureste, en Washington, DC. Como agente, trabajó en Louisville, Kentucky, en la RA de Covington, Dallas, Búfalo y luego en la FBIHQ antes de convertirse en ASAC en Filadelfia. Después de que fue ascendido a GS-16, se desempeñó como SAC en Sacramento, CA, durante seis años, hasta 1986, cuando fue transferido como SAC a El Paso, Texas. Ray se jubiló el 16 de agosto de 1987.

Antes de llegar a El Paso, Ray hizo un recorrido con funcionarios de la FBIHQ por un período de dos días, donde recibió información sobre las operaciones llevadas a cabo en ese lugar. Un alto funcionario del FBI, Buck Revell, le dijo a Ray que El Paso era una ciudad fronteriza con muchos casos relacionados con narcóticos. Revell también habló con él sobre Mat, un ASAC GS-16 en El Paso, describiéndolo como un bueno para nada y problemático. A su llegada a El Paso, Ray consideró que Mat Pérez era un asistente muy bien calificado, bien educado, bilingüe y altamente competente. Como SAC, observó a Mat a través de dos evaluaciones de desempeño; su primera calificación para éste fue excelente y su segunda calificación fue globalmente excepcional. Aunque Mat tenía la preocupación de que la FBIHQ estaba tras sus pasos, en represalia por la presentación de quejas por discriminación, Ray pensó que Mat era un individuo bien equilibrado, sensato, que no demostraba actitudes de arrogancia y no había creado ninguna división en la oficina entre hispanos y los no hispanos.

Ray envió una carta al director Webster que describía varios casos en los que él creía que había actos claros de represalias tomadas contra Mat. Con una acción civil activa, Mat preguntó si podía asistir a una conferencia de prensa organizada por su abogado en una estación de televisión local. Él planeaba tomar vacaciones anuales, estaría fuera de servicio y no diría nada. Mat no quería correr el riesgo de sufrir acusaciones de insubordinación o cualquier otro cargo, así que quería asegurarse de que todo estaba bien. Ray habló con el jefe de la EEO en FBIHQ, el subdirector Ed Sharp, el EAD Glover y el diputado de AD Milton Aldridge de Asuntos del Congreso. Para evitar cualquier peligro con el juicio activo, ningún ejecutivo de la FBIHQ, cautelosamente, ofreció comentario alguno, negando a Ray cualquier orientación de supervisión.

Pasó el tiempo y llegó el día de la conferencia de prensa. Ray llamó de nuevo a Aldridge, quien se encontraba en la oficina de John Glover, y Aldridge informó a Ray que el FBI no sancionaría la asistencia de Mat a la conferencia de prensa y tampoco interferirían con sus derechos de la Primera Enmienda. Glover ordenó a Ray que el representante de medios de la División de El Paso observara la conferencia de prensa. Ray no veía ninguna necesidad de esto y se opuso, ya que Mat estaría fuera de sus horas de trabajo y no iba a hablar. La conferencia de prensa programada fue en una estación de televisión hispana local. Ray pensó que el envío de un observador del FBI era inadecuado, ya que algunos podrían interpretar tal acción como una interferencia, intimidación o un acto de represalia, algo que no sería necesario, ya que todos los clips de televisión y artículos de prensa relacionados estarían disponibles para que el FBI los revisara tanto localmente como en la FBIHQ. Aldridge reiteró que esas fueron las órdenes de Glover. Ray le dijo a Aldridge que iba a seguirlas para evitar cargos de insubordinación, pero que se sentía obligado a expresar sus preocupaciones.

La FBIHQ también envió un comunicado con un tono fuerte, insistiendo en que Mat no había seguido las instrucciones de la FBIHQ relacionadas con un programa delicado que él manejaba y que Ray debía garantizar que Mat llevaría a cabo las órdenes del FBI. Ray testificó:

«Hubo una amenaza de insubordinación, la cual yo recibí con gran alarma. Llamé a Mat y le pedí ver el comunicado al que se hacía referencia. No pudo encontrar ninguno. No tuvimos ningún registro de este comunicado mediante el cual supuestamente nos instruían para hacer ciertas cosas dentro de este programa. Después de una búsqueda exhaustiva de nuestros registros, no pudimos encontrar nada.

Informamos a la FBIHQ. Algún tiempo después, recibimos otro comunicado y, por lo que recuerdo, ahora era Revell quien lo firmaba. La respuesta llegó con un archivo adjunto, el cual era una mala copia de lo que parecía ser un comunicado hostil, casi inventado. Simplemente no encajaba. Mat no podría haber cumplido con esas instrucciones porque no habíamos recibido tal comunicado.

Yo estaba muy preocupado por eso, ya que parecía ser, tal como lo describimos, un airtel falso. Más tarde, se determinó que el comunicado original fue hallado mucho tiempo después, ya que se había perdido y fue encontrado en la oficina de uno de los ayudantes de dirección. Los tiempos de este no encajaban. No tenía sentido. Es casi como si no existiera, y fue creado posteriormente para hacer parecer que Mat no estaba haciendo su trabajo. Hablé de esto en una carta que escribí a Bill Webster, donde le expresé mis preocupaciones».

Ray recomendó a Mat con varias condecoraciones, las cuales la FBIHQ se negó a otorgarle. En una ocasión, Ray recomendó una carta de elogio para Mat del director por su desempeño en la detención de un prófugo de la DEA involucrado en un tiroteo policial. Ray observó a Mat en la escena con el equipo SWAT, la DEA, y dos jóvenes agentes novatos, quienes trabajaron con un alto grado de profesionalismo. Ray recomendó premios de incentivos para los dos agentes novatos y una carta individual de elogio para Mat. La FBIHQ negó las peticiones. Ray protestó ante el AD Sharp. Éste concedió a los dos agentes sus premios de incentivos y aconsejó a Ray que podría incluir observaciones en la evaluación del desempeño de Mat, pero nada más.

En otra ocasión, había tres ladrones de bancos armados y peligrosos en el área de El Paso. Ray observó su detención, lo que involucró que Mat administró el caso, supervisó al equipo SWAT y controló la escena del crimen. Ray recomendó otra carta de recomendación para Mat, pero nuevamente no tuvo éxito. En otra instancia, las autoridades mexicanas solicitaron la asistencia del FBI con la captura de un sujeto de alto perfil. Ray testificó:

«Mat, en mi ausencia, se encargó de todo y organizó una incursión muy exitosa. Una vez más, hice recomendaciones para el reconocimiento de los agentes involucrados, incluyendo a Mat Pérez, y de nuevo esto fue negado».

Mat tenía una queja y quería a Leo Gonzales, el consejero de la EEO más experimentado en El Paso, para aconsejarlo. La FBIHQ rechazó la petición de Mat, indicando que Leo ya había servido una vez en calidad de representante para él. Por lo tanto, no podía servir como consejero. Una vez más, Ray no estaba de acuerdo con la decisión.

Ray nunca había creído que hubiese discriminación en contra de los hispanos en el FBI hasta que aterrizó en El Paso. Pensó que poner más énfasis en la contratación de hispanoparlantes mejoraría las condiciones de los agentes hispanos del FBI. Ray testificó:

«Vi la situación con Mat Pérez y con Leo Gonzales. También oí de una serie de otros casos fuera de la División de El Paso, de los que yo no estaba consciente. Me causó preocupación el hecho de que al parecer existía un patrón allí. No puedo decir que había discriminación contra los hispanos en todos los ámbitos en el FBI, pero sí existía un patrón que vi en el caso de Mat y Leo, así como otros casos que llamaron mi atención después de llegar a El Paso. Esto me preocupó enormemente».

Sobre su retiro, Ray recomendó muy altamente y con grandes elogios a Mat para que lo reemplazara como Agente Especial Encargado de la oficina de El Paso. La FBIHQ, sin embargo, le negó la posición a Mat.

Apoyar a Mat afectó negativamente a la carrera de Ray. Él lo sintió en el tono de los comunicados que le llegaron de la FBIHQ, en la falta de respuesta a peticiones específicas y en las evaluaciones de desempeño que recibió al compararlas con las muchas otras obtenidas antes de su llegada a El Paso.

Cuando los agentes hablan del "FBI", se refieren a los agentes de campo, los agentes visibles que hacen arrestos, y los que traen el reconocimiento público a la Organización. La FBIHQ a menudo se mantiene en el anonimato. Ray explicó: «Por ejemplo, en los comunicados que recibimos de la FBIHQ no hay siglas y no se sabe quién necesariamente los solicita. La FBIHQ, en mi opinión, es un puñado, de tres o quizá cuatro individuos muy fuertes y de alto rango que manejan el FBI: Oliver Revell, John Otto y John Glover».

En el contrainterrogatorio, Ray testificó que una vez presentó una denuncia a la EEO en contra el director Webster debido a discriminación religiosa. Cuando fue SAC en Sacramento, John Mintz le dijo que el FBI estaba considerando su traslado a Memphis, Tennessee. Ray recordó a Mintz sobre la carta de una médico presentada en relación con el riesgo de salud que corría su esposa si se mudaba fuera del área de Sacramento y que Webster le había asegurado que tal documento se mantendría como el primero en su archivo personal. Mintz le dijo que era mejor que actualizara la carta del médico. Antes de que pudiera obtener otra carta del médico de su esposa, Webster envió a Ray un comunicado ordenando su traslado fuera de la oficina de Sacramento. En este comunicado, Webster intentó imponer sus creencias religiosas de la Fe Cristiana y, con tono insensible, dio instrucciones a Ray para superar sus problemas personales. Ray recordó que esta actitud Científico Cristiana se manifestó anteriormente en el fallecimiento de la esposa de Webster, donde mostró el mismo tipo de prejuicio religioso que la FBIHQ ahora trataba de imponer a la esposa de Ray. Ray testificó: «Él ignoró por completo la carta del médico. El Director me dio su carta antes de que pudiera conseguir otra carta del médico para mi esposa. Y me gustaría añadir, Señoría, que mi caso aún está pendiente y no sé cuánto puedo declarar aquí hoy». Ray recibió una reprimenda verbal sobre el incidente con John Mintz.

Ray también se quejó en contra de Lee Colwell sobre su elemento de evaluación de desempeño de "éxito satisfactorio". Antes de su traslado a El Paso, Ray Yelchak tenía evaluaciones de desempeño "sobresalientes" y "excelentes". El creía que su evaluación más baja de desempeño resultó a causa de su apoyo a Mat y que las acciones del FBI contra Mat eran en represalia por sus quejas en la EEO.

En el sexto día del juicio, el EAD John Glover, de la División de Servicios Administrativos, declaró que, a pesar de que autorizó premios de incentivos para SACs, ASACs y agentes, no aceptó la recomendación para dar premios de incentivos para el SAC Ray Yelchak y el ASAC Mat Pérez por su participación en casos de alto perfil en El Paso. Glover testificó que el apoyo de Ray para el litigio de Mat contra el FBI no tenía nada que ver con su decisión.

Glover admitió que había mejorado la fuerza de trabajo en Dallas cuando tuvieron un problema con fracasos bancarios. En un marcado contraste, Glover no proporcionó ningún ajuste a la fuerza de trabajo en Puerto Rico después de que Mat Pérez había pedido ayuda en San Juan con cuatro casos muy relevantes de terrorismo que involucraban bombardeos a las bases estadounidenses, destrucción de la propiedad del gobierno de Estados Unidos y asesinatos de personal militar estadounidense.

Revell testificó que él convocó a Ray Yelchak a la FBIHQ para aconsejarlo sobre sus problemas. Revell le dijo que parte de su responsabilidad en la supervisión de Mat era mejorar el desempeño de éste y asegurarse de que había un equipo coherente de administración en la oficina de El Paso. Afirmó que él nunca se había referido a Mat como "un bueno para nada y un problemático". Revell también declaró que las necesidades del FBI eran los requisitos que tenían prioridad sobre las necesidades individuales, incluso por encima de otras necesidades de aspecto sub-organizacional.

John Otto testificó que Ray Yelchak tenía debilidades identificables cuando fue SAC en Sacramento y afirmó el testimonio de Revell de que trajo a Ray a la FBIHQ para aconsejarlo acerca de sus propios problemas, y no los problemas de Mat. Mientras tanto, Glover declaró que Ray malinterpretó los méritos de los logros de Mat.

En su opinión, Mat estaba en El Paso como ASAC porque el juez Webster, el Dr. Colson, el Obispo Bretzing y los tres EADs - Otto, Revell y Glover, creían que Mat necesitaba orientación administrativa y porque sinceramente querían que mejorara. Los seis ejecutivos pensaron que era en beneficio de la Organización enviar a un "problemático SAC" para dirigir una oficina con un "problemático ASAC" que necesitaba ayuda administrativa, y que de alguna manera todo se justificaba por "las necesidades del FBI."

Los problemas de Ray comenzaron cuando él decidió no estar de acuerdo con los demás y utilizar los pasos que aprendió en la vieja escuela de J. Edgar Hoover del FBI, quien tomó una postura sobre los derechos civiles que estaban en clara oposición al Ku Klux Klan. Se trataba del FBI de Hoover y de Ray —no el del Juez, del médico, del obispo o de los tres amigos EAD. Ray recordó que, bajo la dirección de Hoover, los agentes demostraron sus valores al imperio de la ley como una familia del FBI y compartían pensamientos sanos, razonamientos sólidos e intercambios respetados. Se negó a participar en derribar a uno de sus propios agentes, un hombre que tenía el derecho legal de presentar una queja. El trabajo de Ray era ayudar a la gente a mejorar y proporcionarles las mejores condiciones para llevar a cabo el trabajo del FBI. No vio ningún peligro en los valores Jesuitas de Mat y en los de la Organización, sus habilidades administrativas o ética de trabajo. Ray reconoció que la dificultad provenía de una sola cosa: "Tener Principios."

CAPÍTULO 50

BERNARDO MATÍAS "MAT" PÉREZ

En el contrainterrogatorio, Mat testificó que creía que el director Webster era un racista étnico porque se había negado a entender la discriminación sistémica del FBI y las sanciones que la Organización le había impuesto. Él creía que una persona que actúa injustamente contra otra por su raza, género, origen nacional o edad es, por definición, un intolerante. Aunque Mat reconoció que no sabía lo que había en el corazón del director, sabía que Webster había apoyado acciones contra Mat y los hispanos. Webster y su personal impugnaron los derechos y la esencia de la mujer que amaba, Yvonne Shaffer-Pérez. Bajo la administración de Webster, el FBI sometió a Yvonne a interrogatorios ilegales, inmorales y poco profesionales, haciendo que la investigación administrativa se volviese criminal mientras que los agentes de la FBIHQ le negaron el acceso a un abogado.

Mat no tenía duda alguna de que Webster lo había degradado y expulsado de San Juan, y el personal de inspección de esa localidad ratificó la agenda de la FBIHQ del director: él fue quien transfirió a Mat de San Juan a Los Ángeles. Mat creía que los inspectores tenían órdenes de magnificar asuntos triviales en lugar de centrarse en el caótico terrorismo en curso en Puerto Rico. La inspección en sí no tenía una agenda antihispana; en cambio, los inspectores fueron tras el jefe de la oficina, el Agente Especial Encargado mexicano-estadounidense. Los hallazgos de la inspección se demostraron en el tribunal como injustos y deshonestos, y presentaron una imagen inexacta de la situación en San Juan. Los hallazgos llevaron a un trato desigual que hizo que el proceso de inspección fuera una parte de una agenda antihispana.

En noviembre de 1979, Webster nombró a Mat como SAC en San Juan después de que sirvió como ASAC en esa localidad durante siete meses. Mat consideraba al director Webster, el Dr. Lee Colwell, y Buck Revell como sus mentores, lo que hizo que la experiencia fuese una traición inconcebible para él. La revisión de las 25,000 páginas de su archivo personal reveló a Mat la existencia de muchos actos traicioneros. Los funcionarios de la FBIHQ le decían una cosa y escribían lo opuesto en su archivo personal. Mat se lamentó, declarando:

«Lo peor de este tipo de acciones es que causa una inseguridad severa debido a que el FBI es muy fuerte. No todo lo que estoy diciendo aquí apunta a un conflicto anglo-hispano, debido a que el 99% de todos los agentes no actúan de esta manera. Sin embargo, aquellos pocos en posiciones de poder han hecho estas cosas. Y yo estaba luchando. Yo sabía que estaba obteniendo resultados. Hablaba con mis agentes hispanos a diario; estaban de acuerdo conmigo».

Mat recordó que su SAC en Miami, un alcohólico crónico, a menudo le amenazaba con despedirlo o degradarlo, pero prefirió hacer caso omiso a esas incoherentes amenazas. Cada SAC es diferente, y la FBIHQ le permite a cada uno cierta libertad en sus decisiones. Unos pueden ejecutar operaciones innovadoras y no convencionales, mientras que otros prefieren no hacerlo. Mat reconoció que quienes manejan la FBIHQ tenían derecho a insistir en que las oficinas siguieran los procedimientos del FBI, pero la FBIHQ controlaba tanto la financiación como los recursos, y cometía errores.

Mat testificó que John Glover, el EAD afroamericano, y las personas de cualquier color, podrían ser considerados racistas antihispanos si seguían órdenes discriminatorias. Él dijo: «Y si no defiende lo que cree que es justo, creo que él es culpable de esas acciones».

En junio de 1982, Mat llegó a Los Ángeles como ASAC Administrativo. Se dio cuenta de que, bajo el mando de Bretzing, la raza y la religión eran los factores determinantes en las decisiones administrativas. Mat creía que la religión mormona de Bretzing y el Libro de Mormón demostraban un sesgo inherente contra aquellos cuyo color de piel era diferente al blanco y permitía discriminar. Agregó: «Kit Carson se casó con una mujer nativa americana, y después de su muerte se casó con una mujer mexicana, pero seguramente luchó contra y mató a mexicanos y a indios». El Departamento de Justicia, la FBIHQ y Bretzing se unieron contra Mat. El desempeño de Mat nunca satisfacía a Bretzing, que nunca quiso a Mat en LA.

Mat recibió una carta de censura de Webster por la divulgación no autorizada de vales de viaje de Bretzing. Mat había llevado tales vales a su audiencia de la EEO. El FBI prohíbe la transmisión de sus documentos a particulares sin aprobación oficial. Mat no contaba con este tipo de autorización para mostrar los comprobantes a sus abogados. No consideró que tales documentos estuviesen relacionados con una investigación oficial del FBI, en cambio, creía que eran documentos del gobierno administrativo. Pensó que el proceso de la EEO le permitía dar este tipo de documentos de viaje a su abogado durante una audiencia oficial de la EEO en el que los abogados del FBI estarían presentes, y que era su derecho hablar de ellos en la audiencia.

El alegato de discriminación en contra del director era en serio. Mat se sintió molesto y ofendido cuando el programa de la EEO bajo la administración de Jeter decidió no enviar a un inspector, sino que a un agente Grado 14 con dos horas de entrenamiento de EEO para manejar su queja. Mat le dijo a Burdina Pasenelli que era injusto para él y para Pasenelli que ella actuase como investigadora de la EEO y consejera ya que las acusaciones apuntaban al director del FBI. Mat presentó varias quejas a la EEO contra Bretzing y Webster por trato desigual, discriminación religiosa contra hispanos y represalias. El DOJ incluso trató de que todo pareciera como si el director le hubiese hecho un favor a Mat enviándole de California a El Paso, ya que Mat era de California. Mat respondió: «Eso es

270

como preguntarle a una persona "¿preferiría ser fusilado o ahorcado?"».

Decenas de agentes hispanos no ingresaron en el FBI bajo el programa de lenguaje, aun cuando algunos hablaban español con mayor o menor fluidez, muchos lo suficientemente bien como para usar sus habilidades lingüísticas en el cumplimiento de las necesidades investigativas de la Organización. Mat reconoció que los agentes utilizaban sus habilidades al máximo de su capacidad para llevar a cabo la misión del FBI.

Mat, como supervisor en Los Ángeles, escuchó quejas de los agentes hispanos aludiendo cargas de trabajo excesivas. Él también fue parte de este sistema de discriminación como supervisor, ASAC, y SAC. Un sistema que había incidido de manera injusta en grupos específicos. A modo de ejemplo, en la oficina de El Paso, Mat supervisó a nueve agentes, dos de los cuales hablaban español. Los agentes quienes no hablaban español no podían trabajar muchos casos de secuestros, de robos de bancos o extorsiones. Cuando le asignó casos a quienes no hablaban español, a veces se requirió que los agentes de habla hispana trabajaran sus pistas. Mat tuvo que recurrir a los nuevos agentes Luis Fraticelli y David Velázquez para manejar la mayoría de los trabajos en español. Otro agente bilingüe de Mat, Jim Beck, un anglo, también tenía demasiadas tareas y responsabilidades de habla hispana. El no abordar la situación de agentes con sobrecarga laboral fue un acto de discriminación y condujo a problemas repetidos de EEO en el FBI.

El FBI se negó a reconocer la urgente necesidad de hispanoparlantes; la raza no era problema al principio. La carga de las investigaciones en español recayó sobre los pocos agentes hispanos. Mat tenía la teoría de que, si bien Webster no tenía ninguna intención de poner una carga injusta sobre los hispanos y saturarlos, el FBI no hizo el esfuerzo suficiente para reclutar a más hispanoparlantes o utilizar a los hispanoparlantes anglo que tenía en sus filas.

Mat aclaró su posición y afirmó que no todos los hispanos tenían asignaciones excesivas y no todos los anglos tenían pocos casos, y que nadie debería definir este juicio como de hispanos contra anglos. Una percepción en la administración decía que las personas que tenían un apellido hispano ipso facto hablaban español, y cualquier agente que tuviera apellido hispano sería sobrecargado con trabajo.

Los comandantes de la Asociación de Policía Hispanoamericana (HAPCOA), una organización de hispanos de alto rango en el orden público, solicitaron por escrito que Mat asistiera a su convención. El FBI afirmó estar interesado en reclutar hispanos, y esta parecía ser la convención ideal. El FBI, en dos comunicados separados, rechazó el plan, debido al excesivo costo involucrado. El viaje a Albuquerque desde El Paso habría costado alrededor de $32, un poco menos que llenar un tanque de gasolina. En respuesta, la HAPCOA ofreció pagar todos los costos. Aun así, la respuesta fue un rotundo "no". Posteriormente, el director del FBI confirmó que no podía dejar que Mat Pérez diera un discurso en la HAPCOA debido a su participación en el juicio. Mat recordó una conferencia de reclutamiento en la que Webster le informó que quería reclutar más hispanos. Mat le aconsejó dejar de contratar abogados y contratar a hispanoparlantes en su lugar. El director no hizo caso.

El testimonio de Mat en el juicio se cerró con la discusión de varias cartas discriminatorias que había recibido. Una carta de William C. Asbury, un agente que parecía incapaz de hacer preguntas, afirmó que la orden para el descubrimiento sobrepasaba la necesidad del juicio, que la información personal proporcionada a través del descubrimiento no era relevante, que el litigio era un daño para todos los agentes fuera de la demanda, que Mat era una desgracia y una vergüenza, que debería renunciar, y la relación de Mat con su esposa, sobre quien el autor de la carta afirmaba que era una mujer involucrada en actividades terroristas, comprometía asuntos investigativos. Esta carta ilustraba la histeria típica manifestada por agentes demasiado perezosos para descubrir los hechos y estar dispuestos a dejar de lado cualquier talento investigativo que podrían haber reclamado poseer. Los agentes ya no se preocupaban por su imparcialidad objetiva. El espíritu de equipo del FBI se convirtió en prioridad por sobre la integridad.

El lunes después del testimonio de Mat, el Subdirector Ejecutivo (EAD) John Glover, declaró que tal vez lo consideraría para una asignación en la FBIHQ antes de tenerlo en cuenta para cualquier posición como SAC. Glover dijo que, como ASAC en Newark, había contratado y dado discursos para el FBI, pero no aprobó la solicitud de Mat para reclutar personal en la conferencia en Albuquerque de la HAPCOA debido a problemas de financiación. Afirmó que su decisión de prohibir a Mat a asistir a la conferencia de la HAPCOA en Albuquerque o incluso considerarlo para SAC no tenía nada que ver con las quejas en la EEO.

El EAD John E. Otto afirmó que el FBI consideró todo cuando degradó a Mat por deficiencias administrativas, incluso el hecho de que sólo tenía una plantilla de cincuenta y cinco agentes asignados a San Juan para trabajar cuatro Casos Mayores de terrorismo, lo que incluía más de 150 atentados, asesinatos de personal militar y corrupción policial. Tras la transferencia de Mat a Los Ángeles, Otto no hizo seguimiento a la supervisión de Bretzing sobre Mat ni recibió informes por parte de Bretzing. No tenía respuesta de por qué el SAC Dick Held y Jim Esposito fueron capaces de seleccionar personalmente a los agentes que querían y se duplicó el tamaño de la oficina de San Juan durante sus administraciones. Otto no aprobó el aumento del personal de agentes en San Juan mientras Mat era SAC.

En el octavo día del juicio, Buck Revell testificó que Mat ascendió de ASAC a SAC con demasiada rapidez. Mat tenía diecisiete años de experiencia, sin embargo, Revell declaró que no creía que su propio ascenso a SAC en doce años de experiencia hubiese sido demasiado rápido.

Revell afirmó que en el día de su testimonio judicial descubrió que el Departamento de Justicia había terminado la investigación administrativa en contra de Mat. Él no pretendía saber si el FBI recomendaba despedir a Mat debido a esos cargos. Declaró: «Había una determinación en cuanto a si debía ser despedido o no, pero no he leído el memorándum». En referencia a la producción de un documento de sesenta y seis páginas, que recomendaba despedir a Mat, que no había sido serializado en el archivo oficial del FBI, Revell testificó que todos los documentos y archivos contenidos estaban serializados, pero que a veces permanecían en carpetas hasta que un caso es completado y luego serializado. Revell contradijo las reglas de mantenimiento y serialización de los documentos, lo cual es una violación.

Revell dijo que él nunca falló las dos pruebas de polígrafo realizadas por un examinador oficial de polígrafo del FBI, ya que el proceso de adjudicación no había confirmado la opinión del examinador de que Revell era un individuo poco fiable. Revell testificó que, si bien él no tenía autoridad para despedir a ese examinador, ese individuo ya no trabajaba para el FBI.

James Esposito testificó que, en 1981, Mat Pérez se desempeñó como SAC en San Juan y tenía un grupo de cincuenta y cinco agentes y cuatro Casos Mayores. En contraste para no proporcionar personal adicional a Mat, en 1983 la FBIHQ aumentó la dotación de agentes del SAC Richard Held a setenta y cinco cuando sólo había dos Casos Mayores. En 1986, Esposito aumentó su grupo a noventa y tres agentes.

El tribunal desaprobó la negación de Esposito para responder directamente a las preguntas, mientras trataba de justificar las decisiones del FBI con bastante esmero. El juez Bunton advirtió a Esposito y al Departamento de Justicia en seis diferentes ocasiones que solamente respondiera a las preguntas con un "sí" o un "no", o se enfrentarían a cargos de desacato al tribunal.

El FBI prioriza y califica sus programas de investigación. Esposito afirmó que no sabía si el personal de inspección había comprobado si Mat había organizado a su personal de acuerdo con las prioridades de investigación del FBI, a pesar de que anteriormente declaró que había revisado el informe de inspección de Mat cuando éste trabajaba para el SAC Held. En 1981, el FBI clasificó al terrorismo como décimo en su lista de prioridades; sin embargo, de 1983 a 1986, éste se ubicó como número uno. Esposito confirmó que un SAC tiene la autoridad para identificar y clasificar los problemas criminales en su respectivo territorio geográfico y abordarlos con el apoyo de la FBIHQ. El personal de inspección y la FBIHQ no le concedieron a Mat tal autoridad.

Esposito hizo que los tours de los agentes a San Juan fuesen de dos a cuatro años. Este fue el mismo plan que Mat había propuesto y la FBIHQ había negado. El director aprobó un plan el primero de octubre de 1969, que consistía en transferir a agentes novatos a una de las doce oficinas más grandes o darles la oportunidad de ir a San Juan por cuatro años y luego transferirlos a una oficina de preferencia. Esposito solicitó más personal, incluyendo un nuevo equipo administrativo. Él no quería que todo su personal en San Juan consistiera de hispanoparlantes, ya que creía que la diversidad era importante en todas las oficinas.

Una treintena de agentes postularon, de los cuales Esposito seleccionó a tres: James Rumchak, Steven Warner y Tommy Nessa. Sin embargo, no selecciono a Henry "Hank" Tenorio y otros agentes nativos de habla hispana, a pesar de su testimonio previo de que la prioridad de San Juan era contar con agentes de habla hispana y con experiencia investigativa. Antonio Silva interrogó a Esposito:

SILVA: «El señor Rumchak no habla español, ¿verdad?».

ESPOSITO: «Eso es correcto. Pero también era un supervisor, una posición que no funciona en la calle, ya que en gran parte es un puesto administrativo. La fluidez en un puesto de supervisión es preferida pero no necesaria».

SILVA: «¿Lo trajo para supervisar hispanos?».

ESPOSITO: «Bueno, la participación en el Programa de Desarrollo de Carrera para ser supervisor es voluntaria. Le dijimos que, si quería ser supervisor, podría serlo, y él dijo que sí. No se le ordenó ser uno, porque nosotros no tenemos esa autoridad dentro del FBI. Le pedimos que fuera el supervisor de ese equipo, y él aceptó y fue seleccionado a petición nuestra por la FBIHQ».

SILVA: «¿Su respuesta a mi pregunta es "sí"? ¿Lo trajo para ser el supervisor de los hispanos?».

ESPOSITO: «No, Señor».

EL TRIBUNAL DE JUSTICIA: «Obviamente, ese era su cargo».

Tres días después de que Mat testificó, Richard T. Bretzing, quien se desempeñó como SAC en Los Ángeles mientras Mat era el ASAC Administrativo, testificó que nadie le había informado de la intención de la FBIHQ de transferir a Mat como su ASAC. Tampoco nadie le informó sobre supuestas deficiencias administrativas de Mat. Él determinó por sí mismo que Mat no tenía las competencias ni la capacidad para llevar a cabo sus responsabilidades. Ni Bretzing ni ningún otro funcionario del FBI proporcionaron pruebas sobre algún programa de entrenamiento correctivo para ayudar a Mat. No recordaba si Mat había sido presentado de manera adecuada al personal de la oficina de Los Ángeles. Bretzing reconoció que a sus cotidianos "almuerzos de trabajo" asistían sus otros ASACs, pero Mat no, aunque éste era su asistente principal.

La conducta de los Consejos de Ascensos era crítica en la selección de las personas más calificadas para ser ascendidos, de acuerdo con Bretzing. Declaró que Mat había fallado en mantener la documentación o considerar las dimensiones del proceso de selección, sin embargo, Bretzing nunca mencionó la falta de documentación sobre sus compañeros mormones Miller, Brooks y Spilsbury. Bajo juramento, Bretzing afirmó que compartía la Iglesia Mormona y las conexiones sociales con Spilsbury, pero que no estaba seguro si Spilsbury era un mormón.

Mat alegó que Bretzing había viajado fuera de la división a Salt Lake City, que había una falta de notificación a otros SACs de sus visitas a otras divisiones, y que Bretzing había solicitado que agentes mormones oficiaran como guardaespaldas en Los Ángeles para un oficial de alto rango de la Iglesia Mormona. Mat también alegó que Bretzing favoreció a agentes mormones en misiones y ascensos, y que la oficina del FBI sustituyó una batería de un vehículo oficial para un auto de la hija de Bretzing. El expediente reflejaba que el FBI consideró las acusaciones como impunes dentro de las cuarenta y ocho horas siguientes. Luego resolvió rápidamente las investigaciones administrativas relativas a Bretzing; no así las de Mat.

Bretzing testificó que no había ningún favoritismo hacia los mormones en la oficina de Los Ángeles mientras él fue SAC. Sin embargo, mantuvo a un mormón espía soviético en la nómina, reintegró a un ladrón mormón con un problema de drogas a la posición de piloto de aeronaves, ungió a un mormón no-solicitante a una posición de examinador de polígrafo, y ordenó protección especial para un oficial de alto rango de la Iglesia Mormona. La administración del FBI honró la palabra de Bretzing, sus declaraciones y testimonios jurados sobre la imposibilidad de que él pudiese discriminar, eliminando las quejas de los agentes hispanos en su contra. Las circunstancias pudieran haber sido diferentes si Bretzing hubiera mostrado la misma pasión en las quejas de discriminación como lo hizo para la Iglesia Mormona. Se jubiló del FBI en 1988 y aceptó un puesto de seguridad con esta Iglesia. Bretzing se había jactado, el año antes de abandonar el FBI, de que "los mormones activos no renuncian a nada".

El Libro de Mormón describe a un grupo de personas llamadas "lamanitas" conocidas como "oscuros y repugnantes" ya que fueron maldecidas con tener piel oscura por sus inequidades. Bretzing negó que los mormones fueran "blancos puros y deleitables", pero dijo que pensaba que las frases estaban en algún lugar en el Libro de Mormón. Cuando se le preguntó si los "oscuros y repugnantes" lamanitas podían ir al mismo Cielo que los "blancos puros y deleitables" mormones, respondió que todas las personas pueden ir al Cielo.

En 1983, Bretzing reorganizó la oficina de Los Ángeles, cambiando a Mat de ASAC administrativo a ASAC penal. Bretzing solicitó que la FBIHQ removiera a Mat de la oficina de Los Ángeles debido a su falta de credibilidad y a la ineficacia de la relación entre los dos. Bretzing dijo que su decisión nada tuvo que ver con venganza. Quería evitarle a Mat una vergüenza adicional, por lo que le sugirió la alternativa de pedir una democión.

En un airtel dirigido al director, con fecha 8 de octubre de 1985, Bretzing alegó que el ASAC Pérez había hecho declaraciones falsas en el juicio por espionaje de Richard Miller. El Departamento de Justicia (DOJ) envió un comunicado a la FBIHQ con fecha 2 de febrero de 1987 renunciando a las acusaciones de perjurio en relación con los dos juicios de Miller. Bretzing testificó que él había aconsejado a Miller mientras estaba en investigación administrativa sobre las acusaciones de que era un espía soviético.

James Nelson, el ASAC en el área criminalística en Los Ángeles, confirmó que, aunque Bretzing había presentado a Nelson a la división de LA, como ASAC, Mat no había tenido ninguna presentación. Aunque Bretzing le informó a Nelson sus deberes, no había sido así con Mat. Bretzing no censuró a Nelson por aparecer en una investigación sin traje, pero sí lo hizo con Mat. Aunque Mat tenía un puesto superior al de Nelson, él nunca le informó a Mat sobre sus casos, ni tampoco recordó si Mat fue informado sobre una operación encubierta de $6 millones en Palm Springs. Nelson testificó que Bretzing era justo con Mat y que nunca observó evidencia alguna de favoritismo hacia los mormones o cualquier sesgo antihispano por parte de éste.

Ricardo León Estrada se desempeñó como Secretario Ejecutivo bajo el obispo Bretzing en la Iglesia Mormona de Los Ángeles y afirmó que nunca había observado a éste discriminar a los hispanos. En respuesta a la pregunta: «Cuando un lamanita se arrepiente y se convierte en un miembro de la Iglesia Mormona, ¿se hace "blanco puro y deleitable"?», Estrada respondió: «Esa es una pregunta incorrecta; no puedo responderla». El Libro de Mormón describe a los lamanitas como "oscuros y repugnantes "debido a la maldición de Dios sobre los descendientes de Lamán por su maldad y corrupción:

«Y él había hecho caer la maldición sobre ellos, sí, una penosa maldición, a causa de su iniquidad. Porque he aquí, habían endurecido sus corazones contra él, de modo que se habían vuelto como un pedernal; por lo tanto, ya que eran blancos y sumamente bellos y deleitables, el Señor Dios hizo que los cubriese una piel de color obscuro, para que no atrajeran a los de mi pueblo».

«En cambio, para los lamanitas que abrazan el Libro de Mormón: ...y las escamas de tinieblas empezarán a caer de sus ojos; y antes que pasen muchas generaciones entre ellos, se convertirán en gente pura y deleitable».

CAPÍTULO 51

BENITO PÉREZ, JR.

Benito Pérez, Jr. era un oficial de policía de El Paso con dieciocho años de experiencia en fuerzas de seguridad. Declaró que el 11 de abril de 1988, a eso de las 12:30 horas, cuando él y su compañero, Ed Uribe, salieron de su oficina dirigiéndose a sus trabajos de campo, se dio cuenta de que un vehículo estaba estacionado al otro lado de la calle del edificio City-County. Dentro del vehículo había una persona con un objeto oscuro. Cuando se acercaron, se dieron cuenta de que el individuo tenía una cámara con un teleobjetivo y fotografiaba a un grupo de personas que subían por las escaleras del Palacio de Justicia Federal. El vehículo tenía placas de California y era de color marrón claro. Benito se volvió hacia su izquierda y observó al grupo de individuos, uno de los cuales era Mat Pérez. Esa noche Benito vio un reportaje de televisión sobre la audiencia con respecto a la demanda civil de Pérez.

Al día siguiente, Benito vio a Mat y le dijo sobre el fotógrafo, quien Benito creía que era un agente federal debido a las placas de otro estado colocadas en el vehículo. Benito le entregó a Mat el número de placas de éste.

En el contrainterrogatorio, Benito indicó que él no se acercó al vehículo, identificó al conductor o hizo seguimiento de la matrícula de éste, ya que creía que era parte de una operación del gobierno. No estaba de acuerdo con el consejo del Departamento de Justicia, ya que creía que cualquier representante de los medios de comunicación habría permanecido en la calle frente al Palacio de Justicia para tomar fotos y que él hubiera reconocido a un periodista de la ciudad debido a su vasta experiencia como oficial de policía.

CAPÍTULO 52

JOSEPH R. HISQUIERDO

Joe Hisquierdo se convirtió en oficial del Departamento de Policía de El Paso en 1964 y se unió al FBI en 1968. Comenzó sirviendo en San Antonio, Texas, en la RA de Brownsville, Nueva York, San Juan y San Francisco, donde se desempeñó como supervisor.

Joe declaró que había visto discriminación en el FBI. Le informó al SAC Bill Beane que la gran cantidad de agentes que no hablaban español en San Juan era injustificada, ya que los agentes de habla hispana hacían el grueso del trabajo, lo que significaba que llevaban a cabo entrevistas, solicitaban confesiones y ayudaban a los que no hablaban español con sus deberes. Sin embargo, éstos no recibían crédito, compensación monetaria o reconocimientos, mientras que los agentes que no hablaban español sí recibían crédito como si ellos hubiesen sido los agentes a cargo. Joe veía la fricción diaria en la oficina donde los agentes trabajaban.

Beane le dijo a Joe que debía ser un racista a quien no le gustaba la gente blanca. Joe respondió que, si ese fuese el caso, no estaría en la oficina discutiendo el asunto con él, y que él no merecía ser etiquetado como inconforme, racista, perturbador, o que se le dijera que veía atributos negativos en los blancos sólo porque había declarado una verdad muy incómoda

Durante una inspección posterior, el personal de inspección, con un pretexto, censuró a Joe en represalia por sus declaraciones en la reunión con el SAC. Joe también vio a agentes anglo ser transferidos a su oficina de preferencia y anglos que hablaban español olvidar sus conocimientos en esta lengua para ser eximidos de asignaciones donde se necesitaba hablar tal idioma.

Joe indicó a la corte: «He estado en el FBI durante 20 años. Esta placa y estas credenciales no dicen piloto, anglo, hispanoparlante, puertorriqueño; solamente indican que soy un agente del FBI. Durante veinte años, hice honor a lo que aparece en nuestro logo: fidelidad, valentía e integridad. Los ascensos, asignaciones, transferencias y la forma en que se nos administra en materia disciplinaria en el FBI reflejan claramente que no hay integridad.

Sólo me faltan de dos a seis años para jubilarme. Yo, al igual que los 311 agentes, quiero ver un FBI mejor. Quiero al FBI; me siento orgulloso de ser un agente hispanoparlante. Tengo mucho que ofrecer al FBI, pero quiero dejar un legado en el que el sistema de ascensos sea mejor para nosotros que el que está en funcionamiento ahora, donde el sistema de transferencia sea mejor, donde la asignación de los casos sea mejor, y que cuando exista una queja en contra del FBI exista una manera de presentar esto a su atención. Nos dicen aquí que tenemos a la EEO a nuestra disposición; es una farsa. Simplemente no hay manera de traer estas quejas a la vanguardia de nuestros problemas. Quiero corregir lo que dije. Quiero hacer un mejor FBI, para que cuando mi hijo me pregunte si le aconsejo convertirse en un agente de esta Organización, yo le pueda decir, amplia y sinceramente, que sí».

CAPÍTULO 53

EDMUNDO MIRELES JR.

Ed Mireles recibió una licenciatura en administración de empresas de la Universidad de Maryland. Tenía nueve años de experiencia en el FBI cuando se efectuó el juicio. Sirvió cinco años en la Oficina Local de Washington, y dos años tanto en Miami como en Quántico.

Ed no era un miembro de la demanda colectiva hispana y sentía que, si él quería demandar a alguien, debería hacerlo de forma individual. Explicó que era difícil testificar debido a que, un año antes del juicio, recibió el Premio de la Procuraduría General por sus acciones en el día en que dos matones dispararon y mataron a dos agentes del FBI de Miami en el cumplimiento de su deber. Ed había realizado actos heroicos aun estando herido.

Aunque el FBI lo reconoció por su heroísmo, afirmó que, aproximadamente cuatro años antes de la demanda, había sufrido discriminación. Los abogados del Departamento de Justicia y el FBI declinaron la oportunidad de interrogar su testimonio.

En sus inicios, Ed no estaba seguro de los elementos del caso; rumores, acusaciones, así como ira y desconfianza corrían desenfrenados a través de las oficinas. Parecía que el objetivo principal era difamar a Mat —etiquetarlo como un traidor. Ed hizo preguntas y se enteró de que él mismo tenía problemas, tal vez no al nivel de otros agentes, pero que lo involucraban a él y a su familia, tanto es así que decidió apoyar el caso, a pesar de que no estuvo exento de conflictos, incomodidad y preguntas. Él no mostró miedo en el estrado, pero testifico con la cabeza y hombros inclinados. Su voz se quebrantó, y se frotaba las manos con nerviosismo cuando expuso a la corte sus experiencias personales de discriminación frente al problema mismo de los agentes hispanos que tenían dificultades cuando daban su testimonio sobre la verdad de la familia disfuncional que era el FBI.

Ed previó el resultado del juicio y pensó que el FBI se iba molestar —los anglosajones se molestarían de que Mat se atrevería a desafiar a la administración, de que los hispanos se atrevieran a demandarlos, de que el tribunal fuera más allá de su control, y de la publicidad negativa que seguiría a las revelaciones de discriminación y la violación de los derechos civiles por parte de esa entidad.

Muy dentro de su corazón, Ed sabía que el FBI actuaba con parcialidad —con prejuicio en contra de los agentes hispanos— pero no estaba seguro si las tendencias del FBI se derivaron de racismo o si eran atribuibles a la mala gestión y las habilidades mediocres de su gente. Su testimonio lo puso en un complicado dilema; a Ed no le gustaba la palabra discriminación, y conectarla a su amado FBI y a sus agentes, lo había hecho sentirse mal del estómago, sin embargo, sabía que había agentes fanáticos e idiotas. Fue una época de egos, de arrogancia, de poder y un momento en que "no deberían avergonzar al FBI" que se aplicaba a todos los agentes, pero no a la administración. Los problemas que tenían solución no fueron reconocidos, ya que la administración no podía admitir ni la existencia de un problema ni mucho menos la necesidad de una intervención.

Un amigo de Ed le comentó en una ocasión que su carácter parecía ser la pesadilla más grande de un supervisor porque no era leal a la gente, sino que a las causas y principios. Ed lamentó que la mejor agencia policial ahora tenía que confesar un problema —el maltrato y el mal manejo de sus propios agentes como algo perdurable en una cultura de parcialidad que conllevó a la transgresión de los derechos de sus empleados. El FBI sólo podría convertirse en un lugar mejor y la Organización en su conjunto podría prosperar cuando este periodo —en el cual el FBI trataba a sus empleados de apoyo como peones, se negaba a ascender a las mujeres, hacia inferiores a individuos de color y hacía caso omiso a las preocupaciones de los hispanos— llegara a su fin. El FBI, a través de la reglamentación, la responsabilidad, la conciencia, la preocupación y la transparencia pública de sus propios archivos, tenía que ser iluminado sobre un importante factor laboral: la necesidad de tratar a los empleados de una manera más justa y profesional para aprender de sus propios errores. Ed presentaría su testimonio, sin importar el resultado final, sin embargo, tenía una gran preocupación.

Ed se preguntaba si la ideología de la familia del FBI, la asociación compartida de los agentes y personal de apoyo, prevalecería. La preocupación por los éxitos laborales y fracasos de los demás —la alegría compartida por el nacimiento de un hijo de algún colega, o las graduaciones, bodas, vacaciones de grupo, o simplemente tener a alguien que escuchara y simpatizara con los problemas, indiscreciones, o divorcios de sus pares— era una preocupación meritoria. Ed no quería que su familia del FBI le rechazara de nuevo.

CAPÍTULO 54

JOSÉ ANTONIO LÓPEZ

José Antonio López, miembro del Cuerpo de Alguaciles de Estados Unidos y Coordinador en Delincuencia Organizada de Miami, se incorporó a los Alguaciles veintidós años antes del juicio colectivo. Administró la oficina de Alguaciles en Puerto Rico entre 1976 y 1981.

El FBI tenía varias investigaciones importantes en progreso sobre la Policía de Puerto Rico, así como varios grupos terroristas mientras Mat era SAC en San Juan. Cuando los partidos socialistas y comunistas protestaban en las salas de los tribunales, José trabajó en estrecha colaboración con la Policía de Puerto Rico. El nombre de Mat surgió cuando uno de los oficiales declaró que la Policía de Puerto Rico: «Tenía una cámara puesta en él [Mat], que había estado bajo vigilancia y que sentían que habían logrado destruir su carrera». El oficial le dijo a José que la policía incluso había plantado un micrófono en el dormitorio de Mat.

En su opinión, aunque no en la del Servicio de Alguaciles de Estados Unidos, la policía de Puerto Rico habría incriminado a Mat a causa de la investigación del FBI sobre las actividades policiales. José dijo: «La típica manera latina es que se neutraliza al individuo yendo tras su prestigio, trabajo y vida personal». José consideraba este tipo de actividades como una práctica común en América Latina.

José, en defensa de Yvonne Shaffer-Pérez, que trabajó para un abogado al cual el FBI considerada socialista, testificó que la Universidad de Puerto Rico tenía una política de asignar estudiantes, maestros, reporteros de la corte o secretarias, para completar asignaciones públicas requeridas como parte de su práctica. Yvonne obtuvo empleo con el abogado sospechoso de tener vínculos socialistas a través de esta misma práctica universitaria. La propia madre de José, quien fue una maestra, y varios familiares, recibieron los mismos tipos de asignaciones temporales a lo largo de su plan de estudios. La universidad organiza estas asignaciones, llamadas "prácticas", y duran alrededor de un semestre.

José trabajó muy bien con el SAC Clark Anderson del FBI. La isla consideraba a Anderson una institución en Puerto Rico; él era un agente con los pies sobre la tierra que estaba familiarizado con la cultura puertorriqueña. La transición de Clark Anderson a Mat Pérez fue fácil, ya que, cuando Mat llegó a Puerto Rico, hablaba español, estaba interesado en la literatura española, la cultura puertorriqueña, caballos de exhibición y el buceo. Él era un profesional en toda la extensión de la palabra quien respondió de inmediato a las llamadas de los Alguaciles. Un contraste claro era que José nunca observó al SAC Anderson salir a terreno en arrestos ocurridos en la comunidad puertorriqueña; sin embargo, sabía que Mat era más "práctico" y que supervisaba los Principales Casos en la calle mientras él era SAC en San Juan.

CAPÍTULO 55

PHILLIP E. JORDÁN

Phil Jordán, nacido en El Paso, Texas, fue SAC en la División de Dallas de la Administración para el Control de Drogas (DEA). Había estado con la DEA durante veintitrés años en el momento del juicio colectivo.

Phil testificó que un agente serie 1811 bajo las regulaciones de la DEA es un investigador criminal, sinónimo de un agente del FBI. La DEA es el principal responsable del control de narcóticos y trabaja muchos casos en común con el FBI; existe una competencia concurrente en los EE.UU. sobre las investigaciones relacionadas con droga. En 1981, el agente del FBI Francis "Bud" M. Mullen, Jr. se convirtió en el Administrador de la DEA. Phil identificó a los Administradores John "Jack" C. Lawn y el Subadministrador Tom Kelly como ex agentes del FBI que fueron transferidos a la DEA. Había más de 2.500 agentes en la DEA, de los cuales aproximadamente 278 eran hispanos. Los agentes de la DEA hispanos representaban más del 10% de su fuerza laboral, en comparación con el 4% del FBI. La DEA empleaba aproximadamente a quince hispanos GS-15, a unos cincuenta GS-14 y cinco SACs. Phil atribuyó a Mullen, Lawn y Kelly, todos ex administradores del FBI, la promoción de los hispanos en la DEA.

En el contrainterrogatorio, Phil testificó que se enteró del propósito de su testimonio diez minutos antes de que accediera subir al estrado de los testigos, y que estaba bajo licencia anual cuando el tribunal le notificó que se reportara a El Paso. El FBI y la DEA tienen investigaciones conjuntas en curso y grupos de trabajo en los casos de drogas. La DEA tiene diecinueve divisiones en los EEUU y mantiene una presencia permanente en las ciudades grandes, tales como Los Ángeles, Miami, Nueva York, Atlanta,

Dallas y Houston. Phil nunca había realizado un estudio estadístico de la representación hispana en la DEA. No conocía las acusaciones específicas y no podía hacer comentarios sobre ningún caso. Phil confirmó que él nunca había sido asistente del director ejecutivo del FBI ni un congresista encargado de establecer las "necesidades del FBI".

CAPÍTULO 56

EL FBI SE RESISTE AL VEREDICTO Y AL CAMBIO

Los hispanos de origen mexicano-estadounidense tienen una razón más para celebrar el Cinco de Mayo, ya que, en dicha fecha en 1989, el juez Bunton encontró al FBI culpable de discriminación laboral contra agentes hispanos. Esa noche, después del anuncio tan esperado sobre el veredicto del juicio que culminó en agosto de 1988, Leo Gonzales y otros agentes hispanos en El Paso fueron a la casa de Mat con sus respectivas familias para celebrar. Mientras Leo celebraba con risas y aleluyas, la única mujer blanca en el grupo advirtió: «Muchachos, ustedes ganaron, pero ninguno sabe lo que vendrá». Barbara Cooper Gonzales, la esposa de Leo, criada en Port Arthur, Texas, sospechaba represalias por parte de una red de "good ol' boys" — una red de "chicos privilegiados" que llevaban el mando del FBI. Había razones para estar preocupados.

Durante el juicio, y entretanto el juez dictaba su decisión, los agentes hispanos escucharon rumores de que algunos anglosajones de El Paso habían aconsejado al Juez Bunton a que no diera un veredicto en favor de los demandantes. Tras su decisión, le sugirieron que no otorgara una indemnización financiera. El juez William S. Sessions, un amigo de mucho tiempo de Bunton, y compañero juez de Texas, quien se desempeñaba como Juez Principal para el Distrito Oeste de Texas, había sido designado como director interino del FBI. Él ahora tendría que implementar los cambios ordenados por el tribunal con la implicación de que habría un recurso de "manos libres" que permitiría que el FBI hiciera los cambios necesarios sin estricta supervisión judicial.

En sus conclusiones, el tribunal detectó numerosos errores en la base de datos de la estadística proporcionada por el FBI y su experta contratada, la doctora Rebecca Klemm. La oficina se había olvidado de llevar registros sistemáticos, precisos y completos que pudiesen haber sido útiles en el intento del FBI para refutar las conclusiones de condiciones dispares de empleo que los miembros del grupo demandante habían sufrido.

El tribunal descartó el valor probatorio de varios documentos del FBI. La evidencia presentada por la Organización omitió asignaciones temporales; había a menudo asignaciones temporales no aprobadas por la FBIHQ, resúmenes que no reflejaban las tareas de intervenciones telefónicas conjuntas con la DEA o las autoridades policíacas estatales, y no había manera sistemática de clasificar las asignaciones en el idioma español.

Un erróneo e increíble documento probatorio producido por el FBI en el que comparaba las tareas en que se requería el uso del idioma español demostró que no había habido tareas encubiertas durante el año fiscal de 1987, cuando en realidad sí las hubo, y bastantes. El FBI no pudo refutar el testimonio de los demandantes hispanoparlantes destinados a asignaciones temporales que requerían el uso del español, en las cuales el FBI no los empleaba para ese fin, o en que los supervisores se molestaban al oír a agentes hispanos hablar español.

La Dra. Klemm aseguró que los hispanos, en promedio, postulaban para el mismo número de posiciones que los agentes anglos con aproximadamente la misma tasa de éxito. El tribunal informó que la Dra. Klemm concluyó que los hispanos tenían expectativas poco realistas de progresar dentro del FBI. Este era un brinco monumental en el razonamiento. Para los resultados, la conclusión de la Dra. Klemm no tomó en cuenta que: (1) Los hispanos se habían desalentado de solicitar puestos, (2) el sistema de ascensos no documentaba por completo a los grupos de solicitantes, (3) la contribución de los agentes hispanos al FBI no había sido reflejada en sus registros de personal, y (4) a los agentes hispanos se les había impedido recibir entrenamiento y oportunidades que los prepararan mejor para ser ascendidos.

El FBI no incorporó las evaluaciones de desempeño y registros del Programa de Evaluación de Administradores (MAP), tampoco intentó incorporar las condiciones dispares de empleo descubiertas durante el juicio. No había ninguna consideración en las diferencias de oportunidades para adquirir una formación y experiencia profesional completa. Las omisiones del modelo de la Dra. Klemm requerían que el tribunal hubiera descontado su base de datos, así como su conclusión de que los hispanos tenían expectativas poco realistas para progresar laboralmente. El tribunal no fue persuadido por tal testimonio.

En respuesta al Sistema de Evaluación de Desempeño, el tribunal afirmó que: «(1) los agentes hispanos sufrían un trato desigual en las condiciones de empleo, y (2) esas condiciones afectaban sus oportunidades de ascensos de manera negativa». Las conclusiones del Tribunal estaban relacionadas a intervenciones telefónicas T-IIIs, tareas encubiertas, asignaciones temporales, y la asistencia en las investigaciones ad hoc a compañeros agentes utilizando sus habilidades lingüísticas, concluyendo que el FBI había fallado al no dar crédito a la contribución de los agentes hispanos.

Sobre los ascensos, el FBI sostuvo que, primero, los hispanos no fueron víctimas de discriminación; segundo, que las "necesidades del FBI" requerían de la designación de la persona más calificada para ocupar puestos de supervisión; y, en tercer lugar, que no existían incidentes de discriminación en todos los demandantes. Sin embargo, el tribunal determinó que el FBI no tenía instituidos los medios más calificados para las promociones, y esto impidió que los demandantes obtuviesen la misma experiencia profesional y formación ofrecida a los agentes anglos.

El Programa de Evaluación de Administradores (MAP) fue un esfuerzo para determinar la capacidad de habilidades críticas que asegurarían el éxito de los supervisores y permitió el uso de esas medidas para seleccionar a los supervisores en el FBI. El programa MAP era sin duda el mejor método disponible para hacer evaluaciones subjetivas que fuesen justas, organizadas y sistemáticas; una herramienta objetiva para evaluar a los candidatos. Sin embargo, la FBIHQ dio a las oficinas criterio exclusivo para seleccionar a quienes asistirían al MAP, pero la FBIHQ no supervisó la selección de dichos candidatos.

Respecto a las asignaciones de Agregado Jurídico del Servicio Extranjero (LEGAT), el tribunal no recibió evidencia alguna para refutar las acusaciones de que los hispanos nunca habían servido en una nación no hispanoparlante, incluso cuando éstos hablaban otros idiomas. Los hispanos rutinariamente trabajaban en un sólo puesto de América del Sur en el que las condiciones por lo general eran peligrosas. Los agentes hispanos recibieron muchas menos asignaciones Legat en los países de habla hispana que sus homólogos anglosajones.

El tribunal encontró evidencia fidedigna de que, antes de 1985, el FBI ordenó a agentes hispanos someterse a exámenes para evaluar su capacidad en el idioma español, mientras que a los anglosajones hispanoparlantes y hablantes de lenguas no hispanas optaron por abandonar su habilidad lingüística. Los hispanoparlantes con apellidos anglosajones no tuvieron asignaciones en el idioma español como los hispanos.

El juez determinó que el programa de la EEO en el FBI no había cumplido las metas que el Congreso previó en su elaboración y que se requería una seria reestructuración. El tribunal dictaminó que 1) el entrenamiento era insuficiente para los consejeros de la EEO, 2) que no había cumplido las metas, 3) que no había ningún sistema para estudiar procesos de ascensos, y 4) los superiores peligrosamente tomaron represalias en respuesta a las quejas presentadas. El tribunal identificó el programa de la EEO del FBI como "en bancarrota".

Con respecto a Mat, el tribunal consideró que las razones para justificar decisiones adversas al empleo eran un pretexto para las represalias en su contra por la actividad protegida de la EEO. A las evaluaciones de desempeño de Mat, la administración introdujo animosidad de represalia y jugó un papel en las decisiones laborales adversas sufridas por él. También el FBI aseguró ilegalmente una citación al Gran Jurado y luego utilizó los materiales citados en una investigación administrativa de Mat sin permiso de la Corte.

Pérez fue el SAC encargado del FBI de San Juan, PR, pero recibió un descenso a ASAC en Los Ángeles. Ahí, el SAC le impidió llevar a cabo su tarea de ASAC Administrativo por razones discriminatorias y represalias por la actividad protegida. Su traslado a El Paso fue relacionado con continuas represalias en su contra por parte de los supervisores dentro del FBI. El juez ordenó la promoción de Mat al rango de GS-17 con la remuneración y los privilegios que se relacionan a ese rango. El tribunal también ordenó al FBI que pagara todos los costos de los abogados.

El tribunal implementó un requerimiento obligatorio de un Panel de Antigüedad por Derecho (Rightful Place Seniority Panel, o RPS) como remedio para que los demandantes hispanos presentaran sus peticiones justificando que merecían ser supervisores. Los "maestros especiales" del comité fueron la ex jueza federal de distrito de Estados Unidos, Susan Getzendanner; la profesora de la Universidad de Texas Barbara Jordán, quien también era un ex miembro del Congreso de Texas; y W. Edwin Youngblood, un árbitro y ex juez de derecho administrativo federal en Fort Worth.

El juez autorizó al RPS a recomendar a agentes para ser ascendidos a grados y posiciones más altas. Primero tuvieron que tomar en cuenta cuántas evaluaciones superiores había recibido un agente; segundo, la recepción de premios especiales o recomendaciones que no los llevaron a ser promovidos como a otros; tercero, resultados altos de MAP; cuarto, la evidencia de que compañeros agentes no hispanos con experiencia similar habían sido promovidos; y, por último, evidencia de trabajo encubierto o asignaciones temporales a tal grado que fueron perjudiciales para no recibir promociones. El RPS tenía que determinar el grado de las condiciones desiguales de empleo para cada individuo, cualquier conexión causal de dispares interfiriendo con ascensos, cualquier contribución no valorada, y si la posición recomendada estaba en línea con su experiencia y habilidades.

El tribunal rechazó el argumento del FBI de que ciertas condiciones dispares de empleo u oportunidades de ascenso estaban justificadas porque los criterios de admisión para los agentes de grupos minoritarios fueron puntos acreditados, una ventaja de la misma naturaleza otorgada a los veteranos militares. Sin embargo, el tribunal dio al FBI la oportunidad de responder a cada acusación de discriminación, también podría producir evidencia de que algunos agentes hispanos aún no estaban listos para ser promovidos. Antes de las audiencias, el FBI promovió a unos pocos agentes para demostrar su enfoque en buena fe.

Todos los agentes hispanos ante el RPS recibieron promociones, con la singular excepción de Paul Nolan, que nunca sirvió en una intervención telefónica hispana o alguna asignación similar. Aunque el FBI promovió a Ray Campos, Ed Guevara y Armand Lara antes de las audiencias de RPS, la división legal se dispuso a reunir grupos de agentes que les ayudaran a disipar y contrarrestar las conclusiones del tribunal y frenar la promoción de los demandantes hispanos a través del RPS.

Una de estas divisiones fue la Oficina de Enlace y Asuntos Internacionales (OLIA), un grupo bajo el mando de Buck Revell. Martin V. Hale y Stanley A. Pimentel que continuaron sus esfuerzos para frustrar las oportunidades de los demandantes hispanos para las asignaciones de Legat. Esto estaba en contradicción directa al memorándum del director Sessions, que declaró: «No hay mayor prioridad que asegurar que el FBI proporcione un entorno que garantice a todos los empleados la dignidad que él o ella se merecen».

En preparación para las audiencias de RPS, la división legal le encargó a la OLIA que proporcionara evidencias para apoyar la razón de la falta de agentes hispanos a misiones en el extranjero como agregados legales. El 20 de diciembre de 1989, Pimentel, jefe de una unidad en la OLIA, bajo pena de perjurio, redactó una declaración oficial a la corte, en la cual declaró que los demandantes hispanos carecían de suficiente tiempo en la FBIHQ, lo cual él declaró que era un requisito previo para recibir misiones en el extranjero. Afirmó que, en la larga historia del FBI, se habían hecho tres excepciones, y entonces nombró a los tres agentes. Pimentel falló en mencionar su propia asignación a una posición de Legat, una misión que el también recibió sin tener que pasar por la FBIHQ. Es entendible de que uno pueda incluir errores en un informe en un momento de extrema presión y estrés, pero éste no parecía ser un simple error. El Supervisor Samuel Martínez compiló entonces una lista de cuarenta y cinco agentes asignados a posiciones Legat, cada uno de los cuales había servido en oficinas extranjeras sin haber trabajado en la FBIHQ, lo que mostró una diferencia de cuarenta y dos nombres.

Pimentel negó a un demandante sus derechos bajo Título VII, el acceso a los documentos cuando preparaba su defensa, el acceso a la documentación de apoyo en respuesta a un cargo cuando existían tales documentos en el archivo, proporcionó información falsa a un Consejo de Ascensos colocando a dos anglos en las posiciones primera y segunda en el proceso de selección, y documentó por escrito que se oponía a la decisión del juez Bunton en la demanda colectiva. Hizo acusaciones falsas de que un demandante había comprometido a una Fuente Confidencial en el Exterior (CSA), proporcionó información falsa para degradar a un demandante, inició quejas en la Oficina de Responsabilidades Profesionales (OPR) contra un demandante, y continuó tomando este tipo de acciones irresponsables en contra de un demandante asignado a otra división. Además, solicitó remover a un demandante de una oficina Legat en represalia por intentar asegurar sus derechos civiles. La FBIHQ decidió no reprender a

Pimentel por su comportamiento previsivo en negar oportunidades a los demandantes. En vez de eso, recibió una promoción, validando que los ataques contra los demandantes hispanos eran signos de lealtad a su noble causa.

Martin V. Hale, como Inspector Adjunto de la OLIA, ayudó a John Walser en la reducción de sus cargos de mala conducta y las denuncias de discriminación en su contra para que Walser pudiera recibir una transferencia a su oficina de preferencia. Hale se negó a proporcionarle a Samuel Martínez una copia de la declaración jurada cuando añadió un párrafo que contenía el texto: «Mi percepción del Título 18, Sección 1001, del Código Penal de Estados Unidos relativo a la falsificación de un documento oficial no se limita a la alteración de un documento existente como el que me describió hoy el Sr. Hale». Hale, mediante Buck Revell y la unidad de transferencias, se vengó, confabulando la transferencia de Samuel a Los Ángeles, la cual tenía fama de ser un ambiente hostil encabezado por un SAC mormón bajo varias investigaciones de discriminación de la EEO.

En otro obvio intento para prevenir ascensos de los demandantes, la OLIA omitió informarle al Comité RPS que, en septiembre de 1988, Buck Revell y la OLIA habían reconocido que el FBI tenía dificultades para llenar los puestos de personal en oficinas extranjeras Legat, debido al número limitado de expertos en idiomas del FBI. Al citar la necesidad de optimizar el profesionalismo, pusieron en marcha una política en la que una clasificación de nivel 3 se convertiría en el nivel mínimo para ser representante Legat en un país extranjero, mientras que el nivel 4 se convirtió en el verdadero "nivel de representación".

Los "Buck Boys" de Buck Revell no prestaron atención a la decisión del juez con relación a las audiencias del Consejo de Ascensos. Hale descuidó su obligación de remitir las postulaciones para posiciones Legat a tal Consejo. En una matriz que él y Pimentel prepararon, omitieron los premios y recomendaciones de los demandantes, asegurando que, en éstas, las calificaciones y especialidades eran diferentes a las de los solicitantes no hispanos. La selección para el cargo de Legat de Montevideo ya estaba decidida de antemano.

El agente Stephen P. Walker fue el beneficiario inocente cuando los "Buck Boys" lo hicieron parecer como que caminó sobre el agua y lo confirmaron a la posición de Legat en Montevideo antes de que el Consejo de Ascensos evaluara a cualquier solicitante. La sección de lenguaje del FBI aprobó a Walker con una calificación de nivel 1+ en español. Un agente anglo tenía una calificación más alta que Walker, mientras que cuatro de los candidatos hispanos, después de haber cumplido todas las demás calificaciones y experiencia, tenían calificaciones de nivel 4 o superior en el idioma español. Hale, quien no hablaba español, informó al Consejo de Ascensos que Walker, no habiendo sido sometido a ninguna prueba adicional en español, ahora era un "competente hablante nivel 3 del idioma español". Los registros de MAP mostraban que varios solicitantes hispanos a Montevideo no tenían deficiencias administrativas, mientras que Walker sí.

Durante una inspección en la Ciudad de México, donde Walker sirvió como agregado jurídico adjunto, el agente especial Carlis Sabinson citó: «Una revisión de los archivos asignados al Sr. Walker reflejaba deficiencias». Los inspectores observaron que Walker violó la política al mezclar sus fondos personales con los fondos del gobierno de Estados Unidos para la oficina Legat. Además, la inspección observó que la supervisión del Legat Rick Lang sobre Walker fue "menos eficaz y eficiente". El informe calificó a Walker como "efectivo pero ineficiente" en sus casos de investigación, aunque Hale informó al Consejo de Ascensos y el RPS que Walker era "eficaz y eficiente en México". Hale había embellecido otros logros de Walker.

Incluso con la Corte Federal instruyendo al FBI de que el Consejo de Ascensos debiera ser grabado en video, las "necesidades del FBI" continuaron funcionando entre bastidores, mostrando que agentes preseleccionados podían caminar sobre el agua, dejando a otros en el fango. El FBI debería haber reconocido que la administración había formado injustamente a algunos solicitantes para vencer al sistema, un tipo de sistema perjudicial no sólo para todos los agentes, sino también para la Organización misma.

A través del descubrimiento legal, Samuel Martínez revisó la reunión del Consejo de Ascensos para una posición en México para la cual él había postulado. Se dio cuenta de que su nombre no estaba incluido, lo que impidió cualquier consideración para ser promovido. Samuel informó de este incidente al Panel de la RPS, indicando que le había dicho a Hale que Connie Adkins había hecho la solicitud y que Hale no la envió al Consejo de Ascensos en represalia a su denuncia a la EEO, la cual estaba pendiente. Para clarificar, en respuesta al RPS, Hale hizo que su secretaria, Lynn Vissers-Leach, realizara una declaración a la RPS afirmando que no escribió la solicitud que faltaba ni sabía nada de ella. Ni Hale ni el FBI hicieron una pregunta investigativa a Connie Adkins.

Incluso después de que el juez ordenó la grabación de las reuniones del Consejo de Ascensos, el FBI supo cómo escaparse y desobedecer esa decisión. Durante un Consejo de Ascensos presidido por John Guido en la selección de un Legat, Richard C. Staver agitó el brazo hacia arriba y hacia abajo a Stan Pimentel, indicándole que apagara la grabadora cuando comenzaron a analizar la postulación de un candidato afroamericano. Después de que Pimentel apagó la grabadora, Staver mencionó aventuras sexuales del candidato mientras era ASAC. La discusión continuó hasta que Samuel informó que el carácter de una persona debía ser parte del proceso de selección, ya que se trataba de investigaciones administrativas o de OPR, y la orden del juez no hizo excepciones para grabar reuniones del Consejo de Ascensos. Guido ordenó que Pimentel reiniciara la grabación. Esa fue la última participación de Samuel en una reunión del Consejo de Ascensos.

La OLIA no fue la única división o sección en la FBIHQ presionada para oponer resistencia a la resolución ordenada por la corte. Desde el juicio, hubo acusaciones y perjurio en ambos lados. Mat se enteró de dos investigaciones separadas que abordaban la supuesta mala conducta de agentes durante el juicio. No hubo acciones tomadas sobre las acusaciones de mala conducta que los hispanos hubieran hecho contra los anglosajones, aunque los hispanos testificaron en la corte con documentación oficial del FBI.

La EEOC no hizo nada, aun cuando sus mismos oficiales sufrieron represalias. El FBI coaccionó a Gil Mireles a que fuese consejero de la EEO. Gil era el oficial de seguridad de la División de Miami, coordinador del programa hispano, miembro e instructor del equipo SWAT, líder del equipo de francotiradores e instructor del FBI en armas de fuego y tácticas defensivas, y que tenía muy buenas evaluaciones de desempeño. Él inició un Caso Mayor, titulado CUBRIR, sirviendo como agente del caso y supervisor encargado del equipo, a la misma vez que coordinaba los esfuerzos de aplicación de la ley de varias agencias y departamentos de inteligencia militar. Sin embargo, cuando monitoreó el progreso de una queja de discriminación, la EEOC, el Departamento de Justicia y el FBI se volvieron en su contra, y su carrera se vino abajo, tal como sucedió con otros investigadores y oficiales de la EEO. En lugar de darles la bienvenida a los consejeros de la EEO y reconocer que existían problemas graves, los encargados mantuvieron a los consejeros con las manos atadas, los arrojaron a los lobos y los obligaron a dejar el servicio. La dirección del FBI se negaba a cambiar.

El director William S. Sessions, quien heredó de Webster la vergonzosa carga de la demanda, era el hombre encargado de hacer los cambios ordenados por la corte federal. La persistente falta de información, la animosidad, y la división como resultado de la decisión judicial causaron que Sessions enviara un memorándum a todos los agentes en enero de 1992, donde proporcionaba un resumen de la decisión de Bunton. Con la consulta y asistencia del Departamento de Justicia, el director Sessions decidió no apelar la decisión de la demanda, que fue lo que muchos de los consejeros ejecutivos del FBI y SACs en las diversas oficinas le rogaron que hiciera.

El director Sessions descubrió entonces que el FBI estaba tan oscuro como el océano más profundo, era un lugar desconocido y ajeno, un lugar en donde él, un buen cristiano que también creía en la perfectibilidad del hombre y quien nunca puso en duda las buenas obras del FBI que observó en su sala en el tribunal durante su tiempo como juez federal, estaría frustrado y obstaculizado. Era inconcebible para el director Sessions estar ahogándose en un mar de tiburones que lo picotearon, mordieron, masticaron y digirieron hasta quedar fuera del FBI, un grupo al cual él se refería como "insurgentes".

Quejas y denuncias anónimas que se canalizaban al DOJ culpaban al director Sessions con impropiedades éticas que resultaron en un hallazgo de "deficiencias graves de razonamiento". Una de las críticas fue que el director había usado el avión del FBI para viajar a visitar a su hija. Nadie en el FBI jamás se había quejado ante el Departamento de Justicia sobre los viajes de Webster a varias oficinas donde esquiaba o jugaba tenis con el pretexto de dar discursos a los Boy Scouts, y la FBIHQ ignoró el alegato de Mat alegando que Bretzing había utilizado un avión del FBI para asuntos personales de la Iglesia Mormona. El hecho de que Sessions pidiera que se instalara un sistema de seguridad y un cerco en su casa se convirtió en una causa célebre, mientras que los Agregados Jurídicos que servían bajo su dirección tenían muros y sistemas de seguridad permanentes de cualquier elección, instaladas en casas alquiladas durante sus misiones extranjeras de corta duración.

Agentes se quejaban por un detalle de protección para la esposa de Sessions, Alice, cuando iba a lugares públicos y nunca consideraron la publicidad negativa que hubiera surgido si asesinos la hubieran secuestrado, asaltado o matado. Agentes, quienes anteriormente se habían sugerido al director, ahora se quejaban de que el director con "poca ética" llevara a su casa un poco de leña en un avión del FBI desde un lugar que había visitado. Debido a que Sessions se negó a apelar al veredicto en el juicio hispano, toda la deferencia habitual desapareció. Muchos agentes permanecieron silenciosos, ya que muchos, sin duda, habían observado madera, alimentos, artículos de ferretería, herramientas personales, o productos de Amway en las cajuelas de coches del FBI. Aunque el director Sessions sirvió seis años y se defendió en contra de las acusaciones de sus subdirectores, la disensión interna, debido a la demanda y otros incidentes, resultaron demasiado fuertes. Al final, los que trazaban contra Sessions lo forzaron a renunciar, lo cual finalmente ocurrió el 19 de julio de 1993.

CAPÍTULO 57

EL CAMBIO TARDA EN LLEGAR

Con la Ley de Derechos Civiles de 1964 y el establecimiento de la Comisión para la Igualdad de Oportunidades en el Empleo (EEOC) en 1965, uno pudiera especular que los directores, muy versados en las antiguas regulaciones del Gobierno de los EEUU, ya deberían de haber corregido la situación de igualdad de oportunidades. Sin embargo, las malas decisiones de manejo e investigaciones predeterminadas han causado problemas para las necesidades de los empleados. La unión perfecta nunca llegará mientras la EEOC no respete las quejas, rechace las negociaciones, ignore los problemas de la sociedad, continúe ejerciendo su autoridad con una mentalidad defensiva sin posibilidad de discutir abiertamente, se siga negando a aceptar que los directores cometen errores, y se niegue a identificar los grados de discriminación. Nadie vive sin discriminación, ya sea accidental o deliberada.

Nuestro sistema educativo está repleto de distritos escolares sin suficiente financiamiento y de discriminación en contra de los educadores y estudiantes. Pagos desiguales por el mismo trabajo aún existen. La diversidad está restringida. Gente que pertenece a una fe discrimina a los de otra. Puede que las organizaciones religiosas prediquen el perdón y el amor al prójimo, pero discriminan a aquellos que no comparten su misma orientación sexual. i Los líderes políticos con impulsos regresivos se resisten a iniciar la expansión del derecho a voto de las comunidades minoritarias. El color de piel afecta la opinión pública en temas migratorios. i Y aún como americanos, nos proclamamos a nosotros mismos en el más alto nivel en todas las áreas de logros cuando nos comparamos con el resto del mundo. Tenemos que mejorar.

El denominador común es que tanto la directiva como los empleados cometen errores. Las victimas que perciben discriminación no merecen descrédito. Las víctimas tienen el derecho de pensar, observar, escuchar, y de sentir lo que han pensado, visto, escuchado, y sentido, no lo que alguien más piense o quiera que ellos piensen, vean, escuchen y sientan. i,ii,iii Estos son los derechos otorgados tanto a los supervisores como a los empleados, y cada uno debe ratificar un sentido fundamental de respeto.

Miles de historias destacan al personal del FBI y los grandes avances de la Organización en inculcar valores sólidos mediante el seguimiento y el entendimiento de su lema: Fidelidad, Valentía, e Integridad. A pesar de todo, las fuerzas policiales a menudo cometen errores, así como cualquiera lo haría en otra profesión. Tanto las organizaciones como sus individuos fallan. Cómo los individuos en una organización respondan a una situación puede desmejorar su reputación o aumentar su crecimiento. "Incompetentes," "Desleales," "Codiciosos," "Falsos," "Egocéntricos," "Mente Cerrada," y "Fanáticos" son epítetos apuntados contra empleados del FBI como Richard Miller, Robert Hanssen, Darrin McAllister, Michael Malone, Donald Sachtleben, John Connolly, Edward Preciado-Nuno, y Mary Beth Kepner. iv,v,vi,vii,viii,ix,x,xi,xii Las denominaciones mencionadas no son con las que el FBI desea estar asociado. La mayoría de las investigaciones de la Oficina De Responsabilidad Profesional tienen que ver con cuatro tipos de violaciones: dinero, alcohol, mujeres y Bucars (carros del FBI).

Agentes hispanos fueron relegados a un ambiente aislado de trabajo conocido como el "Circuito Taco" que afectó no a todos los agentes de habla hispana, pero sí a los agentes con apellidos hispanos, que recibieron asignaciones obligatorias en Puerto Rico y otras oficinas. Los supervisores obligaron a los hispanos a traducir del español al inglés, incluso cuando sabían un mínimo de español. Se encontraron delegados a tareas de investigaciones en español debido a su apellido hispano, y la directiva los enviaba a trabajar en tareas encubiertas sin previo entrenamiento. La administración menospreciaba los expedientes de trabajo de los agentes hispanos por sus contribuciones laborales, sus colegas generalizaban a éstos con sobrenombres, y eran ascendidos a posiciones administrativas de un nivel mucho más bajo que los anglosajones.

El fracaso de la directiva del FBI y la decepción respecto al proceso de la EEOC motivaron a tres cuartos de los agentes hispanos del FBI, 311 de aproximadamente 400, a apoyar la demanda Pérez v. FBI. Este número confirmó los alegatos que decían que el FBI, la agencia encargada de investigar la discriminación y hacer cumplir las leyes federales, estaba tanto en teoría como en práctica discriminando en sus prácticas de empleo por una supuesta causa noble.xiii El grupo hispano, con experiencia y educación superior, entendió la injusticia del FBI, el DOJ y la EEOC. Identificar la discriminación significaba mostrar ejemplos de los grados de la misma —esa discriminación que está integrada por favoritismos, prejuicios, políticas injustas, trato desigual en políticas, evaluaciones injustas, falta de respuesta a los problemas, represalias ante las quejas, intolerancia e incumplimiento de leyes.

Uno espera que los oficiales del orden público mantengan un estándar de ética superior al de cualquier ciudadano común, incluso en igualdad de oportunidades, pero la directiva puede inocentemente tomar decisiones desiguales. Comúnmente el ser humano encuentra difícil creer que muy a menudo sus decisiones afecten a otros de una manera insensible y discriminatoria.

Discriminar es una decisión, y todos tomamos decisiones todos los días. Elegimos alimentos que excluyen ciertos sabores, elegimos ropa que excluye ciertos estilos y elegimos una religión que excluye ciertas creencias. Apoyamos nuestras creencias y alentamos nuestra posición. Somos una especie bendecida con tanto razonamiento, como la capacidad instintiva que nos ayuda a tomar decisiones con características implícitas, pero, aun así, estamos programados para confiar y desconfiar. Mark Cuban, dueño del equipo de la NBA Dallas Mavericks, describió la forma de discriminación inherente en nuestra amígdala como "huir o pelear" mientras que fácilmente caemos en el temor o la preocupación a lo desconocido y generalizamos basándonos en nuestra familia, nuestras asociaciones y la sociedad. xiv, xv La discriminación no es necesariamente perjudicial, sin embargo, puede llegar a serlo. Al preguntarle a alguien si discrimina, probablemente responderá que no, porque la palabra trae consigo connotaciones negativas, a pesar de que una persona discriminatoria puede ser una persona distinguida, y aun así evitamos discusiones sobre la mayoría de los problemas discriminatorios.

Los prejuicios están presentes en todas las formas de vida, incluyendo las plantas, ya que éstas aceptan ciertos elementos y rechazan otros. xvi Nos ponemos del lado de lo que nos es familiar. Los prejuicios se forman en asociaciones y profesiones, lo cual puede conducir a la discriminación. Los oficiales del orden público sirven y protegen a los suyos primero antes de servir y proteger a la comunidad. Es común que los oficiales y agentes tomen primero el lado de un colega oficial y desconfíen de la oficina de Asuntos Internos, a pesar de que Asuntos Internos represente a una autoridad superior, es decir, la agencia o política debería venir primero, antes que un oficial compañero.

La directiva del FBI y los agentes de campo tienen una mentalidad de "nosotros y ellos" y "dentro o fuera" sobre otras agencias de cumplimiento de la ley. Los agentes, como todos los humanos, tienen fuertes deseos de ser parte de un grupo y poder afirmar esta unión públicamente —cueste lo que cueste. Nuestras asociaciones se inician desde la niñez y se desarrollan a través de relaciones en constante expansión con nuestros equipos o familias. Nos convertimos en "los de adentro" mientras el resto son "los de afuera". xvii Si un miembro del grupo toma una mala decisión, partidarios o miembros del equipo cierran filas y continúan siguiendo al líder y se mantienen como miembros de la manada. xviii El silencio partidista detrás de los escándalos de Penn State, la Iglesia Católica, etc., son ejemplos de miembros dispuestos a poner sus equipos sobre la ética. xix,xx

La afiliación grupal puede causar que nos volvamos vagos en nuestro proceso de pensamiento, y que nuestro juicio se deteriore por el bienestar del grupo, incluso cuando se demuestra que nuestros líderes sólo están para servirse ellos mismos o cuando están equivocados. xxi , xxii Malinterpretar nuestros atributos requiere de poco esfuerzo; crear ajustes personales, o cambiar de dirección es mucho más difícil. Es mucho más simple envolvernos en nuestra bandera o escondernos detrás de las letras o símbolos de lo que es dar un paso fuera de nosotros mismos para convertirnos en seres racionales, observadores objetivos identificando lo desconocido mediante discriminación.

La discriminación basada en actitudes implícitas adquiridas gracias a la socialización anglosajona de la administración de los "good ol boys" (chicos privilegiados) reforzó su poder para ignorar y malinterpretar la política. Desde el cómodo lugar de esta posición, la inercia aumentó, llegando hasta el director Webster hasta lo alto de la directiva, afectando las operaciones y manifestándose a sí misma en algo más que "las necesidades del FBI", llevando al Juez Bunton a la declaración judicial de discriminación sistémica.

La demanda Pérez v. FBI puso al descubierto nueve días de testimonios, interrogatorios y evidencias de discriminación y prácticas de trabajo injustas dentro del FBI. La magistrada de los Estados Unidos Janet Ruesch, el Juez Bunton y la Corte entendieron los grados de discriminación. Directores bien intencionados y legisladores produjeron políticas sistemáticas no detectadas, las cuales causaron resultados ocultos no deseados que generaron relaciones conflictivas. A pesar de su inherente buena intención, algunas políticas tenían circunstancias desiguales y dispares que llevaron a la indignación y desesperanza. La discriminación sistemática puede existir incluso cuando la discriminación individual no está presente. Nadie diseñó que el sistema de "good ol boys" del FBI llegara a crear animosidad hacia los agentes hispanos del FBI; al contrario, los agentes que no eran hispanos presenciaron el valor y los logros obtenidos por los agentes hispanos sin rencor.

Si el odio fuese el único factor en la discriminación, entonces quizás Donald Stirling, el anterior dueño del equipo de la NBA, Los Ángeles Clippers, no sería racista. El expresó su aprobación de que su amiga V. Stiviano tuviera sexo con un hombre de color. No obstante, la cultura elitista de Sterling margina la igualdad racial mediante el desapruebo de la asociación pública con gente de color, incluso si se trata de Magic Johnson, xxiii de la misma manera que una vendedora de tiendas de alta categoría no mostró odio alguno cuando le negó a Oprah Winfrey su libre albedrío cuando buscaba una costosa cartera. xxiv Un agente del FBI le preguntó a un miembro hispano de la demanda: «¿De qué se trata esta demanda? Nosotros no los odiamos a ustedes. Puede que odiemos a los de color, pero a ustedes no». Mucha gente asocia el racismo y la discriminación con odio cuando en realidad son cosas mucho más complejas. La demanda Pérez v. FBI no se trataba de odio. Se trataba de las acciones autorizadas por el director Webster y su equipo directivo, los cuales tomaron decisiones ejecutivas que excluían a los agentes hispanos de recibir ascensos, créditos por su trabajo, asignaciones justas, y que resultó en que los hispanos quedaran fuera de la red de los "good ol boys" y los beneficios adherentes a este grupo tales como su comodidad, favoritismo, y preferencias con exclusiones.

Los agentes hispanos presentaron una queja ante la directiva y después con la Comisión para la Igualdad de Oportunidades en el Empleo (EEOC) lo cual no materializó ninguna acción correctiva. Las quejas individuales se convirtieron en un problema sistémico. La discriminación sistemática se volvió diabólica cuando la directiva del FBI, con el apoyo de la EEOC y el Departamento de Justicia (DOJ), dejaron de lado su avance investigativo en favor de suprimir la voz de los hispanos, tomando represalias en contra de aquellos agentes en busca de trabajo y valoración en un ambiente justo, lo cual produjo pruebas nulas para la corte, y procedieron a violar la ley por una supuesta causa noble. Los miembros de la clase hispana no podían controlar las decisiones de la directiva del FBI, pero sí podían controlar como responder ante la discriminación sistémica.

Como una agencia del orden público, el FBI hace bien su trabajo. El entrenamiento especializado, la educación de sus agentes, el sentido del propósito detrás de sus asignaciones, la responsabilidad individual de sus agentes, y el interés en cumplir la legislación existente le trae gloria al FBI. Agentes procedentes de diversos lugares y culturas disfrutan del glorioso concepto y logros de esta Organización.

Los agentes del orden público investigan incidentes y comparten un enfoque conservador para enfrentar las violaciones civiles y criminalísticas. Cuando un arresto ocurre, los oficiales no quieren escuchar excusas, circunstancias atenuantes, presiones sociales, alegatos de demencia temporal u otras racionalizaciones. Para los oficiales, un crimen es un crimen y una desobediencia a la ley es una desobediencia a la ley. Después que ocurre un acto criminal, se inicia una investigación; los investigadores conducen entrevistas, recolectan evidencias, escriben reportes y toman acciones. Toda la atención se concentra en el incidente para resolver el crimen.

Una investigación de fraude requiere el hallazgo de una representación falsa de los hechos, ya sea por palabras o por conducta, mediante alegatos falsos y engañosos, y mediante el encubrimiento de una información necesaria que engañe a otro para que el individuo actué sobre su detrimento legal. Las investigaciones sobre asesinato, violación y/o acciones civiles siguen un proceso y procedimiento estándar, sin embargo, la corte descubrió que los investigadores de la EEO en el FBI siguieron un proceso y procedimiento obsoleto, lo cual llevó a los agentes hispanos a presentar una demanda de acción colectiva.

Los oficiales del orden público, los investigadores de la EEO, y la misma EEOC están conscientes de que una persona que ha forzado a tener sexo a una víctima en un incidente, es un violador. Lo mismo aplica para un ladrón, asesino, abusador, etc. Los violadores no atacan sexualmente a todas las personas que conocen, al igual que los ladrones no roban a toda persona y en todo lugar que encuentran. Esperan una oportunidad, y esa oportunidad causa el incidente. Sin embargo, la EEOC se negó a etiquetar a cualquier autoridad declarada como discriminadora, incluso cuando dicha autoridad hubiese intentado arruinar la carrera de un empleado en más de una ocasión. De hecho, la EEOC ha permitido a oficiales discriminadores esconderse detrás de una variedad de declaraciones, y estas evasiones justificaban las decisiones automáticas de la EEOC. Declaraciones de asociación como por ejemplo "mi cuñado es de color", "en el pasado, elegí una mujer para una promoción," y "adopté tres niños asiáticos," deberían de ser irrelevantes para los investigadores de la EEOC, ya que ellos deben concentrarse en los hechos relacionados con cada caso en particular.

Los hechos del incidente en relación a la política, regulación y legislación deben ser el enfoque principal. Los investigadores de la EEO deben investigar las denuncias tomando en cuenta la posibilidad de que una persona tenga una conexión causal a un incidente que afecte a alguien en una clase protegida. La EEOC debe determinar si un incidente es dispar o adverso a los hábitos anteriores de un oficial discriminador o en violación de la política previamente establecida. xxv,xxvi,xxvii

La EEOC y el FBI necesitaban cambios. Dentro del FBI, el entrenamiento debido no ocurrió, los superiores hicieron caso omiso de las quejas de los subordinados, desarrollando un ciclo negativo en el cual nadie podía siquiera considerar que las autoridades se podían equivocar. Los directores de programas restringieron la autoridad, investigaciones y negociaciones e impusieron sanciones que castigaban a aquellos entrenados a manejar quejas de la EEO. Decisiones predeterminadas prolongaron la permisividad de prácticas discriminatorias y retrasaron la implementación de la justicia laboral. En 2013, un informe estadístico de la EEOC informó que sólo el 4% de su total de casos de discriminación fue considerado como "Causa Razonable", mientras que el 66% de sus investigaciones se etiquetaron como "Sin Causa Razonable". Sin duda, la EEO debe hacer un esfuerzo mucho más diligente en su forma de trabajar. xxviii

Cuando un agente presentó una queja a la EEO sobre discriminación, la investigación empezó con consejeros que condujeron entrevistas restringidas, recogieron documentos, y escribieron reportes, pero la directiva ignoró al demandante. El brillante antecedente de un oficial discriminatorio tuvo preferencia sobre el supuesto incidente. Lo que debió de haber tenido lugar fue un respeto a la estructura organizacional y a la persona por su posición, pero los supervisores cometen errores, como también los empleados. La EEOC no debería afirmar que una persona no puede ser un oficial discriminatorio porque no hay pruebas claras de que él o ella discriminen las 24 horas del día, los 7 días a la semana.

La EEOC no tiene ningún derecho de exigir pruebas verídicas o transparentes al oficial discriminador que sea anti-color, antihispano, anti-mujer, anti-discapacitado, anti-religión, anti-homosexual o discrimine basándose también en la edad. Para que la EEOC fallara en contra de un oficial discriminador, ellos insistían en que eran necesarias pruebas irrefutables que apoyaran la moción de que el oficial discriminador irrumpía en esta falta constantemente. Claras evidencias de favoritismo y trato desigual eran evidentes, y las autoridades fabricaban excusas, mitigando las circunstancias, racionalizando porque no se encontraba discriminación, y poniéndose del lado de la figura de autoridad. El FBI adoptó la misma política, justificando cualquier infracción considerándola como necesaria para las "necesidades del FBI" xxix.

Como prueba de admisión a sus filas, el FBI debería considerar un examen psicológico que pueda determinar qué acciones serían tomadas al momento de enfrentarse a dos o más variantes. Las extensas inspecciones de antecedentes conducidas por el FBI al reclutar y contratar son exhaustivas. Un intrigante "¿Quién investigó tus antecedentes cuando entraste acá?" es una broma común entre amigos del FBI cuando ocurre algo humorístico. Las inspecciones de antecedentes no buscan la diferencia entre lo correcto y lo errado o el interés personal. Mientras John Quiñones del programa de TV ¿Qué harías tú? ilustra situaciones en que algunos individuos toman acción y otros evitan la participación sin importar que tan mala sea la situación, sólo hacer lo correcto la mayoría de las veces no es un estándar lo suficientemente alto para las fuerzas del orden público. El orden público debe ser y reflejar lo correcto todo el tiempo. xxx El juicio en cómo un policía toma prioridad, selecciona y responde al momento confrontando dos o más injusticias, es importante, y debería ser evaluado en cualquier proceso de selección para detectar que los aspirantes encajen con los valores del país.

La Corte Federal de los Estados Unidos encontró al director William H. Webster y al FBI culpables de discriminación sistémica en contra de los agentes hispanos. La corte encontró que el FBI y la directiva de nivel superior habían intervenido en la vida de Mat Pérez y habían fallado en garantizar a éste, como el Agente Especial a Cargo de la división de San Juan, los recursos, la ayuda financiera, el apoyo y los agentes que su división necesitaba para enfrentarse a cuatro Casos Mayores: un caso de corrupción policial y otros tres casos en donde terroristas bombardearon una propiedad militar de los Estados Unidos, emboscando y asesinando a cuatro oficiales de la Marina estadounidense con el uso de ametralladoras. Mat profetizó su descenso antes de una inspección de oficina, la cual tuvo resultados predecibles y predeterminados. Su ASAC, Harry "Skip" Brandon, el cual había testificado que no había discriminación, declaró más tarde que los Inspectores habían tomado represalias contra la oficina de San Juan diciendo: «Reconozco una confabulación cuando la veo».

El FBI perdió la demanda al momento de perder los procedimientos esenciales de ejecución y sus comportamientos fundamentales. Las supuestas "necesidades del FBI" colocaron intereses personales por encima de una verdadera causa noble: la Organización. La directiva limitó la capacidad de sus agentes y, de manera descuidada, tomaron decisiones injustas en cuanto a su gente, no sólo con los hispanos. La directiva ignoró su obligación de investigar la realidad para seguir adelante. Como complemento a la situación, estaba el malentendido del tratamiento dispar, la mentalidad dentro de un grupo, y la falta de voluntad del FBI para remediar sus propias políticas administrativas fallidas.xxxi. La violación de leyes por parte del mismo FBI, y no la demanda hispana, puso en vergüenza a la agencia.

La osadía de la directiva desprestigió los enormes logros del FBI, su reputación como la mejor agencia policial del mundo, y la buena voluntad de muchos, por permitir que la demanda hispana se hiciera pública. Al término de ésta, la directiva del FBI hizo mejoras modestas, y de mala gana, ascendió a agentes hispanos calificados, ofreciéndoles una oportunidad reticentemente.

Mientras los agentes de campo del FBI, en reuniones, a menudo expresaban sus inquietudes sobre la directiva y las decisiones injustas antes de la demanda de 1987, Mat Pérez v. El FBI, la mayoría no ofreció apoyo cuando los hispanos certificaron su demanda de acción colectiva. xxxii En cambio, sin ningún interés investigativo con la causa, la mayoría de los agentes anglosajones estaban molestos con los agentes hispanos por hacer del dominio público los trapos sucios del FBI; compañeros enfadados y llenos de orgullo, fallaron al darse cuenta del beneficio de un sistema de justicia que la clase protegida de hispanos podían traer al proceso de ascensos —un proceso del cual la mayoría de los agentes se había quejado.

Tristemente, los agentes con placas se quedaron callados y al margen, apáticos por el camino tomado por el alto mando respecto a la directiva y aparentes violaciones presentes dentro de su organización. No hubo "mil puntos de luz" como en la célebre frase de George H. W. Bush, ni tampoco placas radiantes, sólo una luz poco perceptible en las credenciales de unos pocos agentes bien intencionados que tuvieron el coraje de mantenerse fieles a su labor investigadora y juramento al cargo.

El FBI, después de este contratiempo, pudo haber llevado a otras agencias hacia el cambio. Pudo haber examinado su programa de evaluación de gestión, pudo haber reevaluado sus sistemas de ascenso y selección, y pudo haber reconstruido su programa de EEO. En vez de eso, resentidos por el mandato de la corte que les instaba a cambiar, la directiva puso poco análisis y esfuerzo en lograr algo mayor de lo que el Juez Bunton indicó. El FBI y la EEOC fueron indiferentes para ver cualquier deficiencia importante en el programa de la EEO.

La libertad es un concepto amplificado para todos los estadounidenses con libre albedrío y capacidad para escoger. El ser humano toma decisiones diarias por cuestiones de hábito, pero raramente se percata de cómo sus decisiones personales pueden infringir en los derechos de otros. Ser partícipe de comportamientos discriminatorios es también una decisión realizada con libre albedrío. Como gobierno, los estadounidenses sólo deberíamos restringir el libre albedrío cuando de manera injusta impacta los derechos de los demás. El gobierno debería de proteger aquellas libertades e imponer leyes en aquellos que se interpongan en el camino de los demás. La EEOC debería de entender que el tratamiento dispar es facilitado por nuestra educación, y hábitos, o por los grupos a los cuales nos unimos. Es fácil traspasar la línea donde nuestras acciones afectan a los demás y esto impide que nuestro país forme esa "unión perfecta" de la cual habla el preámbulo de la Constitución estadounidense.

En 2013, había 983 agentes hispanos en el FBI, 262 de éstos en posiciones administrativas y 9 en el Servicio Ejecutivo. Los cargos de Agregado Jurídico en la actualidad ahora tienen a once agentes hispanos en asignaciones extranjeras.xxxiii El FBI ha demostrado avances en el ascenso de hispanos, ya que sólo había un Hispano en el Servicio Ejecutivo de los casi cuatrocientos agentes hispanos al momento de presentar la demanda colectiva. Sin embargo, el FBI todavía se encuentra ubicado por debajo del nivel estadístico de agentes hispanos en la directiva que la DEA, la Agencia Federal Antidrogas, alcanzó hace veinticinco años, cuando los agentes del

FBI Bud Mullen, Jack Lawn y Tom Kelly administraban la Organización.

La ética se inicia desde arriba. Leyes, valores, lemas, y declaraciones de misión mezcladas en el sello del FBI conformaron su fundación. Sin embargo, cuando acciones administrativas, o la falta de acción, chocan de frente con la ética, el personal leal y que ha jurado puede comprometer su integridad y, en acción de la fidelidad, se adhieren a su grupo, en vez de a los principios por los que juraron. Es decepcionante, pero no sorprendente, comparado con nuestra historia nacional de discriminación, que las instituciones que juraron oponerse a la discriminación a menudo la han impuesto. Mat Pérez, los abogados, los miembros de la acción colectiva y la corte federal en El Paso cambiaron el rumbo del FBI para balancear la escala de justicia en el ambiente laboral. La decisión del Juez Bunton en Pérez v. FBI benefició a cada agente en busca de un ascenso con una carrera más transparente, y la oficina del FBI a su vez presenció un rápido crecimiento de ascensos de mujeres en una tasa sin precedentes después del juicio.

Los integrantes de una organización están atados a sus valores fundamentales. A pesar de que la capacidad de elegir y emitir juicio discrecional es vital para cualquier investigador u oficial. Nadie tiene la autoridad para comprometer los valores de la agencia. Investigadores que, a través de su propia ineptitud, fracasen en la investigación de un supuesto acto indebido y actúan para preservar la ilusión de lo que es su agencia o su director, corrompen tanto a la agencia como al oficial y colocan en peligro la integridad de todos. El fracaso del FBI en investigar la discriminación resultó costoso en el caso de Pérez v. FBI, ya que la justicia en el ambiente laboral es un principio de justicia fundamental a la que todos los seres humanos tienen derecho.

"El más terrible de todos los sentimientos es el de tener la esperanza muerta." (The most terrible of all feelings is the feeling of one's hope having died.) - Federico García Lorca

"Una nación está formada por la voluntad de cada uno de nosotros de compartir la responsabilidad de defender el bien colectivo." (A nation is formed by the willingness of each of us to share in the responsibility for upholding the common good.) – Barbara Jordan

ACERCA DEL AUTOR

Samuel (Sam) C. Martínez sirvió veintiséis años en el FBI como agente especial. Fue beneficiario de los fondos del GI Bill después de servir en la Marina de Estados Unidos, y se graduó de la Universidad de Texas en El Paso con un Bachillerato (BBA) en contabilidad antes de ser reclutado por el FBI. A lo largo de sus 26 años con la Organización, fue asignado a innumerables puestos en San Francisco, Chicago, Denver, Ciudad de México, Los Ángeles, Washington, DC y Montevideo, Uruguay. Trabajó en casos relacionados con delitos de cuello blanco, terrorismo nacional, narcóticos, contrainteligencia extranjera y asignaciones encubiertas. También se desempeñó en casos especiales, incluyendo el secuestro de Patricia Hearst, el Partido de las Panteras Negras, y el FALN (un grupo terrorista puertorriqueño). En México, fue agente y supervisor del caso del secuestro y asesinato del agente de la DEA Enrique Kiki Camarena. Su última tarea fue supervisar, coordinar y autorizar casos relacionados con drogas en el extranjero con la DEA. La Policía Nacional de Uruguay y el Ministro del Interior lo eligieron como el primer agente del FBI al cual se le otorgó el puesto de Oficial de Policía Honorario. Recibió múltiple elogios y premios de agencias nacionales y extranjeras.

Se unió en la presentación de la demanda colectiva contra el FBI por discriminación laboral participando con el demandante principal Mat Pérez y los otros 310 agentes hispanos. La demanda no se refería a odio o fanatismo, sino a la discriminación sutil y no intencional. Se volvió diabólica cuando la administración tomó represalias contra los mismos agentes de investigación en los que se apoyaba para lograr el éxito del FBI. El tribunal ordenó que los sistemas implementados después del juicio beneficiaran al FBI con mayores oportunidades para todos los agentes y transparencia en las políticas de promoción, lo que generó que la Organización promoviera a mujeres a un ritmo sin precedentes.

Después de retirarse del FBI, se desempeñó como consultor de seguridad y tuvo una exitosa carrera en bienes raíces. Dio varias pláticas sobre su libro en la Biblioteca del Congreso y la Comisión de Comercio de Futuros de Mercancías de los Estados Unidos (CFTC) en WASHINGTON, DC; la Universidad de Texas en el Paso; el Colegio Comunitario de El Paso (EPCC); el Colegio Comunitario de Arkansas; y clubs de Rotarios y de mujeres en Florida, Texas, Virginia y otras ciudades. Como residente de Coral Gables, FL, sirvió en el Comité de Gestión de Emergencias y en la Junta Contra el Crimen de Coral Gables. También fue voluntario en FAIRCHILD TROPICAL GARDEN de Miami en un importante proyecto cuyo fin es la propagación de un millón de orquídeas. Su libro escrito en inglés, Systemic Evil: Mat Pérez vs the FBI, ganó el Premio del Libro por parte de la Asociación Regional Suroeste de la Biblioteca de la frontera sudoeste. Él planea escribir otros libros en el futuro sobre temas menos serios.

ACERCA DEL EDITOR

Alfonso Esteban Yáñez comenzó a utilizar el inglés en su vida desde temprana edad, hasta finalmente estudiarlo en la universidad. Actualmente trabaja como traductor y editor de textos freelance egresado de la Universidad Autónoma de Chile en el año 2011, certificado con el examen TOEIC en la categoría "International Proficiency".

Alfonso ha traducido y editado todo tipo de textos, desde ficción, ciencia ficción, fantasía, novelas de todo tipo, catálogos comerciales, manuales de diversas máquinas, documentos judiciales, páginas web, investigaciones y mucho más, siempre con disposición y dedicación para ofrecer el mejor servicio posible a sus clientes.

Si le gustaría utilizar sus servicios de traducción inglés-español o edición de textos en español, puede enviar sus proyectos e ideas al correo ayanezp17@gmail.com

ACERCA DE LAS COLABORADORAS

Ruth Brewer de Martínez

Ruth tiene más de 40 años de experiencia en las áreas de educación, mercadeo, comercio y relaciones internacionales. Inició su carrera en la Universidad de Texas en El Paso, donde recibió una licenciatura y una maestría en educación. Cursó sus estudios de doctorado en la Universidad de Colorado en Boulder recibiendo su título en Administración Educativa. Ha enseñado tanto a niveles elementales como universitarios, proveído consultoría educativa a las Secretarías de Educación y Trabajo a nivel federal, al igual que a la Agencia de los Estados Unidos para el Desarrollo Internacional (USAID). Ruth se encargó de la administración de la tienda de comestibles en la Embajada Americana en Montevideo, Uruguay, y ha trabajado con la Cámara de Comercio México-Estados Unidos (CCMEU) en varios puestos, tanto en Washington, D.C. como en Miami, Florida.

Ruth siempre ha estado involucrada en organizaciones de voluntariado. Mientras estuvo en Virginia, trabajó en el Proyecto Naomi, un programa de mentoras para mujeres y adolescentes embarazadas, diseñado para proveer educación sobre el cuidado de niños y cómo navegar el sistema de salud. Actualmente es miembro del consejo de Relaciones entre la Comunidad y las Escuelas en la ciudad de Coral Gables, y es voluntaria en varias escuelas a nivel elemental en la misma ciudad. Es la primera vicepresidenta del Club de Mujeres de Coral Gables, una organización afiliada a la Federación General de Clubes de la Mujer (GFWC). El club se enfoca en proyectos que ayudan a la comunidad a asegurar una mejor calidad de vida y recabar fondos para una clínica dental dirigida por ellas mismas, donde proveen servicios dentales a niños de bajos recursos en el condado de Miami Dade.

Lorena O. McElwain

Lorena McElwain es la Directora Principal de Administración y Planeación Estratégica en la Oficina del Director Ejecutivo para la Comisión de Intercambio de Futuros de Mercancías de los Estados Unidos (CFTC). En esta capacidad, Lorena dirige la planeación estratégica y los procesos administrativos de la Comisión. EN 2010, fue nombrada miembro del Senior Executive Service (SES) cuando se desempeñó como Administradora Auxiliar Adjunta de Administración en el Servicio de Seguridad e Inspección de Alimentos (FSIS). Lorena inició su carrera federal en 1999 como estadística para la Oficina del Censo de los Estados Unidos de América, donde utilizó sus habilidades multilingües para realizar investigaciones lingüísticas. Como parte de su capacitación ejecutiva, Lorena se desempeñó como Asesora Principal de Políticas para el congresista retirado Silvestre Reyes y co-directora del Cónclave de Diversidad e Innovación de la Cámara. Tiene un título de posgrado de la Universidad de Texas en El Paso (UTEP) y un certificado de postgrado en asuntos internacionales de la Universidad de Georgetown. Lorena es miembro del consejo ejecutivo del Comité del Instituto Federal de Entrenamiento de LULAC y vive con su esposo, Eric McElwain, en Virginia.

Graciela Hurtado de Laforest

Graciela nació en la Ciudad de México y estudió en el Instituto Politécnico Nacional, obteniendo un B.S. en contabilidad. Trabajó como consejera estudiantil para el Instituto de Educación Internacional en la Ciudad de México, que estaba bajo el auspicio de la Agencia de Información de los Estados Unidos (USIS). Fue Gerente de Logística en Miami para la consultora United Schools of America, donde supervisó la logística de personal de programas en Ecuador (Programa de Erradicación del Paludismo) y en el Salvador (Programa de Manejo del Agua). Durante los últimos 28 años ha sido empleada por la Universidad Internacional de la Florida, oficiando la mitad de este periodo como Director Asociado de la Oficina de Admisiones de Graduados (actualmente Oficina de Postgrados y Admisiones Internacionales y Servicios de Reclutamiento). Graciela ha participado como asistente y presentadora en conferencias nacionales y estatales en el campo de la educación superior tanto en los Estados Unidos como en el extranjero. Recientemente jubilada, disfruta de la lectura, la meditación y viajar.

Graciela Meza de Gómez

Graciela nació en 1937 en la Ciudad de México. Ella cuenta con una trayectoria de más de 35 años en el campo de la enseñanza. Es una de las fundadoras y voluntarias de la Cruz Roja en San Juan del Río, Querétaro, y fue voluntaria en el ISSSTE en la misma ciudad. Ofició como Comisionada de Guías (Girl Scouts) del Distrito San Juan del Río, Querétaro. Graciela fundó el Instituto Washington con intercambios multiculturales para estudiantes entre Seattle, Washington y México. En el año 2003 inició la Casa-Hogar para niños maltratados llamada Sembrando Esperanzas, IAP, una organización sin fines de lucro. Graciela recibió el nombramiento de Sanjuanenses Distinguidos en el 2016 por su gran apoyo y trabajo en la comunidad.

i Kane, R. *Free will and values*. Albany: State University of New York Press, 1985.

ii Double, Richard. *The Non-Reality of Free Will*. New York: Oxford University Press, 1991.

iii Callender, John. *Free Will and Responsibility: A Guide for Practitioners*. New York: Oxford University Press, 2010.

iv Trahair, Richard. *Encyclopedia of Cold War Espionage, Spies, and Secret Operations*. London: Greenwood Press, 2004.

v Vise, David. *The Bureau and the Mole*. New York: Grove Press, 2002.

vi Serrano, Richard. "FBI agent's journey from pulpit to prison." *Collections*, 72h. 26 December 2011. Retrieved from <http://articles. latimes.com/2011/dec/26/nation/la-na-preacher-cop-convict-20111226>

vii Freedberg, Sydney. "Good cop, bad cop." *Special Report*. Retrieved from <http://www.sptimes.com/News/030401/Worldandnation/Good_cop__bad_cop_ .shtml>

viii "Former FBI agent, OSU-CHS visiting professor arrested in child porn investigation." *Scripps Media*. 14 May 2012. Retrieved from <http://www.kjrh.com/dpp/news/local_news/former-fbi-agent-osu-tulsa-visiting-professor-arrested-in-child-porn-investigation>

ix Lehr, Dick, and O'Neill, Gerard. *Black Mass: The Irish Mob, the Boston FBI, and a Devil's Deal*. New York: PublicAffairs, 2000.

x Fitzpatrick, Robert, and Land, Jon. *Betrayal: Whitey Bulger and the FBI Agent Who Fought to Bring Him Down*. New York: Forge, 2011.

xi Coleman, Rich. "Jury finds ex-FBI special agent guilty of manslaughter in hammer death." 21 Dec. 2010. Retrieved from <http://www.lasvegassun.com/news/2010/dec/21/jury-finds-ex-fbi-special-agent-guilty-manslaughte/#axzz2UtQfZIh9>

xii Murphy, Elizabeth. "Lead FBI Agent in Stevens Case Undergoing Internal Ethics Review." *Main Justice*. 9 May 2012. Retrieved from <http://www.mainjustice.com/2012/05/09/lead-fbi-agent-in-stevens-case-undergoing-internal-ethics-review/>

xiii Martinelli, Thomas. "Unconstitutional Policing: The Ethical Challenges in Dealing with Noble Cause Corruption." *Police Chief*. Retrieved from

<http://www.policechiefmagazine.org/magazine/index.cfm?fuseaction=
display&article_id=1025&issue_id=102006>

xiv Blakeley, Lindsay. "Mark Cuban on Sharks, Bigotry, and What He's Really Like as a Boss." 21 May 2014. Retrieved from <http://www.inc.com/lindsay-blakely/mark-cuban-sterling-nba-entrepreneurship.html>

xv Wright, Anthony. "Chapter 6: Limbic System: Amygdala." *University of Texas Health*. Retrieved from <http://neuroscience.uth.tmc.edu/s4/chapter06.html>

xvi Cook, Gareth. "Do Plants Think?" 5 June 2012. Retrieved from <http://www.scientificamerican.com/ article.cfm?id=do-plants-think-daniel-chamovitz>

xvii "Herd Mentality." Retrieved from <http://en.wikipedia.org/wiki/Herd_mentality>

xviii Simons, Eric. *The Secret life of Sports Fans*. New York: Overlook Press, 2013.

xix Moushey, Bill, and Dvorchak, Robert. *Game Over: Jerry Sandusky, Penn State, and the Culture of Silence*. New York: HarperCollins, 2012.

xx Podles, Leon. *Sacrilege: Sexual Abuse in the Catholic Church*. Crossland Press, 2008.

xxi Shaw, William. *Business Ethics*. Cengage Learning, 2013.

xxii JSTOR (Organization). *The Journal of Philosophy, Psychology and Scientific Methods*. New York: Science Press, 1904.

xxiii Beyer, Lisa. "Racism Isn't Discrimination." *Bloomberg View*. 2 May 2014. Retrieved from <http://www.bloombergview.com/articles/2014-05-02/racism-isn-t-discrimination>

xxiv Deverich, Amanda. "Outrage for Oprah: Racism or Classism?" *Huffington Post*. 14 August 2013. Retrieved from <http://www.huffingtonpost.com/amanda-deverich/outrage-for-oprah-racism-_b_3735326.html>

xxv Forbes, William. *The Investigation of Crime*. New York: Kaplan, 2008.

xxvi Buckley, John. *Equal Employment Opportunity: 2011 Compliance Guide*. Aspen Publishers, 2011.

xxvii Stalcup, George. *Equal Employment Opportunity: Pilot Projects Could Help Test Solutions to Long-Standing Concerns with the EEO Complaint Process*. GAO, 2009.

xxviii EEOC. "All Statutes FY 1997-FY 2013." *Enforcement & Litigation Statistics.* Retrieved from <http://www.eeoc.gov/eeoc/statistics/enforcement/all.cfm>

xxix EEOC. "Title VII of the Civil Rights Act of 1964 Charges." *Enforcement & Litigation Statistics.* Retrieved from

<http://www.eeoc.gov/eeoc/statistics/enforcement/titlevii.cfm>

xxx ABC News. "What Would You Do?" Retrieved from <http://abcnews.go.com/WhatWouldYouDo>

xxxi Bossidy, Larry, Charan, Ram and Burck, Charles. *Execution: The Discipline of Getting Things Done.* Random House, 2011. Print.

xxxii Bernardo M. Perez et al. v. Director William H. Webster, the Federal Bureau of Investigation, and Attorney General Dick Thornburgh. United States District Court, W.D. Texas, El Paso Division. 15 Aug. 1988. Print.

xxxiii Federal Bureau of Investigation. "A Diverse Snapshot of the FBI." *Diversity Statistics.* Retrieved from <https://www.fbijobs.gov/41.asp>

www.ingramcontent.com/pod-product-compliance
Lightning Source LLC
Chambersburg PA
CBHW052308220526
45472CB00001B/24